主编简介

．．．

黄　琳　女，1979年7月生，汉族，毕业于西南财经大学，教授。主编《筑梦引航 孕育芳华——大学生思想政治教育工作案例赏析》(中国文史出版社2015年出版)，《崇文尚武 敏思践行——天府学院特色文化育人实践》(光明日报出版社2018年出版)，《大学生心理健康教育》(西南财经大学出版社2015年出版)。2020年12月出版专著《新时代大学生思想政治教育理论与实践研究》，在《中国教育报》等报纸期刊发表论文25篇。

罗　文　女，1981年10月生，汉族，毕业于四川师范大学，副教授。2011年7月至今在西南财经大学天府学院工作。作为课题负责人主持省级、市厅级科研项目8项，作为第一主研参与1项。在国家级、省级刊物上发表论文20余篇，独立编撰书籍《大学生文化建设对传统文化的传承与创新研究》，作为副主编或编委参编书籍3本。

一路拾穗 不忘初心

记天府学院校园文化建设之路

黄琳 罗文◎主编

光明日报出版社

图书在版编目（CIP）数据

一路拾穗　不忘初心：记天府学院校园文化建设之
路／黄琳，罗文主编．－－北京：光明日报出版社，
2022.10

ISBN 978－7－5194－6849－1

Ⅰ.①一… Ⅱ.①黄… ②罗… Ⅲ.①高等学校一校
园文化—建设—研究—中国 Ⅳ.①G640-05

中国版本图书馆 CIP 数据核字（2022）第 190803 号

一路拾穗　不忘初心：记天府学院校园文化建设之路

YILU SHISUI BUWANG CHUXIN：JITIANFU XUEYUAN XIAOYUAN WENHUA
JIANSHE ZHILU

主　　编：黄 琳 罗 文

责任编辑：杜春荣　　　　　　　责任校对：房　蓉　乔宇佳
封面设计：中联华文　　　　　　责任印制：曹　净

出版发行：光明日报出版社

地　　址：北京市西城区永安路 106 号，100050

电　　话：010－63169890（咨询），010－63131930（邮购）

传　　真：010－63131930

网　　址：http：//book.gmw.cn

E－mail：gmrbcbs@ gmw.cn

法律顾问：北京市兰台律师事务所龚柳方律师

印　　刷：三河市华东印刷有限公司

装　　订：三河市华东印刷有限公司

本书如有破损、缺页、装订错误，请与本社联系调换，电话：010－63131930

开　　本：170mm×240mm

字　　数：348 千字　　　　　　　印　　张：20

版　　次：2023 年 8 月第 1 版　　　印　　次：2023 年 8 月第 1 次印刷

书　　号：ISBN 978－7－5194－6849－1

定　　价：98.00 元

本书编委会

序

时光如水，岁月如梭，今年是天府学院建校二十年。

二十年风雨兼程，二十年砥砺前行。这所青春洋溢的大学，通过不断优化办学模式和创新发展理念，已然在全省甚至全国的民办高校中独树一帜。

习近平总书记说："时代是出卷人，我们是答卷人，人民是阅卷人。"在如何推动校园文化建设、将立德树人的基本要求和当前的时代发展有效融合方面，天府学院已经给出了自己的答卷。在发展进程中，她大胆探索出"一个头脑、两个工具、三个习惯、四项品质"的教育理念和"以学生职业发展为目标、综合能力提升为主线、知识学习为载体"的人才培养指导思想，为社会培养出了一批又一批具有国际视野和财经思维的应用型、复合型高素质专门人才。她创立的"雅典式教学""狩猎场理论""多元智能理论"等一系列新方法、新模式，她营造的"小社会、大课堂"育人环境，她提倡的赏识教育以及"关爱心灵，历练心志"的积极人生心态，一直引导着天府学子勇于开发自身潜能，找到更适合自己的职业发展方向。如今，学校教育的改革之花尽情绽放，充满朝气和活力的学子如花般在世界各地绚丽盛开。

"崇文尚武、敏思践行"，作为天府学院的校训，她向所有学子们表达了既要从书本中学习，也要在实践中学习；既要善于思考，也要善于行动的美好希冀，这也是一代又一代天府人一直倡导的精神内核。这在天府学院人才强校、学术兴校，立足四川、面向西部、辐射全国的发展历程中发挥着极为重要的作用。"不积跬步，无以至千里；不积小流，无以成江海。"天府学院二十年发展的背后凝结了无数天府人的智慧与汗水，也成就了天府学子的成才之路。谨以此书，记录天府学院校园文化建设的部分成果，献给为了学校发展孜孜不倦、不断探索的天府人，也献给为了教育事业无私奉献的广大教育工作者。

厚积薄发，拼搏向上，总结过去的成功经验；寸积铢累，跬步千里，展望未来的发展道路。天府学院前进的脚步不会停止，她的未来将在一个又一个十年的科学规划中，锐意进取，坚持不懈，谱写出更加辉煌的教育之歌。

目 录
CONTENTS

第一篇 **01**

| **特色经验** |

着力打造"EQ平台"助力高校人才培养

——西南财经大学天府学院人才培养质量保障体系创新改革

黄　琳　隋国辉　蔡山彤

如何进一步提高人才培养质量成为我国教育改革发展的核心任务，构建一套完善的现代化人才培养质量保障体系，引导教育走上持续提升人才培养质量的良性循环道路，将是我国实现2030年教育现代化的一项重要任务。在此背景下，西南财经大学天府学院康养护理学院积极打造"EQ平台"（人才培养质量保障体系），着力解决高等教育人才培养过程中的"痛点"和"难点"，走出一条高等教育高质量和内涵式发展道路。

一、以成果为导向，进行人才培养改革试点

西南财经大学天府学院以康养护理学院为试点，基于"成果导向、以学生为中心、持续改进"的基本理念，以"人才培养目标与社会需求的匹配度、人才培养方案对培养目标的支撑度、人才培养活动对培养目标的贡献度、人才培养效果对培养目标的达成度、学生和用人单位的满意度"为核心，从解决传统教学质量保障工作的痛点问题入手，以改革为驱动，全面推动学院教育教学质量水平提升。

（一）产教一体办学、产教一体管理

康养护理学院是西南财经大学天府学院"政—产—学—研—用"一体化办学试点单位，康养护理学院"以学历教育、职业教育为基础，校内自设护理中心、医疗康复中心、养老机构、天府老年大学等产业运营为依托，以行业协会、四川天府老龄产业发展研究中心等应用研究为支撑"，初步形成了"产、学、研、医、护、养"产教一体化运行模式。

（二）0—4—10人才培养模式

"0"指的是与行业零距离，即人才的培养与行业现状零距离，让学生能脚

踏实地。

"4"指4年，即研究与预测学生毕业后走上工作岗位时行业需求的变化，以及这种变化对人才的知识、能力、素质有什么新的要求，从而将这种需求的变化对人才提出的新要求融入当前的教学过程中。

"10"指的是10年，即要研究与预测行业在未来10年有可能发生的变化，以及对专业人才的挑战。一般情况下，学生在毕业5~6年后将会迎来职业生涯的一次跨越，要将学生培养成为未来行业的骨干力量，高等教育就要能为学生未来职业生涯的重要跨越打开视野，提供未来想象空间。

学院自建"魔方教育"模型，从"行业当前需求、未来发展需要、职业发展根本"三方面出发，构建人才培养方案，大力推动人才培养模式改革和教学改革。一方面让学生与行业现状零距离，另一方面兼顾行业发展变化对人才知识、能力、素质的新需求，同时为其在未来成为行业骨干力量奠定基础。

（三）"医院—养老机构—社区—家庭"全场景实训实习基地

学院借鉴"医学院—医院"运营模式，实施"矩阵式"管理，通过横向联系和纵向沟通，平衡运行中的权、责、利，打破部门之间的壁垒，消除部门的本位主义，实现跨部门协作，通过产学互动、产教结合的方式，把教育与科研、产业等活动和资源有效地整合起来，彻底解决人才供需"两张皮"的问题，形成教育链、人才链与产业链、创新链有机衔接，实现高校人才培养、科学研究和社会服务的三大职能。

二、以学生为中心，促进教育教学全面发展

（一）推进"全双工"机制下的教师、辅导员、学生学习育人共同体建设

康养护理学院充分发挥辅导员的核心作用和驱动力，建设教师教与学生学"全双工通信"机制。通过发挥辅导员的积极作用，改进教师教的行为和学生学的行为。同时，学院要求每一位教师要担任一个班级的导师，和辅导员一起共同负责班级学生四年学习生活的成长，推进教师、辅导员、学生学习育人共同体建设。

（二）构建面向教师和学生的应用型多元综合评价体系

学院落实全面责任制育人思想，克服唯学历、唯资历、唯论文等倾向和解决评价标准"一刀切"问题，以应用型科研、应用型创新、应用型人才培养为导向，细化各部门、岗位工作职责、要求、任务、目标、责任，基于上下级评

价、跨部门协同评价、学生评价、市场评价四个维度，通过过程性评价和结果评价两种方式，构建教职员工分类评价和多元化评价指标体系，并将评价结果与教职员工职称评定及薪酬激励挂钩。

基于产业对应用型人才的要求及人才培养目标，优化学生考核办法，基于思想考核、知识考核、能力考核、素质考核四个方面，通过过程性考核、结果性考核两个维度，构建多元化综合评价指标和评价方法，充分发挥评价导向功能，助推培养模式改革。

三、以改革为驱动，完成 PDCA 的持续改进

针对目前高校在人才培养中出现的普遍问题，天府学院康养护理学院自行研发"EQ 平台"（人才培养质量保障体系），重点解决五个方面的问题：

一是教学质量改进途径和方法，改变目前主要依靠自身教学质量评价、专业认证及政府部门组织的各类评估等工作来促进教育教学质量提升的现状。

二是改革评价标准，改变目前评价标准仍然偏重"以教为本"的评价模式，由关注"教师教得如何"，变为关注"学生学得如何"。

三是促进教、考、评完全分离。目前评教授多种主观因素影响，教师评教往往受评教教师主观因素影响，学生评教授学生自身及任课教师的影响，评价结果并不能直接反映育人质量。

四是科学进行非标准化育人的评价。改变简单套用标准化、形式化的评价指标来评价非标准化的育人，忽略学生和课程差异，缺少对因材施教、因课施教、因师施教的有效评价。

五是实现评价过程有机联动、动态变化，形成真正的 PDCA 闭环。育人和教学是一个复杂过程，各个环节互相影响，目前常见的评价方式能够从一个侧面反映出某一方面的结果，却难以推演出导致结果发生的原因，且对动态的、变化的过程缺乏有效的监测手段，难以形成真正的 PDCA 闭环。

（一）重构第一、二课堂全融合的人才培养方案

根据党和国家对高校人才培养提出的总要求和社会需求，学院以立德树人为根本，将思政教育活动、专业教学活动、学工育人活动、实践实习活动纳入整体设计，按照专业人才培养方案设计模式，按学年、学期建设学工育人方案，改变传统高校因教研、学工部门分割、考核分制导致的专业教学和学工育人"两条线、两张皮"的现象，实现了专业教学活动与学工育人活动一体化、第一第二课堂一体化，将"培养什么人、怎样培养人、为谁培养人"的要求落实到

每个教育活动环节。

（二）实现人才培养设计、实施、结果的全过程信息管理

学院建立从产业需求，到培养目标，到培养方案，到教学、活动设计，到教学、活动实施，到考核题库，到考核过程和结果，到监测评价的全过程信息化，形成人才培养大数据。

（三）实现人才培养过程动态关联

学院以知识、素质、能力为主线，建立起人才培养所有环节的全关联，做到人才培养目标与国家要求和社会需求相匹配，课程、活动的组织与人才培养目标相匹配，课程、活动设计与考核目标相匹配，课程、活动过程和考核与设计相匹配。依托信息化手段，将所有教学活动纳入动态监测关系矩阵，实现了任何一个节点的动态变化都能即时传导到各个关联节点，任何一个节点都能动态感知各关联节点的变化。

（四）推动设、教、考、评分离

人才培养方案设计由专业学术委员会负责，教学活动设计和考核由课程活动小组负责，教学活动实施由教师和辅导员负责，教学活动评价由教育指导委员会负责，实现了设计与实施分离、实施与考核分离、考核与评价分离，学生考核不由任课教师和指导教师实施，实行流水化盲阅、盲评，以便客观反映教师的教学成果和学生的学习成果。

（五）以学生学习成效为主、以督导评价为辅进行多元评价

学院将督导评价定位于教学育人基本规范和能力提升，把学生学习成果作为教师辅导员评价的决定性因素，全面推动由"以教为本"向"以学生为中心、以学生学习成果为导向"的转变。

（六）以标准化去标准化

建立标准化框架，推动规范、要求、要素标准化，实施育人过程、方法的去标准化，倡导因材施教、因课施教、因师施教、因势施教，鼓励教师锐意创新。

（七）通过达成评价、比较评价驱动 PDCA 循环

学院打造的"EQ 平台"，模拟人工神经网络模型，通过在教学活动动态关联网络中置入隐藏层，设置监测评价指标，感知捕捉和教学活动的动态变化，通过前后比较测评、同类比较测评、目标达成测评找到改进点，并通过因素关联分析，推动自目标设计到教学活动实施和自教学活动实施到目标设计的双向

调整，实现人才培养质量控制的 PDCA 循环。

目前，西南财经大学天府学院以国标和产业发展需求对人才培养的规格要求为导向，以应用型人才培养为定位，围绕人才培养目标、方案、计划、运行、检查、反馈、改进的主线，已完成所有专业社会需求、培养目标、培养方案、培养活动、培养过程、培养结果的全过程信息记录、关联和管理，实现全程留痕和可回溯。通过建立人才培养过程监测大数据平台，围绕适应度、支撑度、贡献度、达成度、满意度进行分析，通过问题辨识、变化识别、智能反馈驱动，推动培养目标、培养方案、课程活动体系、培养过程的动态调整，完成了教学组织指挥闭环、教学运行保障闭环和教学质量改进闭环，实现了人才培养信息化、监控全程化、反馈多元化、改进连续化的人才培养质量保障格局。

（中国教育报）

西南财经大学天府学院以产教融合为抓手，全力打造一流应用型专业

姚一永　唐　黎　徐鸿雁　蒋　兰　韩　记

西财天府学院自建校伊始，就以培养合格的复合型应用人才为己任。学校直面中国经济高速发展与全球信息技术革命叠加共振所带来的产业融合、升级以及转型等新常态，主动扬弃旧有的学科本位人才培养观，瞄准社会经济发展的人才需求，积极探索能力本位的专业建设路径，牢牢以"产教融合"为抓手，全力打造一流应用型专业。

一、智能金融学院：以社会发展需求为导向，突出能力本位

学院下设的金融学国际私人银行专业方向作为复合型应用人才培养的范例，突出体现了学院应用型专业建设的建构要点和实施路径。

（一）突出社会发展需求导向，填补应用型人才培养空白

学院秉持开放性创新理念，学校突出社会发展需求在专业建设与人才培养工作中的导向作用，密切关注行业发展动态，积极了解行业人才培养需求痛点，并以此作为应用人才培养工作的改革起点和阶段目标。学院联合海内外标杆产教机构，成立了中欧私人银行研究中心，建设了国内高校首个国际私人银行本科专业，填补了高端财富管理业态应用人才培养的空白。

（二）以国际化为抓手，构建国际水准的应用人才培养体系

该专业直面国内私人银行专业人才缺乏的现实痛点，传承了学校财经人才培养传统，克服了国内相关产教领域专业人才缺乏的现实困境，以国际化为抓手，采用"借助外脑，依托高端"的思路，积极同摩纳哥金融行业协会（AMAF）等行业标杆机构进行合作，基于中欧私人银行研究中心的平台，高起点地构建应用人才培养体系。

看齐国际标准，敢为天下先。通过引进世界银行业中心地区——摩纳哥公国的私人银行人才培养体系（合计550课时），拓荒性地搭建起国内私人银行人才培养的专业课程体系。以产业应用为导向，努力打造一流国际化教学团队。AMAF每年选派5名职业银行家，作为外方行业授课导师，加入师资团队，来校承担30%的授课任务。读万卷书，亦要行万里路。专业考核合格的学生均可到摩纳哥公国、瑞士日内瓦等全球私人银行产业中心地区进行实地考察、交流，切身体会国际金融中心的行业风云。

（三）以产教融合为抓手，助力应用人才培养的本土化实施

秉承学校"产业引领专业，专业支撑产业"的建设思路，该专业强化协同育人机制，落实人才培养方案，保证国际化复合型应用人才培养目标的达成。

创设产教人才流通机制，打造高品质"双师双能"型教学团队。该专业突破传统的师资身份壁垒，从制度上保证高素质产教人才的双向流动。中方师资成员80%以上由专业方向合作的银行、证券、保险、基金等标杆企业高管和业务骨干担任，且均具有硕士研究生以上海外教育背景，从人力资源角度保证了国际化应用人才培养工作的推进。强调学以致用，突出应用工作实景。借由中外"双师双能型"教师团队，该专业所有教学案例均为合作标杆企业的真实案例，经由授课导师引入。在教学过程中，突出实用性与专业技术指导，保证教学与应用实战的无缝对接，从教学资料角度保证了国际化应用人才培养工作的推进。产学无缝对接，用"躬行"来验证教学和人才培养工作效果。作为实操性非常强的金融专业领域，该专业打破了自说自话的教学评价体系，积极与银行、证券、保险、基金等标杆机构建设深度校企合作平台，创造性地保证所有专业方向学生学习与实习、实训的无缝对接。产教深度融合，专业助力产业发展。该专业还不断拓展工作的广度和深度，主动参与、承接合作标杆企业的实际产业项目，并通过产业项目经验的积累，来提升团队的专业应用能力，并反哺到人才培养工作中。拓展专项素质培养，积极应对未来职场竞争。该专业还着力加强学生职场专项素质培养，携手行业标杆机构，引入本地区一流行业师资，开设葡萄酒品鉴、高尔夫进阶、奢侈品文化以及造型设计等FINE ARTS课程，助力学生从容应对未来职场竞争素质需求。

近年来，该专业已培养超百名的复合型应用人才，并广泛活跃在以私人银行为代表的高端财富管理各分支领域。他们优异的职场表现已成为国内私人银行人才培养的典范。

二、智能科技学院：构建新格局，助力新模式

学院在人才培养、科学研究、应用型建设中，将产业和教学密切结合，形成了学院与企业深入合作的办学模式。

（一）构建教育和产业统筹融合发展新格局

专业共建，共同打造人才培养基地。学院与达内教育共建了AI智慧创新工场，为学生提供更好的学习环境及学习资源，不仅有助于推进"产学合作、协同育人"项目和人才培养模式改革，增强学院为地方经济建设服务的能力，同时也满足企业产业和技术发展的最新需求，实现学院与企业的共赢。推进协同创新和成果转化。学院与深圳市赛亿科技开发有限公司签订项目开发合作协议，针对智能手环开发项目进行深入合作，为智能科技与应用专业做成果累积。校企合作提升了企业创新能力和科技水平，把科研成果转化为可以带来经济效益的生产力，同时提高教学质量和科研水平，在实践中培养高科技人才。打造特色专业，建立相互支撑的专业集群。学院下设的计算机科学与技术专业是四川省批准的特色专业，在人才培养方面紧密围绕产业需求，强化实践教学，培养企业需要的应用型人才。通过专业集群，保持了专业的核心竞争力，利于培养面向智能科技的复合应用型人才，更为学生在毕业就业提供了多元化选择。

（二）强化企业主体作用

拓宽企业参与途径。学院针对产教融合、应用型建设、专业建设等内容与众多企业进行了多次深入交流，提高企业参与办学的程度，调动企业参与产教融合的积极性和主动性。同时，整理企业对人才的专业知识及能力需求，修改培养方案及专业核心课程教学内容，使教学目标更贴近企业用人目标。学院还积极邀请企业专家举办专业讲座，让学生了解专业发展现状，找准自己专业学习的方向，树立正确的就业观，为未来就业打下良好基础。企业专家进课堂，创新人才培养。学院邀请多名企业专家担任专业核心课程的教学工作，为学生提供不一样的视角，从实践的角度去深化理论知识。企业专家进课堂，既可以让学生充分了解本行业的现状和具体的职业技能要求，又可以有效培养学生的职业道德及素养，更好地提高学生的技能水平。对于优秀学生，企业专家可以直接推荐到行业对应企业进行实习，为学生进一步接触社会提供条件，缩短学生能力与社会需求之间的距离，大大提高专业人才培养质量。开展生产性实习实训。一年时间里，学院有八门课程由企业来进行实训教学，教学过程中引入的企业真实案例充分吸引了学生的兴趣，既能够接触到实际项目的开发，也提

升了其动手能力，真正将理论知识转化为实践。同时，学院还与企业共建共享实训基地，共同编写实训教材，制定实训内容。

（三）推进产教融合人才培养改革

积极探索"2+1+1"人才培养模式。"2+1+1"模式是指学生在大一至大二期间按学校要求完成2年专业基础课程的学习，在大三时用1年时间采用企业进校园的模式进行学习，其学习课程由学校和企业一起商定，大四1年时间在企业进行实践锻炼，完成毕业设计。学院与达内时代科技集团有限公司、深圳市赛亿科技开发有限公司、甲骨文oracle教育产业部等企业构建了以双向参与、双向服务为宗旨的"2+1+1"校企合作人才培养模式，以期做到学校与企业信息、资源共享，实现专业学习、企业实践和产业需求的无缝对接，培养出符合社会和产业需求的高素质应用型人才。"2+1+1"校企合作人才培养模式的实施，企业可以招聘到符合自己需求的高校人才，学院也提高了学生的职业素养和工程实践能力及就业竞争力，人才培养特色更加明显，两者形成良性循环，实现共赢。"双导师"育人。学院为每位学生配备一名校内学术导师和一名企业导师。企业导师为具有丰富经营管理经验的企业高层管理人员，他们在职业能力提升、理论知识运用、个人职业规划、人脉延展等方面对学生予以指导，和校内学术导师一起共同完成学生的培养工作。"双导师制"帮助学生把课堂学到的管理知识更好地运用于管理实践中并能够解决真实的管理难题，有效提高了学生的决策能力、组织能力、执行能力等软技能。加强师资队伍建设。学院根据目前专业建设和师资情况，采用内培外引，校企合作培养的长效措施，不断壮大专业群师资队伍。如支持企业技术和管理人才到学校任教，推动应用型本科高校与大中型企业合作建设"双师型"教师培养培训基地。完善学校教师实践假期制度，支持在职教师定期到企业实践锻炼，以建设一支学技并重、专兼结合、稳定发展的"双师型"创新创业教育师资队伍。

三、现代服务管理学院：实施"五方联动"的专业实践教学

"五方联动"应用型实践教学模式指在教学过程中，以多方需求为导向，以学生为中心，学院、企业、教师、学生、地方组织（如行业协会、地方机构、团体等）五方高度合作，达到多方共创共赢。

（一）学院和企业联动

学院要培养满足企业和社会需求的人才，企业需要适合企业发展的人才，为了共同目标，学院和企业就需要紧密合作，共同制定出满足企业和社会需求的应用型人才培养方案。学院和鼎新企业集团、成都洞察先机营销策划有限公司等企业建立了持续的沟通交流机制，并根据学院课程需要，聘请有丰富实践经验的企业高管担任相关课程的教学工作，并开展专题讲座。

（二）教师和企业联动

企业聘请教师为企业的运营管理顾问、营销顾问、财务顾问，委托教师对员工进行培训和承担企业项目。如成都华欣机械设备有限公司委托学校教师为其制定企业管理体系以及对员工进行培训；成都新元达有限公司聘请学校教师为其营销顾问。通过企业与学校的有效融合，以资源换资源，不但帮助企业解决了问题，而且培养了既有系统理论基础又有真实企业实战经验的"双师型"教师队伍。

（三）学生与企业联动

学生通过企业提供的实践平台参与真实项目，进入真实市场，既增加了学生的实践动手能力，又促进了企业对学生的实践动手能力进行指导、评估和考核，便于教师在以后的教学过程中有针对性地改进和完善。学生通过学中干和干中学的方式，提高了动手能力、社会适应能力。如市场营销专业的学生就先后分6批次进驻到重庆、成都、绵阳、宜宾、雅安等六大真实市场，承接了成都创赢伙伴企业营销策划有限公司太子家具市场推广项目，与消费者进行深入沟通，明确消费者的真实需求，协助企业完成300余万元的产值，得到了企业的高度评价和认可。同期，又受到成都鼎新企业集团委托，5个学生项目组直接参与到"青龙巷18号"新产品市场推广项目中，短短一周的时间协助企业完成16万元的销售业绩。

（四）学生与学院联动

学院会不定期地举办真实产品展销会，让学生参与市场营销的每一个环节，增强学生实践意识和能力。另外，按照学生需求，学院把合适的课程搬到校外，如市场营销专业大三学生的课程《连锁企业门店运营实训》就搬到了校外全家超市进行实践教学。

（五）学院与地方组织联动

学院要为地方经济发展服务，首先，要提高对服务地方工作重要意义的认识，在服务地方中凸显学校特色，这是学院应用型转型的必然选择，是适应时代发展的需要。其次，学院和地方组织要紧密合作，不断强化沟通协调机制，加强校地联席会议制度和校地信息交流机制建设，准确把握需求信息，以便有的放矢地做好服务工作。如每年与绵阳社科联开展"校地共建专项课题"项目等。

四、建筑与工程学院：职业需求驱动应用型人才培养

为快速适应高等教育的变革与转型，满足建筑行业对工程类专业的职业需求，学院提出以学生职业需求为导向，以申报省级应用型示范专业为契机，从人才培养目标与专业定位、应用型课程体系、"GER"教学手段、学研会和订单班等环节入手，进行全方位人才培养体系建设。

（一）职业需求为导向（CDO）的人才培养模式

CDO 是以学生职业需求为导向，突出学生能力培养为核心，强调应用型人才培养定位以支撑产业为目标的创新人才培养模式。学院结合学校的办学基础和特色，在协会专家、行业知名专家、职业教育专家、学者以及高校专业教师组成的专业建设指导委员会的指导下，根据行业岗位能力的需求，共同制定满足建筑业、施工行业、咨询行业需要的"适用、实用、好用"的"三用型"人才培养方案。如工程造价专业以服务四川省"5+1"产业发展和区域经济社会发展为目标定位，以培养"懂设计、会施工、精预算"的能力为核心，设计出基于工程造价职业能力为导向的应用型育人模式。该模式以学生能力形成为主线，优化了专业课程体系，改变了以往只注重掌握知识的教学手段，在培养模式及实践中还注重职业能力的培养和考核，推进学校专业设置与产业发展的深度对接，提升了学校服务地方经济和办学的水平。

（二）构建以实践教学为主线的应用型课程体系

学院以培养学生"懂设计、会施工、精预算"的能力为主线，构建了工程造价专业的应用型课程体系，如建筑制图与识图、房屋建筑学、施工技术、BIM项目管理实训、建筑工程计量与计价、安装工程造价、工程造价实务实训等。通过制定鱼骨图，将工程造价的岗位能力与专业能力相结合，丰富和拓展专业课程，满足学生职业发展需要，促进专业应用型人才培养的个性化、多元化发展，突出专业课程综合育人的作用，并根据行业发展需求，动态优化课程体系，保证专业应用型人才培养的质量，最终形成以应用型专业课程为基础，以培养学生职业能力、技术能力为主线，面向成德绵乐区域经济和成渝经济区行业需求的应用型课程体系模块，突出课程内容的行业实用性与服务性，实现应用型专业人才培养与建筑工程行业、企事业单位人才需求的直接对接。

（三）以 GER 为手段的应用技能型教学模式

GER（Guide Explore Reflect）具体体现了教师导学、学生自学、合作探究、

成果展示、反思总结的"五环节"课堂教学模式。如《钢筋模型制作实训》采用"双螺旋式"教学方法，以理论知识、实践能力为主线，双主线驱动、相互交替并行；《建筑设计》课程采用"工作式"教学方法，以工作室教师为主导，以真实案例为题，由教师指导学生完成工程项目的综合设计。在"互联网+"的背景下，学校自主研发了 SPOC 网络教学平台，学生可以直接下载本课程相关教学资料，包括课件、单元设计、习题、案例、视频等，将传统课程教学方式转变成网络平台开放式教学，教师与学生之间通过该网络平台进行讨论交流，实现线上与线下相结合的课程教学模式。

GER 打破了传统教学模式，以实践教学为主线，先由任课教师通过案例导入、直观演示等教学方式将抽象的基础理论知识在课堂中进行直观讲授，再由教师布置课题，组织学生利用课下时间查阅资料、小组讨论，调动学生积极思考。学生通过完成项目任务，深化对理论知识的认知，与教师一起探究解决问题的最佳方法。

（四）打造具有工程特色的"学研会"，搭建"导师制+学长制"

学院根据学生的兴趣爱好组建了"BIM5D 应用""项目投标实战""智能家居""施工预算"学研会。学研会坚持"学长制"与"导师制"相结合的原则，协会以一线教师作为直接负责人，学长作为日常管理人，运用课堂所学知识对实际工程进行深入讨论，激发成员的兴趣与爱好，提升专业技能，满足成员对该领域知识的探究。

此外，学生结合第一课堂和第二课堂所学知识，由学研会选拔优秀的学生参加"全国 BIM 应用技能大赛""全国中高等院校 BIM 招投标竞赛""全国大学生建筑方案设计竞赛""全国大学生智能建筑工程实践技能竞赛"等各类竞赛。通过参与竞赛进一步拓展了学研会成员的视野，激发参赛学生的兴趣和潜能，有效促进课堂教学改革，有力指引《BIM 实训》《建筑工程计量与计价》《建筑设计》等课程的应用型建设，从而打造学校在行业中的口碑，为推进校企合作的广度和深度服务。

（五）"三位一体"校企合作模式，共同打造精品"订单班"

学院提出的"三位一体"的人才培养模式，即基于校企合作，企业参与人才培养方案的制订，参与教学过程，参与实习实训，融教学和实习于一体的应用型人才培养模式，有利于培养工程类高素质应用型人才，建立起以"专业主体、行业指导、企业参与考核评价"为主的校企合作、协同育人的培养模式。为进一步深化校企合作，实现企业需求与学生就业的无缝对接，学院与一砖一瓦教育科技有限公司开设了"蒲公英"工程造价订单班，与四川海辰建筑设计有限责任公司、绵阳西科大建筑设计院共同签订了"ARC"建筑学订单班。通过企业和学院共同打造订单班，校企共同设计应用型人才培养方案，推行"双证书"制度，共建学生实习实训基地，提升学生就业率，避免学生进入"先就业再择业"的怪圈，深入推进应用型教学改革，提升企业的经济效益，实现校企合作的常态化、稳定化。

（中国教育报）

西南财经大学天府学院以"四化"为引领，构建新财经应用型人才培养新生态

陈真子

在新技术深刻影响会计行业的时代背景下，西南财经大学天府学院会计专业紧紧把握企业战略转型的需求，以新技术催生新业态，新业态需要以新财经为思路，以社会需求为导向，以服务地方经济发展为己任，坚持"立足川渝、对标国际、融入行业、专注应用"的专业定位，以"建设新财经，服务新时代"为发展目标，构建以"对标国际化、平台信息化、能力职业化、转型管理化"为引领，"专业重塑、课程再造"为抓手，"分类培养+协同育人"为模式的新生态，致力于培养"一个中心、四个维度"的新财经应用型人才。

一、大智移云背景下，重新界定人才培养目标

随着"大智移云"等现代信息技术的发展，会计人员的工作环境发生了颠覆性变化，会计学科专业建设和人才培养面临着新的挑战。转型是必然，跨界是趋势，共享是现状，素质是核心。西财天府学院积极立足当下，为培养能适应未来财经服务的高素质应用型人才，为四川乃至西南地区提供新财经人才支撑保障，学校对会计人才的要求赋予了新内涵，提出了"一个中心、四个维度"的应用型新财经人才特质。

一个中心：素质培养（强通识、重人文、高素质）

四个维度：有高度——具有一定国际视野

有宽度——了解企业业务全过程

有深度——基于业务提供决策支撑，为企业创造价值

有广度——拓宽边界的复合型人才

二、以"对标国际化、平台信息化、能力职业化、转型管理化"为引领

（一）对标国际化培养国际视野

结合教育部关于《会计学本科专业教学质量国家标准》和财政部为推动中国会计国际化所采取的系列措施，以及 AACSB（国际高等商学院联合会）本科会计学专业认证标准，学校提炼出该专业学生应该具备的知识、能力和素质体系，并以此为标准设计培养方案和专业课程体系。

会计专业在开设 ACCA 方向的基础上，在 2015 年开设了 AICPA 方向，2016年开设了 CMA 方向，致力于培养具有国际视野，顺应经济全球化、区域一体化趋势，服务"一带一路"和长江经济带建设的外向型会计人才。

同时，学校还采取和知名教育机构合作及大力引进国外留学背景的师资，承担国际化方向人才培养的双语教学任务；启动国际认证工作；积极推进本专业参与国际专业认证，围绕该专业的人才培养过程建立常态化质量保障体系。根据国际认证标准开展课程、师资队伍、教学条件建设、组织教学活动，提升会计学专业毕业生培养质量和资质的国际认可度。

（二）平台信息化嫁接新技术

教学内容、教学方式、教学管理广泛运用信息化技术和平台，引入新技术给会计职业带来的操作系统、软件和分析工具，培养学生较强的信息化思维和运用能力。

《EXCEL 在财务中的应用》《大数据分析》等 10 门信息工具课程体现课程内容与职业标准对接；财务软件、业财一体化、金税三、电子审计、VBSE、财务共享、集团管控教学实习软件体现教学过程与生产过程对接；与"阳光财务众包平台"合作，共建"天府互联网+会计"记账中心，学生可在网络平台上领取会计"微任务"，完成票据审核、记账的全过程，由此可让学生在认知阶段对会计这门学科产生初步的感官认识并由此产生学习兴趣。在此基础上，再嵌入本专业的一系列专业课程，帮助学生实现从财务会计向管理会计的过渡。纳税申报课程采用金税三期纳税教学软件，让学生切实掌握了不同税种的网上申报步骤和流程，提高了学生的应用实践能力，实现课程与实际业务对接。引入财务共享中心模式的教学平台，培养学生具有业财融合思维，能为企业创造价值，并培养适应目前财务共享中心及未来大共享服务中心的复合型、管理型财会人才。

"互联网+"学习平台助推转型，《EXCEL 在财务中的应用》《上市公司财

务报表分析》《会计信息系统》等7门课程均采用自主开发的SPOC线上+线下学习平台，促进学生同辈学习，提升了学习的自主性、共享性和开放性，锻炼了学生独立思考、分析问题、团队协作等综合能力。

"互联网+"助推服务转型，强调教学管理系统和学生工作管理系统以学生为中心的学生、辅导员、教师、教辅、管理者之间的协同，为学生服务，为教师搭台，为管理者分忧。

（三）能力职业化对接新业态需求

"互联网+"带动了会计服务创新，会计行业出现了新业态、新模式、新流程、新平台。为适应经济新常态变化，学校采用分类结合双证培养模式，培养宽口径强通识对接职业方向需求的国际化、复合型人才；通过设立不同方向体现新技术发展带来的会计行业变化和岗位能力的新要求，通过高年级设置复合型方向课程模块，引导学生进行不同的职业方向规划。

学校还积极打通第一课堂与第二课堂，落实"全面育人"的理念，建立"2+N"多个学习空间，落实"素质、知识、能力"三维度培养，并结合行业特点，主动与行业、企业合作，建立符合产业发展、与技术进步相适应的课程体系，并开展应用型课程、网络课程、精品课程的建设工作。

（四）转型管理化对接行业需求

根据"IMA管理会计能力框架"重构课程，压缩核算会计课程及学分，完整设置了培养学生统筹协调、商业决策等能力的管理会计课程。以管理会计人才培养为主线，通过课程模块引导"会计+"的职业规划，旨在培养"业财双向融合"背景下高素质的拥有较强适应能力的管理会计职业人才。

三、以"专业重塑、课程再造"为抓手

会计专业作为社会职业，必须满足或符合经济社会发展的要求，并紧跟科技发展对会计技术方法革新的驱动。学校抓住会计信息技术第三次浪潮带来的机遇，迎接管理变革带来的挑战，通过重组人才培养结构和流程，合理设置培养方向，重构应用型人才培养方案，重构课程体系，致力于培养具有国际视野、跨组织边界、全产业链的管理型会计人才。拓宽专业口径，重构课程体系，融入数据处理现代信息技术、战略管理、投资金融、商业模式、国际法等课程，跨界培养适应会计新业态的新财经人才。

采用平台建设—课程再造—师资转型的路径建设实现人才培养转型。通过建设财务共享及集团管控实验教学平台，模拟财务共享中心业务内容和业务操

作，贯穿财务共享中心运营全流程，并采用真实财务共享中心全面共享案例，开创财务业务一体化教学的先河，培养学生的整体运营思维与技能。

围绕财务共享中心平台建设对课程体系进行再造，压缩核算会计类课程课时，借助平台完成战略管理、财务会计、财务共享、管理会计、资金管理、商业分析系统模块的课程内容，进一步通过这个平台及相关课程的推行，倒逼师资转型。

四、以"分类培养+协同育人"为模式

坚持多元智能理论的人才观，注重因材施教、分类培养，持续深入打造分类人才培养体系。在强通识宽基础之上，开设 ACCA、AICPA、CMA 三个国际化方向，在高年级设置法务会计、税务会计等方向课程模块，专业方向课是根据社会需求，基于职业导向而设置的模块课，体现学生的兴趣与职业相一致，体现因材施教的个性化培养，引导学生将兴趣和职业结合起来，朝不同的新业态方向发展。

同时，继续推进学校、地方、行业、企业共同参与的协同育人机制建设，建立校企"深度合作、紧密结合、优势互补、共同发展"的新合作机制，充分调动和利用社会各界资源，实现校企深度合作模式下合作办学、合作育人、合作就业、合作发展的"四合作"，并形成共同建立人才培养基地，共同制定人才培养方案，共同实施培养过程，共同参与学生管理，共同对学生进行考核评价的"五共同"全程育人模式。

本专业聘请包括会计师事务所、各相关企事业单位行业专家，全程参与人才培养方案制定，完成具体课程教学目标、教学大纲和教学内容的修订，以一系列校企协同育人的具体措施保证课程体系和课程内容和行业需求同步，与区域经济发展趋势一致。

本专业与金蝶、用友、阳光财务共享中心、会计师事务所和财务公司签署战略合作协议，与金蝶、用友共建信息化实验室，推进 ERP 信息工程师认证考试体系；与财务公司共同开发实训课程，由会计师事务所独立开发审计实务课程，以"企业挂职、模拟操作、案例分享、真实代课、师资认证"等方式相结合的研修模式，打造一大批具备先进教学理念、超强创新意识、懂实际业务的"双师型"名师。

积极推动产学研出成果，联合企业共同申报教育部产学合作协同育人项目，创新校企合作协同育人模式。2017 年，学院与浙江衡信教育科技有限公司签署了《"衡信财税工商订单班"合作协议》，以订单班的形式联合培养财会类高素

质人才。

同时，与马士基信息处理（成都）有限公司等 127 家国内优势企业合作，建立了长期的学生实习就业基地。在四川省注册会计师协会的组织下，与省内 50 家会计师事务所签署校所共建学生实习基地，每年推荐大量的优秀应届毕业生进入瑞华会计师事务所、立信会计师事务所、信永中和会计师事务所等知名会计师事务所实习。

西南财经大学天府学院会计专业积极探索新财经背景下的一流会计专业建设之路，以培养"有高度、有宽度、有深度、有广度"的新财经人才为目标，对传统专业进行改造并赋予新的内涵，以"会计+""新技术+"为引擎，加快引领会计学专业的重构和转型，从结构、质量、水平上推动人才培养供给侧与产业需求侧相匹配。

（中国教育报）

从"模块"教学到"魔方"育人

——西南财经大学天府学院应用型人才培养的创新实践

黄　琳　隋国辉　蔡山彤

当前，推动地方普通本科高等学校向应用型高校的转型已成为高等教育改革的一项重要内容。基于区域经济发展需求，改革地方本科高校以"学科"为核心的精英教育模式向以"产业"为核心的应用模式转型，研究适合应用型特点的专业构建体系和应用型人才培养模式，对于我国创新驱动发展战略的实施具有重大意义。

一、人才培养的重定位

基于教育部《关于"十三五"时期高等学校设置工作的意见》中对我国高等教育的分类及对应用型高等学校的定义，结合《国际教育标准分类》（ISCED-2011），应用型人才培养的基本特征主要体现在：以培养服务于国家与区域产业急需和技术技能创新需要、具有较强社会适应能力和竞争能力的高级专门人才为根本任务；以与区域经济社会发展和产业转型升级相对接的专业群建设为主要的专业组织方式；以"应用能力为主线，理论知识为支撑，素质塑造为突破"为指导设计人才培养方案；以"价值引领，双师双能，创新驱动"为标准建设师资队伍；以"学为所用，以用促学，学用结合"为原则构建课程和教学体系。

应用型高校的专业教育兼具产业性、应用性、学科性、创新性四个特点。产业性即立足区域经济社会的发展需要，培养支撑当前及未来区域经济核心产业、新兴产业的专业人才；应用性即教学上应以应用性技术、应用型服务为主，科研上以应用性科研、应用性技术创新为主；学科性即要有与产业相匹配的知识结构，既能解决一线实际问题，又不局限于单一的具体岗位；创新性即注重培养学生在实践中对知识运用的能力和创新思维意识。

二、模块化教学的新升级

模块化教学思想 MES（Modules of Employable Skills）始于 20 世纪 70 年代，它是由国际劳工组织提出的以职业岗位任务为依据确定教学模块，以技能培训为核心的一种职业培训模式。之后，加拿大、美国等欧美国家将这一教育理念应用于工程教育及应用型高等教育领域，进一步形成了以能力为本位的模块化教育模式 CBE（Competency Based Education）。近年来，随着我国高等教育分类发展和应用型高等教育的转型，模块化教学也被我国的职业技术学院和应用型大学广泛推广应用。

无论是侧重于职业岗位工作能力培养的 MES 模式，还是侧重于职业基础通用能力培养的 CBE 模式，模块化教学的优点是打破了理论课与实践课的界限，将孤立的课程进行整合归类，从而形成集知识、能力、素质教育为一体化"教学模块"，然后通过对"教学模块"的有序实施，逐块达标，最终完成人才培养的"积木组合"。模块化教学不仅将原来理论教学与实践教学合二为一，缩短了教学时间，提高了教学效率。同时，模块化教学也改变了传统专业教育中先理论后实践、前后脱节的线性路径，理论实践一体化教学使得教学内容更加生动具体，让学生对知识的理解和技能的掌握更加容易和牢固。

然而，模块化教学虽然有效解决了理论实践一体、知识与技能教育相结合的问题，但要保持模块与模块之间的衔接，确保模块组合的系统性和可验证性则是另一个难题。首先，应用型本科教育并不等同于职业技能培训，众所周知，决定专业工作水平和质量的不仅仅取决于专业人员的知识与技能，更取决于其专业意识、道德水平与创新思维，而素质教育本身具有连续性、专业性、系统性的特点，教学内容的模块化使得在每个模块中对素质能力获取的界定带来困难。其次，模块化教学使得跨学科设计公共教学模块成为可能，但由于各专业人才培养规格存在差异性，要确保其适应各专业人才培养要求，并依据不同专业进行动态调整也是有难度的。

西南财经大学天府学院康养护理学院作为学校应用型人才培养改革试点学院，充分吸收 MES 和 CBE 模块化教学的先进理念，在长期的应用型人才培养模式探索实践中，不断弥补传统模块化教学在模块组合的系统性、模块间的衔接性以及素质教育的有效实施等方面的不足，创造性地提出了应用型高等教育的新模式 MEC（Modules of Education Cube，"魔方教育模型"）。

三、MEC 教育模型的设计思想

魔方又称"鲁比克方块"，是由匈牙利建筑学教授鲁比克·艾尔内发明的一种益智玩具。三阶球形魔方属于魔方的一种，产生于 2005 年，它由三条互相垂直的球形轨道形成支撑结构，六个弧形转盘可 360 度旋转，30 个滑块可以在三条轨道和六个转盘上顺畅且独立地快速转动，用于训练对球体空间的分割以及重组。

"魔方教育"模型是在模块化教学模式的基础上，充分借鉴三阶球形魔方的结构和运转模式，将各教学模块与专业人才培养目标有机连接，以知识、能力、素质目标构建三条互相垂直的球形轨道，以专业知识、通用知识、专业能力、通用能力、专业素质、通用素质构建六个弧形转盘，各教学模块与球形轨道和弧形转盘紧密相连，各模块之间既互相连接又可 360 度旋转，通过教学模块在 3 条轨道和 6 个转盘上的滑动完成各教学模块之间的衔接和对专业人才培养知识、能力、素质目标的匹配，并通过魔方复原验证人才培养目标的达成。

MEC 教育模型具有模块化、系统性、连接性、开放性、验证性五大特点。

MEC 的模块化是指以应用能力为出发点，将知识、技能、素质紧密关联，形成内容及时间上自成一体，带学分、可检测的独立教学单元。MEC 的模块化并不是对传统教学课程的简单重新组合，而是将传统以知识输入为导向的教学过程转变为以知识、能力、素质输出为导向的教学过程。

MEC 的系统性和连接性是指在 MEC 中的各教学模块不是孤立存在的，通过与知识、能力、素质球形轨道和弧形转盘的连接及各教学模块之间互连，共同构成一个一体化的人才培养体系，从而确保人才培养的整体性和目标的一致性。

MEC 的开放性是指随着科技进步和经济发展，产业人才的知识、技能、素质结构将发生动态的变化，因此，各教学模块的教学内容和教学方式也应该是开放的、动态的，通过围绕球形轨道和弧形转盘的 360 度旋转，各教学模块可实现对变化了的人才培养规格的重新匹配。

MEC 的验证性指的是各教学模块不仅要能实现自身输出结果的可检测性，各教学模块的组合最终也要完成专业人才培养目标和人才培养规格的可检测性，如同球形魔方中通过各模块的旋转、移动、换位最终可复原出预先设计的图案。

四、MEC 教育模型在康养护理学院的应用

MEC 教育模型的有效应用，需要做好以下六个关键环节：

（1）基于人才培养目标和培养规格构建魔方架构和目标图案。根据产业需求描绘人才培养知识、素质、能力目标，从而搭建出三条互相垂直的魔方轨道和弧形转盘，同时描绘出人才培养的目标图案。

（2）基于魔方架构进行模块设计和模块描述。以专业能力作为教学模块设

计的主线，不仅将相关理论知识融入其中，同时也要将与专业能力相匹配的人文素质目标设计纳入模块设计范畴，最终形成含模块输入、输出、教学内容、教学方法、教学组织、教学途径、考核方式等在内的，集知识、能力、素质三位为一体的"模块描述"，模块描述不仅作为教师教学实施的向导指南，同时也是教学目标达成的规范和标准。

（3）围绕人才培养目标进行教学模块的调整和模块间的匹配。模拟球形魔方模块转动的过程，将教学模块沿知识、素质、能力轨道进行 360 度旋转，基于模块描述的输入、输出，在模块与轨道之间、模块与模块之间进行匹配，完成模块与人才培养目标及培养规格的适配和调整。

（4）构建魔方运转机制。如同魔方复原的旋转规则，要确保每个教学模块知识、能力、素质目标的达成，形成各模块之间的有效衔接，需要建立模块化教学的质量考核体系和验证路径，以确保人才培养目标的最终实现。

（5）培养魔方教育师资队伍。教师既是教学模块的设计者，又是教学活动的主导者，同时还是驱动模块进行旋转、组合的能动要素。这要求 MEC 教师不仅要具备"双师双能"，还要对魔方的整体架构、各模块之间的关联关系以及模块运转机制有着深入的理解，教师不仅要帮助学生建构合格专业工作者应有的知识结构与专业技能，还要使其获得思考问题、解决问题的思路和能力，帮助学生树立专业工作者应有的专业信念和人文素养。

（6）构建人才培养目标验证模型。育人的最终目标就是要通过各模块教学的实施以完成人才培养的魔方图案，因此，需要建立基于知识、能力、素质三个方面，过程化和结果性评价两个维度，人才培养设计者、实施者、参与者、培养对象、就业单位等多方参与的多元化目标验证评价体系，以评价为导向，驱动 MEC 魔方架构的更新迭代。

应用型人才培养并非单纯的职业训练，应用型本科虽然主要承担专业教育，但同时也肩负着未来专业人员的素质教育，要实现为区域经济社会发展服务，为国家产业转型升级培养专业人才，既要着眼于学生的专业知识与专业技能，更要始终确保在专业教育过程中贯穿社会主义核心价值观、思想道德、自学能力、个性发展、创新思维和创造性能力的培养。在高校应用型转型背景下，康养护理学院从人才培养重新定位入手，在充分发挥模块化教学优势的基础上，积极推进教育模式改革创新，走出了一条优势突出、特色鲜明的高等教育改革之路。

（中国教育报）

发力供给侧改革，破解产教融合困境

——西南财经大学天府学院应用型双一流老年福祉专业群建设实践

黄　琳　隋国辉　蔡山彤

推动地方普通本科高校向应用型转型，深化产教融合已成为我国高等教育改革的重要内容。西南财经大学天府学院作为一所以全日制本科教育为主，专科教育为辅，本专科协同发展的独立学院，以康养护理学院老年福祉专业群建设为改革试点，瞄准应用型双一流目标，以体制机制改革为抓手，大力推动应用型整体转型。

一、对接养老服务产业链，组建跨学科老年福祉专业群

（一）以专业群为核心进行组织机构、专业体系和人才培养模式的重构

作为四川省119所普通高校中唯一一所覆盖了养老产业所需的社工、康复护理、老年服务与管理三大类人才培养的学校，以适应老龄化社会发展需求为导向，以提升服务地方经济发展能力的应用型人才培养为目标，打破传统按学科门类进行专业组织的惯性思维，对接养老服务产业链，将支撑产业发展所需的健康服务管理、社会工作、护理、社区康复、老年服务与管理等各类本科和专科专业有机整合，组建老年福祉专业集群，推动各专业人才培养模式、教学及评价模式、课程体系建设、师资队伍、实验室及实训基地建设、学术科研与校企合作的结构性改革，形成了与养老产业链、创新链紧密对接的专业体系。

（二）基于产业链和专业链的共性需求与核心特色构建群平台教育体系

基于产业需求重构人才培养的知识、素质、能力目标，推进群内各专业间的深度交叉融合。抽取各专业核心理念、方法、技能，如老年服务与管理专业的生死学认知与服务理念，社会工作专业"助人自助"的核心理念及基础社会

工作方法，护理专业的老年人基础护理技能，按照通识教育、专业群教育、专业教育三层框架进行各专业人才培养方案改革和课程改革，最终形成既突出专业培养特点又具有鲜明特色的人才培养课程体系。

（三）打造专业核心与特色优势，构建双向就业通道

通过专业群进行专业重组，保持专业核心优势，又互相关联，积极打造"专业集群竞争优势"。专业集群的建设既有利于培养面向养老产业的复合应用型人才，又有利于毕业生在工作后基于自身发展方向实现专业迁移，从而为学生多样化选择、全面发展与多路径成才、终身发展搭建"立交桥"。

二、产教一体协同育人，破解产教融合困境

（一）借鉴"医学院—附属医院"模式，探索产教一体化办学

学院充分借鉴"医学院—附属医院"办学模式，通过自办或与第三方合办包括天府老年大学、天府护理康复中心、天府养老服务综合体、天府老龄事业发展研究院等产业机构，打造产教一体化的产教集团，彻底解决人才培养供给侧和产业需求侧"两张皮"的问题。基于真实产业环境构建知识教育体系、技术技能训练体系和实验实训实习体系；基于产业发展驱动人才培养改革、师资队伍建设和科研创新；基于人才培养和科研优势提升产业竞争、从人才和创新供给侧要素驱动产业质量效益升级，形成教育与产业的互相支撑、深度融合，实现高校人才培养、科学研究和社会服务三大职能。

（二）构建"医院—养老机构—社区—家庭"全场景实习见习基地

养老服务产业链条不仅限于养老机构，也包括临床、社区、家庭场所。学院通过建立覆盖医院、养老机构、社区养老中心、家庭照护组织的全场景实习见习基地，让学生可以在临床实践、社区养老、家庭养老及长期照护机构和临终关怀领域进行系统性的实践和学习，真正让学生具备医院—机构—社区—家庭间的连续性照护的能力，培养我国老龄事业发展需要的专业人才。

（三）构建教师双通道职业发展体系，打造双师双能型师资队伍

培养一流应用型人才要求教师具备相关专业理论、应用技能、实践经验及应用创新的能力。学院推动教师同时进入教学通道和产业通道，同时承担教研角色和产业角色，并分别按两个通道标准对教师能力进行等级评定，实施双岗双薪激励，既实现了教师队伍的双师双能，又提高了实践能力的主动性和积极性。

三、创新人才培养机制，推进学生卓越计划

（一）预测行业需求变化，推行"0—4—10"人才培养模式

"0—4—10"教育模式是由康养护理学院专业建设及学术委员会牵头，所有部门教职员工共同参与的学生卓越计划的核心内容。"0"指的是与行业零距离，即人才的培养与行业现状零距离，让学生能脚踏实地；"4"指的是要能预测相关行业在 4 年后（即学生毕业后走上工作岗位时）的发展变化，以及这种变化对人才的知识、能力、素质的新需求，从而将这种需求的变化对人才提出的新要求融到当前的教学过程中；"10"指的是要能判断行业在未来 10 年的发展趋势，将行业发展融入专业教育和学生职业生涯规划教育，为其在未来成为行业骨干力量奠定基础。

（二）基于社工督导方法，推行双导师制育人

"社工督导"是对社工进行专业训练的一种方法。它是由资深的工作者对新进入的工作人员、一线初级工作人员，通过定期和持续的监督、指导，传授专业服务的知识和技术，以增进其专业技巧，进而促进他们成长并确保服务质量的活动。

学院为每个班级配备专业导师和辅导员导师，双导师以社工督导方式，按照社工督导规范，互相协作，对学生思想、知识、能力、素质培养负责，并基于过程考核、结果考核对教师进行考评，成绩共享，责任共担。

（三）构建应用型为导向的学生多元综合评价体系

学院通过构建多元化综合评价指标和评价方法，并基于产业对应用型人才的要求及人才培养目标，保持评价体系的动态调整，充分发挥评价导向功能，助推培养模式改革。考评内容上，建立以能力考核为主体，思想考核和素质考核为基础，知识考核为辅助的多元考核指标；考评主体上，改革过去以教师考核为主体、实习单位考核为参考的考核方式，建立了教学考核与企业考核双主体考核机制；考评路径上，调整过去单一的结果性考核模式，建立过程性考核、结果性考核双维度考核路径。

四、深化体制机制改革，推进改革保障工程

（一）强化党组织建设，充分发挥教工、学生党支部战斗堡垒作用

加强学院党总支、教工党支部、学生党支部建设，基于"双带头人"思想培养遴选干部，通过基层党组织的思想政治学习、组织建设、制度建设，创新

组织活动内容，提高教工、学生党支部的凝聚力和战斗力，充分发挥党组织政治的核心作用，引领带动师生积极投身学校改革，提高人才培养质量。

（二）实施矩阵式管理

由党政联席办公会、专业建设及学术委员会、党总支、人力资源部等构成产教集团的横向部门，思政及公共课教学中心、专业课教学中心、天府老年大学、天府护理康复中心、天府老龄事业发展研究院等构成产教集团的纵向部门，通过横向联系和纵向沟通的管理模式，平衡运行中的权责利，打破部门之间的壁垒，消除部门的本位主义，实现跨部门协作，达到工作目标统一、提高工作效率的目的。

（三）推行教职员工多元综合绩效评价体系

落实全面责任制育人思想，以应用创新型人才培养目标、规格和方式为框架，细化各部门及岗位工作的职责、目标、责任等，以工作的责任书、计划、日志、结果为考评依据，基于上下级、同级、跨部门协同和学生评价四个维度，构建教职员工多元化综合绩效评价指标和评价方法，将评价结果与教职员工能力、等级、职称评定及薪酬激励挂钩，实现"以评促建，以评促改，以评促管"的目标。

学院目前与3所三级甲等医院签订合作办学协议，建立了82家校外临床教学、实践实训基地，1个绵阳社会科学研究基地，1个在成都市老龄委指导下的产业发展研究中心，1个与成都市成华区校地合作的社区治理孵化中心，1个与四川老年大学合作的职业培训研发中心，1个智能应用及大数据研究中心，1个互联网+电子商务服务中心，1所天府老年大学，1个校内护理康复中心，1个以学生为主体的独立社工组织，并与英国、泰国、丹麦、日本、澳大利亚等国家及地区的多所大学、机构建立合作关系。2015年老年服务与管理专业（群）成为省级特色专业（群），进入"四川省民办高校重点特色专业质量提升计划"项目。

在高校应用型转型背景下，天府学院康养护理学院从供给侧改革和体制机制改革两方面入手，大力推进产教一体的产教融合模式，瞄准应用型国内一流专业群建设目标，走出了一条优势突出、特色鲜明的高等教育改革之路。

（中国教育报）

以吟诵之情，呈中华之美

——西南财经大学天府学院以传统读书法推进中华优秀传统文化育人实践

黄 琳 罗 文 邓 毅 丁灵芝

国家领导人高度重视传统文化，强调培育和弘扬社会主义核心价值观必须立足中华优秀传统文化，使中华优秀传统文化成为涵养社会主义核心价值观的重要源泉。中华吟诵作为典型的非物质文化遗产，既是经典汉诗文的教育教学方式，也是继承与弘扬中华优秀传统文化的重要载体。然而一段时间以来，这种传统读书法却渐渐鲜为大众所知，且正面临失传的危险。

西南财经大学天府学院从办学伊始，就将中华优秀传统文化的思想精华和道德精髓融入学生人才培养目标，贯穿大学教育教学全过程。这是增强文化自信和价值观自信的内在要求，与当前高校立德树人的培养目标一致。2015 年 12 月，学校成立了西南地区首个中华吟诵推广中心。中心以中华传统读书法——吟诵为载体，把中华优秀传统文化与校园文化建设紧密结合，努力搭建传承和创新优秀传统文化平台，以此形成"好读书、读好书、善读书"的氛围，提升广大青年学生的国学素养，对传承和弘扬中华优秀传统文化起到了积极推进作用。

一、搭建传统文化进校园的实施路径，充分发挥课堂教学主阵地作用

学校依托和挖掘校内外资源，在制订人才培养方案时，把有关中华优秀传统文化教育的课程纳入大学生通识教育类课程以及人文社会科学类课程的选修范围，在课堂教学中促进学生更全面、更深刻地接受优秀传统文化的熏陶与滋养，激发其爱国热情，提升文化自信。

学校特邀中华吟诵学会理事、四川省吟诵学会会长、中国华调吟诵传承人、四川省吟诵专家王传闻先生担任学校国学导师，并在校内开设了"中华传统读书法——吟诵"文化素质选修课。课程列出经典的书目和篇目要求学生吟诵甚至背诵，以此来引导青年大学生阅读中华优秀典籍，了解中国古代诗文吟诵。

通过课程的系统学习，促使在校大学生对仁、义、礼、智、信等中华优秀传统文化有更深刻的认识和理解。

二、拓展传播传统读书法的多元渠道，促进第二课堂的实践引领作用

学校高度重视传统节日对涵养大学生传统美德的重要作用，通过挖掘春节、清明、中秋、端午等传统节日的文化内涵，组织祭扫、雅集等传统文化活动，引导学生逐渐养成并巩固"爱国""感恩""孝行"等传统美德。让学生在感受传统经典之余，还能收获到丰富的美学知识，以此提升个人气质和道德修养。

（一）承办雅集活动展示传统文化之美

学校吟诵推广中心承办了绵阳七曲山大庙风景区中华优秀传统文化雅集活动、绵阳市一元爱心协会第二届成人礼赞等活动。雅集活动中普及了梓潼的来历和张亚子先生的爱国事迹，展示了古代文人士子的聚会雅集，使前来参会的传统文化爱好者领略到先人文化生活的雅致闲逸。成人礼赞活动中带领幼儿园、中小学和高校学生现场吟诵《三字经》《江南》《鹿鸣》等经典篇目诗文。声情并茂的吟诵不仅让现场听众领悟到了诗文具有感染力和想象力的言外之意，也体会到了华夏文明的博大精深。

（二）结合传统节日提升学生文化素养

学校吟诵推广中心结合中国传统节日积极开展相关活动，以此更好地践行社会主义核心价值观，进一步弘扬中华优秀传统文化。例如，端午时节组织对《离骚》等篇目的学习，用吟诵聆听屈原的悲愤之情，引导同学们的爱国主义情怀；清明时节，组织校内师生去烈士陵园扫墓，并现场吟诵《清明》《满江红》等篇目，用吟诵传递对烈士的哀思和敬意，对祖国的热爱和历史的铭记，使学生明白现在和平幸福的生活来之不易。

（三）融入校园活动营造校园文化氛围

校园活动是校园文化的直接体现。学校吟诵推广中心从成立之日起，其师生就积极活跃在学校各类活动舞台上。他们活动形式或浅吟低唱，以声动人；或闻歌起舞，衣袂翩翩。不仅丰富了学生的课余文化生活，更让师生在活动中接受优秀传统文化的熏陶和滋养，进一步促进了和谐健康的校园文化建设。

三、做传播中华优秀传统文化的使者，与国际社会共享中华文明成果

（一）通过系列讲座培训外籍教师传统文化爱好

2016年5月至7月期间，学校中华吟诵推广中心为绵阳外籍教师开展了中华传统文化系列讲座。讲座通过吟诵、书法、国画和扎染技法等，多方面彰显了中华优秀传统文化的魅力，让外籍友人在活动过程中了解了源远流长、博大精深的中华传统文化。参加学习的外籍教师纷纷表达了对中华优秀传统文化的喜爱，表示会广泛宣传中华优秀传统文化，让世界更加了解中国。

（二）通过集体培训提升出国交换学生文化自信

为了更好地传播中华优秀传统文化，学校还对即将出国留学交流的近100名学生进行了中华优秀传统文化集体培训。通过传统读书法——吟诵中本身富有的韵律和气质，培养学生作为中国读书人的风度，提升他们的民族文化自信心，增强他们的民族道路认同感，并促使他们在国外学习期间进一步把中华优秀传统文化推向世界。

四、以经典吟诵为火种，点燃优秀传统文化燎原之势

（一）承办四川省吟诵学会成立大会

学校中华吟诵推广中心分别于2015年底和2016年初承办了绵阳市和四川省传统吟诵学会的成立大会，来自海内外吟诵界共计400余人参加了此次盛会。活动中吟诵学者们进行了《陋室铭》《长恨歌》《渔家傲》《离骚》《登高》等名篇的吟诵展演，也进一步向社会全面推广中华传统读书法——吟诵，提倡阅读经典，使中华传统读书法重新植根于教育课程之中。

（二）在各阶段学校开设吟诵公益课程

自学校中华吟诵推广中心成立以来，中心的老师和学生每周都会到绵阳市内的幼儿园、小学、大中专院校进行公益授课。近两小时的课程，通过对课本经典篇目的吟诵，还原了诗词本身包含的情感，使广大学生不仅理解到吟诵所具有的古韵和新意之美，也更加深了对中华优秀传统文化的理解。

（三）与教育工作者进行吟诵教学探讨

学校中华吟诵推广中心受绵阳市教育部门邀请，对中小学师资开展了传统文化培训，参与培训的中小学教师近千名。中心还赴成都正能量教育集团圣贤书院教授《孝经》《诗经》等。在培训过程中，中心和部分教师特别是语文教师交流探讨了中华传统诗词歌赋有趣的教学方法，以实践吟诵教学，以研究吟诵教学，使吟诵传统读书法得到进一步推广。

（四）为企事业单位开展吟诵文化专题讲座

学校吟诵推广中心应绵阳市大众国学堂组织邀请，分别到成都、遂宁等地作"传统读书法——吟诵"的专题讲座。参与讲座的人员有学生、家长、公务员、社区居民等，人数达到数千人。讲座中，学校吟诵推广中心老师介绍了吟诵的发展历史，讲解了我国运用吟诵读书的现状，并且现场吟诵了《大学》《静夜思》《孝经》《蒹葭》等大家耳熟能详的诗文，部分诗文还通过场景呈现、现场演绎的方式让在场听众更好地理解古人礼节，激发了他们学习吟诵的兴趣。

五、以新兴媒体为纽带，重视网络文化特殊育人功能

学校吟诵推广中心充分利用微信、微博等新媒体，通过音频、视频来录制优秀传统文化中的经典古籍，全方位地展示优秀传统文化的精髓，延伸传统文化教育课堂。

（一）组建学习兴趣小组，扩大优秀传统文化影响

中心借助网络媒体的广阔平台，积极通过 QQ、微信等组建学习兴趣小组，让吟诵爱好者都可以加入。小组统一安排固定的时间进行学习交流，吟诵专家也会在群内针对学习者的情况予以点评和纠正。

（二）上传优秀吟诵资料，普及优秀传统文化知识

对于吟诵的优秀作品，中心会上传一些著名的吟诵视频和音频，帮助学习爱好者通过悠扬厚重的音乐、抑扬顿挫的声音来深入理解作品的思想感情，深刻体会其精神内涵和审美韵味。

六、成效显著：筑牢师生精神文化　构建和谐育人环境

学校以传统读书法推进中华优秀传统文化育人实践活动至今，取得了丰硕成果。学校不仅是西南地区首个成立中华吟诵推广中心的高校，也是绵阳市吟诵协会的所在地。目前，共培养出吟诵教师 10 名，主办校内外吟诵推广活动 80余场，举行海外推广活动 3 场，为企事业单位举办培训讲座 60 余场。所有活动开展覆盖成都、绵阳、遂宁、眉山、都江堰等多个地市州，在校学生共有 7000人次参与过吟诵学习，校外人群学习受众达到 5000 人次。

"吟咏情性，诵言如醉"，中华传统读书法——吟诵已经成为贯彻落实国家领导人"关于继承弘扬中华优秀传统文化"重要讲话精神的具体举措。天府学院将继续以此作为培养大学生社会主义核心价值观的重要抓手，进一步培育师生民族自豪感、历史使命感和社会责任感，为复兴中华优秀传统文化、推进文化强国建设、增强国家软实力作出应有的贡献。

（中国教育报）

西南财经大学天府学院树立应用型人才培养观 激发学生创新创业能力

苟兴才 李 锐 旷 乐 罗 文

天府学院高度重视办学特色的培育和建设工作，围绕办学定位和发展目标，不断探索，大胆创新，积极构建全面育人环境，全方位、全过程培养应用型人才，并将产教融合，协同创新，有效培养了学生的创新创业能力。

一、积极构建全面育人环境，全方位、全过程培养应用型人才

作为财经特色鲜明的本科院校，如何培养学生具有符合财经类岗位需要的能力和素养，培养高素质的应用型人才，西南财经大学天府学院提出构建全面育人环境正是对这一问题的有效回应。通过贯彻以人为本的教育理念，充分挖掘学生的多元智能；通过开展雅典式教学改革，构建"学生为主体，教师为主导"的新型教学关系；通过建立"2+N"课堂协同育人机制，实现多元空间教育资源的有效整合；通过搭建校内实操、实践平台，让学生有机会通过不同的角色锻炼各种能力；通过导师制、学长制两种体制，帮助学生在学业方面和心理方面健康成长。同时，建设了心理健康咨询中心、职业测评与规划中心，协助学生渡过特定阶段的迷茫期；通过开展丰富多彩的文艺活动、全面改革体育课程教学模式等措施，培养学生终身锻炼的习惯，锤炼坚韧意志力和团队协作精神，促进学生智商、情商、财商等平衡发展。

据估算，西南财经大学天府学院大学生在读期间，有约140次登台演讲的机会，有约120次撰写各类小论文的机会，有约40次参与各类活动的机会，扮演不少于20个不同的角色，有不少于150人成为大学期间的同桌关系。正是基于这种"机会均等式"的全面育人环境建设，让学生的学习能力、组织能力、交流能力和分析能力等综合素质能力得以全面提升，对于财经类岗位的工作适应力明显提升。

"Oracle 俱乐部"是西南财经大学天府学院全面育人的有力例证，该俱乐部

依托多专业综合实验项目，改变教学组织，转变教学形式，倡导各专业学生一起自主学习、共同研究，共培养本专业和其他专业学生近 1500 人。该学习组织在"甲骨文年度亚太教育峰会"上，被甲骨文全球教育副总裁 Clare Dolan 正式命名为 Oracle Club，并被全球的 Oracle 合作大学、教育机构推广。

二、产教融合，协同创新，培养学生的创新创业能力

培养实践动手能力强，具有创新创业能力、就业能力和服务社会能力的应用型、技术技能型人才是学校人才培养的根本目标。

在"大众创新、万众创业"和"互联网+"的背景下，西南财经大学天府学院教师积极带领学生进行自主研发，共同参与自主创业和企业经营，将教学成果转化为产品服务地方经济，自主研发了"同学快跑"App、"多米岛"App、"天府诀"App 等拥有自主知识产权的市场产品，并先后成立了四川萃菁池科技有限公司、成都多米岛电子商务有限公司、四川起迈科技有限公司等学生企业。

由西南财经大学天府学院师生共同研发拥有自主知识产权的市场产品"同学快跑"App，是基于"互联网+"打造的以高校学生互助为核心理念的校园分享经济平台，该平台基于 O2O 模式的校园互助，贩卖个人的闲置时间、技能和服务，将自己的技能转化成实际的收入，既能帮助他人、又能在校园里结交到新的朋友。该产品小费开道，以互助、技能、时间作为社交载体，直接货币化服务的价值。以校友互助、技能变现为场景切入，紧扣"互助"和"交友"这两个元素，除了"订单系统"以外，还有"广场"，支持发布生活动态、校园活动、闲置物品租售、失物招领等信息，为大学生活提供了更多的便利。

目前，快跑 App 已经被西南财经大学天府学院、四川农业大学、成都师范学院、绵阳师范学院、西南科技大学等近 20 所高校师生使用，有效用户 5 万多人，每月订单量 2 万多笔。"同学快跑"项目荣获 2016 年第三届"发现杯"全国大学生互联网软件设计大奖赛全国总决赛一等奖。在第九届"全国大学生创新创业年会"该项目得到"国创专家"的高度评价，被教育部成功收录到《2016 第九届全国大学生创新创业年会成果集》。

（四川日报）

打造鲜明特色，建设一流专业集群

——艺术设计学院实施四大工程助推应用型专业建设

李文波　李桃桃

西南财经大学天府学院艺术设计学院积极实践基于以服务产业为宗旨的专业集群式建设工程、以应用型改革为核心的人才培养模式建设工程、以产教融合为引领的专业特色建设工程、以协同创新为平台的设计教育综合建设工程的四大工程，助力应用型专业建设，培养艺术设计人才，推进学校整体转型发展。

一、以服务产业为宗旨，大力推进专业集群建设

艺术设计学院紧密围绕区域二产类产业集群及其园区化发展对复合型人才的巨大需求，坚持以"服务、促进、引领"为宗旨，积极实践基于产业集群园区化发展的集群式专业建设模式。以服务产业为宗旨，开展校企合作，建立深度产教融合基地，形成了共同制订人才培养方案，共同重构应用型课程体系，共同开发专业核心课程（群），共同建设师资队伍，共同开展应用型科学研究，共同建立实验室和实习实训基地，共同打造职业训练平台，共同培育学生就业基地的"八个共同"应用型人才培养内涵。

结合学校的康养专业集群重点发展方向，艺术设计学院成立了天府老年艺术设计创新研究中心、康养产业艺术设计研究中心，专项开展适老化空间设计研究等。专业集群已建成 7 个具有较高水平的设计实验室，包括 1 个独具特色的老年人机工学设计实验室和 5 个创意工作室，并与 100 多家企业签订校企合作协议，建立实习实训基地，校企合作专业覆盖率达 100%。

二、以应用型改革为核心，大力推进人才培养模式改革

艺术设计学院秉持产教融合、注重实用的教育理念，构建了创新、务实、活泼的教学文化，凭借学校学科跨界融合的优势，在艺术设计教育中融入商业管理、科技应用、批判思维、文化表达等内容，不断拓展艺术和设计的边界，建立了一套特色鲜明的应用型人才培养范式。

艺术设计学院以当前学校的人才培养战略构建"老年产业"设计和"艺术+科技"设计两大专业特色，积极对接全省主导产业和战略性新兴产业。实施了"以学生能力培养为核心设计教学计划""以实训实习为手段增强学生职业能力""以职业标准为依据规范学科体系"的人才培养模式。

艺术设计学院以培养学生职业岗位能力为中心，坚持深入开展校企合作，以专业带头人、骨干教师、"双师型"教师培养为基础，建设创新型教学团队，全面提升专业教师的素质和技能，实现人才培养模式、课程体系、课程内容、教学模式、评价模式的改革创新。专业课程的内容和能力素质培养采取"鱼骨图"式精准对标的课程约占80%，增加实践SPOC慕课教学比例，专业核心实践教学学分比例均达到40%；增加协同育人学分，企业、行业专家等参与的实践教学学分占实践学分的1/3以上，以培养符合行业、企业所需要的应用型、复合型人才。

近年来，艺术设计学院的人才培养质量不断提升，成绩显著。2014年，老年设计专业方向入选四川省民办高校特色专业提升计划。2017年，环境设计专业集群获批首批省级应用型示范专业。2018年，获批4个应用型新专业，同时申报了四川省一流专业集群建设。

三、以产教融合为抓手，引领专业发展

依托经管学科教育背景，采用"双轨制"校企合作办学模式的运行机制，实施国际化办学以开阔学生眼界，实现实训项目的模块化和主题化。以康养产业发展趋势开展老年设计特色专业建设，采用基于产学研的项目驱动式教学模式，把视觉传达设计、环境设计、产品设计的部分核心课程导入到老龄人群的设计方向，即把市场、企业相关综合工程项目引入专业模块化课群的教学中，促进校企协同创新。

（一）打造校企深度合作的人才培养开始

与国内著名互联网教育机构慧科教育集团合作建立产教融合一体的"天府课工厂"，是学校的互联网课程及精品课程拍摄与制作的基地，也是将课程改革与当代先进技术深度融合，企业技术能手与专业教师联合教学、并在专业集群资源有效整合的基础上建设覆盖"教育+实习+就业"的全价值链的开放式平台。

（二）打造创新教育的特色课堂

与长虹创新设计中心签订校企合作协议，开展以需促学、学以致用的"企

业进课堂"教学活动,实现双方人才培养和人力资源开发战略。坚持以"设计竞赛教学项目化"的教学形式,最终形成"师徒制+项目驱动工作室"的人才培养模式,获得省级以上各类学科与技能竞赛奖500余项。

四、以协同创新为平台,推进设计教育的综合改革

基于天府老年艺术设计创新研究中心、康养产业艺术设计研究中心和天府慕课研究中心三大协同创新平台,开展设计教育的综合改革。专业集群承担多项省级科研课题,发表专业类研究论文近百篇,师生共同参与的综合设计实践项目20余项。设计科研及教育转化为服务地方经济发展的能力显著提高,有效实现了高校与行业协同发展。艺术设计学院通过深挖重点产业的巨大市场潜力和人才需求,优化机构,整合资源,以协同创新为平台,不断深化设计教育的应用型改革,助推我校综合教育改革和"双一流"建设。

(教育导报)

从体制机制改革入手，推动应用型转型

——西南财经大学天府学院应用型转型实践

蔡山彤　隋国辉　黄　琳

当前，我国经济发展进入新常态，产业转型升级对人才供给结构提出了新的要求。虽然我国已成为世界高等教育第一大国，但大多数本科高校仍按照传统的精英教育模式培养学生，造成了"千校一面"、同质化倾向严重，毕业生就业难和就业质量低下等问题，因此，推进高等教育分类发展，引导普通本科高校向应用型转变，已成为目前高等教育改革的重要内容。

一、高校应用型转型面临的主要困难

（一）法律政策不健全

近年来，国家虽然围绕高校分类发展、大力发展职业教育、推进应用型转变、深化产教融合、分类推进人才评价机制改革等方面密集出台了一系列导向政策，然而关于"政产学研用"协同育人的专项立法仍然缺失，配套制度不够完善，对"政产学研用"五类主体的推动、激励措施不能落地，这已成为制约"政产学研用"协同育人的一个障碍。

（二）高校推动应用型改革的驱动力不足

一方面，高校生源整体来说仍处于需方市场，尚未进入一个充分竞争阶段；另一方面，原有以教学及科研为主要考核指标的单一评价体系的转变，以及社会、高校、教师对高校人才培养模式的认知和思想的转变不可能一步完成，高校不关心经济社会需求，教师重科研轻教学，对人才培养在社会经济发展中的重要性认识不够的现象仍将长期存在。

（三）企业参与应用型人才培养的动力不足

中国虽然目前是世界第二大经济体，但是多数企业长期处于低门槛领域竞争激烈、存活率低、存活周期短的困境中，出于机会驱动和短期盈利动机，多

数中小企业缺乏长远发展谋划，不关注人员培训与生产、服务能力的提升，轻视人才培养，对依靠人才和科技创新来增强企业核心竞争力缺乏紧迫感，导致企业参与应用型人才培养的内驱力不足。

（四）企业参与应用型人才培养的热情不高

学生在企业学习期间，一方面企业需要支付学生酬金，另一方面企业需要花费更多的人力、财力去一对一地帮助学徒生，企业对员工的管理难度加大，成本也大大增加。同时，学生对自我职业发展缺乏清晰的认知，多数学生在企业学到技能后即离职，而政府和学校对企业补偿和补助不到位，造成企业参与人才培养的热情不高。

（五）双师型师资并非真正双能

应用型师资是应用型人才培养的关键环节，它将直接决定应用型人才培养的质量及应用型人才培养模式是否能够真正落地。高校教师普遍从学校到学校，理论功底强，但实践动手能力差，即便有技能证书的"双师"也大多缺乏实践能力，教师的学历及职称仍然是国家对普通本科高校考评的重要指标，因此高校专职教师普遍与市场脱节是一个不争的事实。

（六）学院派与实战派的简单组合难以形成有效团队

近年来，虽然各高校在优化教师结构、引进优秀工程技术人员加入教师队伍等方面做出了努力，然而来自高校的高学历师资与行业聘请的有丰富经验的实战派兼职师资，由于各自在自身定位、思想认知、发展方向、价值取向、考评体系上的不同，决定了两者简单的组合难以形成真正有效的育人团队。

（七）协同育人机制缺失

高校与企业一个是人才的输出方，一个是人才的应用方，但两者的性质目标定位和利益机制不同，高校注重理论教学，自身不进行企业经营活动，仅仅依赖于交流机制难以深刻理解企业需求并做出敏捷反应，人才培养与企业及社会需求容易脱节。企业是利益导向并且受市场影响大，当企业处于高速发展期，有强烈的人才需求时，愿意付出成本与学校共同培养人才，而当企业处于低谷时，大部分企业就不再愿意承担育人责任。因此，如果没有一定的机制，不能建立合理的费用分担、风险分担和利益共享机制，两者将难以形成持续性目标结合点，合作协同育人机制也将形同虚设。

二、改革体制机制，创新驱动转型

西南财经大学天府学院作为一所以全日制本科教育为主，专科教育为辅，本专科协同发展的地方普通高等学校，积极响应国家引导部分地方普通本科高校向应用型转变的指导意见，以康养护理学院为试点，从体制机制改革入手，对接养老服务产业，对涉老专业进行重组，建立老年福祉专业群，推进专业交叉融合，按照产教一体、产学研一体化方式，深化产教融合，大力推动应用型转型。

（一）打破传统学科建制，重建专业组织方式

基于养老产业发展需求，按照专业集群模式重构专业人才培养方案，改革传统模块化教学方式，借鉴三阶球形魔方的结构和运转模式，创建应用型人才培养"魔方教育模型"MEC（Modules of Education Cube），弥补传统模块化教学在模块组合的系统性、模块间的衔接性以及素质教育的有效实施等方面的不足。

（二）借鉴"医学院—附属医院"模式

基于社会需求与学校自身优势，通过自办或与企业合办产业，探索校企、校校之间费用分担、风险分担和利益共享的深度合作机制，打造产教一体化的产教集团，深化产教融合，构建产学研用四方在协同育人方面持续性的目标结合点，彻底解决人才培养供给和产业需求"两张皮"的问题。

（三）构建教师双通道（教研通道、产业通道）职业发展体制

教师是人才培养模式的实施者，是决定人才培养质量的关键力量，要培养一流应用创新型的人才，首先得有一流应用创新型的老师，通过导向、管理、评价、激励手段，建立教师双通道发展、双能力认定、双等级考核、双薪酬激励机制，打造一支真正的双师—双能型师资队伍，做到教师与行业零距离。

（四）打破传统教学体制，实行矩阵式管理

打破思政教学、公共教学、专业教学、实践教学、第二课堂教学分属不同职能部门、各自为政的传统教学体制，实行矩阵式管理，破除部门之间的壁垒，消除部门本位主义，构建以目标为导向，以协作为基础，既科学分工、各负其责，又有机统一、协同育人的协同工作机制，从而实现"全员、全过程、全方位育人"的"三全"育人理念。

（五）强化党组织建设，充分发挥教工、学生党支部战斗堡垒作用

加强学院党总支、教工党支部、学生党支部建设，基于支部书记与教学管理双带头人思想培养遴选干部，提高教工、学生党支部的凝聚力和战斗力，充分发挥党组织的政治核心作用、先锋模范作用、学院中心工作的主体作用，破解应用型人才培养改革过程中遇到的难题，引领带动师生积极投身学校改革，

提高人才培养质量。

（六）完善学生多元综合考核评价体系

应用型本科人才培养的目标与过程决定了其评价指标不同于传统的学术性、研究性人才，基于企业对应用型人才的要求及人才培养目标，持续优化学校原有的多元考核办法，基于思想考核、知识考核、能力考核、素质考核四个方面，通过过程性考核、结果性考核两个维度，构建具有多元化综合评价指标和评价方法的评价体系，以发挥评价导向功能，推动培养模式改革。

（七）建立教职员工多元化综合绩效评价体系

落实全面责任制育人思想，以应用创新型人才培养目标、培养规格、培养方式为框架，细化各科室各岗位工作职责、要求、任务、目标、责任，以工作责任书、工作计划、工作日志、工作结果为考评依据，基于上下级评价、同级评价、跨部门协同评价、学生评价四个维度，构建教职员工具有多元化综合绩效评价指标和评价方法的评价体系，将评价结果与教职员工能力、等级、职称评定及薪酬激励直接挂钩。

三、巩固试点成果，营造育人新生态

经过一年多的改革试点，康养护理学院已全面完成与养老产业链对接的专业重组和人才培养方案重构，大力推进"魔方教育"模式改革，初步完成产教一体化的产教集团构建，与8所非直属附属医院形成产学研全面合作，与万科、置信、绿地等一大批国内知名企业建立产教深度合作机制，大量吸收来自行业的高学历骨干人才进入专职教学队伍，全面推动双师双能型师资队伍建设和产教研一体化人才评价，与四川老年大学合作推进养老评估师、老年社工师、养老评估师等一系列面向低龄老人社会参与和再就业工作，承担起地方政府社区治理规划和智慧养老服务中心建设任务，助力参与四川省经信委关于四川省智慧健康养老产业研究课题，与四川日报、华西社区报等主流媒体共同推进养老产业新发展，全面引领四川养老产业人才培养新格局。

基于康养护理学院应用型转型试点经验，西南财经大学天府学院应用型转型已进入一个全新阶段。一方面，加快探索在试点改革过程中遇到的各类问题的解决方案，进一步巩固扩大转型试点成果；另一方面，撤销原来以学科为主体设置的教学中心组织机构，围绕区域产业发展需求，基于传统优势学科和学校特色，全面启动与地方产业链对接的专业集群化改革，整合原有61个专业，打造老年福祉、会计、智能金融、艺术、建筑与工程、现代服务管理等七大专

业集群，瞄准双一流建设目标，深化产教融合，构建教育链、人才链、产业链、创新链的良性互动格局。

（教育导报）

西南财经大学天府学院"矩阵制"学生管理模式促进财经类应用型人才培养

苟兴才　王舒鹤　刘勤博

为促进财经类应用型、复合型、应用创新型人才培养，不断探索"小社会，大课堂"全面育人环境的建设，西南财经大学天府学院立足于"以学生职业发展为目标，综合能力提升为主线，知识学习为载体"的人才培养指导思想，构建起"矩阵制"学生管理模式，通过不断调整和完善，育人成效显著。

"矩阵制"学生管理模式是以提升学生综合素质和能力为目标，以"随机分配""专业交叉""角色多元""双导师制"为运行机制，以专业研究所和苑区为载体，以"教学班"和"行政班"为具体表现形式的学生管理模式。

西南财经大学天府学院的"矩阵制"学生管理模式有以下四个特点：

第一，"教学班+行政班"并行的管理组织。按照生源地交叉、文理科交叉、专业交叉的原则，将学生随机分配成相对固定的行政班，并以此为基本单位组织开展第二课堂活动。同时，根据课程性质、学生水平、专业特征，将学生组织成相对动态的教学班，并以教学班为单位组织开展专业教学活动。

第二，各专业学生随机分配的居住安排。来自不同专业的学生以随机的方式分配进入若干个"行政班"，这样每个"行政班"都实现了不同专业学生的同辈共融，即每个学生都有机会在大学生活期间接触到不同专业的同学，以促进跨专业学生之间的交流和学习，有利于培养应用型、复合型的人才。

第三，辅导员和专业导师的"双导师制"。在"行政班"和"教学班"的组织架构下，辅导员侧重于对思想修养、人格养成等方面的指导，专业导师侧重于对职业能力、专业学习等方面的指导，在辅导员和专业导师的双重指导下，实现了全过程育人，全方位育人。

第四，"专业考核+综合测评"的评价机制。基于多元智能理论的人才观，学校提出要正确认识学生，重构人才培养过程，改革学生评价内容和方法，实行"专业考核+综合测评"的评价机制，注重学生的个性化评价和过程性评价，引导学生不仅要加强专业知识、能力和素质的提升，还要注重综合能力和素质的培养。

相较于传统学生管理模式，"矩阵制"学生管理模式可以让学生接触更多来自不同专业、不同班级的同学，从而形成同辈学习的良好氛围，有利于更好地发挥优秀学生的榜样示范作用；不同专业学生的交流，可以提高学生的沟通能力，体验团队合作，感悟人际交流，也提升了学生跨专业思考问题的能力；由于"行政班"和"教学班"的设置，使得学生的角色不断发生改变，有利于提高学生的角色意识，增强职业适应力。这些也都是作为一个财经类院校毕业的学生应具备的基本素养。

"矩阵制"学生管理模式是财经类应用型人才培养模式的一种新探索，旨在建立"小社会，大课堂"的全面育人环境，形成"应用型、复合型、创新型"的阶梯式人才培养，使西南财经大学天府学院学生的知识结构、职业能力和综合素养得到明显的优化和提升。

（教育导报）

师者，育人无声

付婧芳

党的十八大以来，习近平总书记对教育工作做出了一系列重要论述，指出新时代人才培养工作，要围绕培养什么人、怎样培养人、为谁培养人这一根本问题，坚持立德树人根本任务。那么，高校教师在师德师风建设中也必要围绕立德树人的根本任务。因此，这对高校教师提出了更高的要求。教师，教书在校内，育人却无声而久远。而一名优秀的教师，对学生的影响应是深远而持久的。

一、从知识到智识

高校教师传授学生专门的学科知识，而根本目标是使学生首先成为人，高校教育首先是普通人的教育。为人者必要知普通的知识，其根本目标在于人的心智解放和成长。青年是一个学生人格发展和完善的最关键阶段，开始向内追问，因此，塑造完整的人格成为一个青年自我成长至为重要的内容。高等教育在大学校园内完成，又必须超越"大学校园"，显示自己是最高使命的教育——即为人的一生塑造完整人格。那么，如何帮助学生了解人的价值与自身弱点，帮助学生增进思考、判断，与他人对话、写作的能力，提升社会责任感和公民素质，对教师提出了更高的要求。

怎么培养人是习近平总书记在新的时代对高等教育理念提出的重要问题。教育要与时俱进，教师也需要如此。今天的互联网时代并不意味着学生更有知识。在人类的文明进程中，与知识相对应的"智慧"也并非只是能力，它是人类在生存世界里有价值导向、有问题意识的知识。智慧是一种良善、光明的能力，是一种积极价值观和批判意识的体现，相对于机械地告诉学生"是什么"和"怎么做"来说，"应该怎样"和"为什么"变得更为重要和迫切。唯有此，教学生知识才能提升到更有意义和更高一层的"求智识"。

学习知识可以改变无知，但却不一定能改变愚蠢。人们普遍认为智慧与年长是共生关系，年龄较长的教师因个人的经验阅历可能看起来更富有智慧。但是，在教学实践中，这种"智慧"也可能是已有知识的重复使用。有专业知识的人被误以为就是有智慧的人，但是前提是只有那种对人类具有综合认识能力的知识人士才被称为"智慧者"。知识是具体的，智慧是统一的，到了现代，原本对智慧的统一追求受到了威胁。多元的价值取向是社会进步的表现，同时也具有极大的诱惑力不能从中进行辨别，如果一名学生只有高超的智力而无独立的思考和判断能力，同样会价值迷失，甚至被其所害。那么，高校教师必须在学生走出校门、走向社会之前，在青年的内心播下真善美的种子，帮助学生首先成为一个人。

二、师生信任关系的建立

诲人不倦，优秀的教师定是那些真正关心学生和极富同情心的人。在学生身上倾注心血，源自对学生的关心，这种东西有很强的感染力和深入人心的亲和力。我认为，教师教学应该秉承这样的宗旨：我们把时间、精力、心血花费在学生身上，因为我们关心我们的学生，我们所做的一切是把他们作为人和学习者。

无论是课上课下，良好的师生关系都建立在信任的基础。良好的师德让学生有信任感和亲切感，而良好的师德又来源于教师自身的修养。在这样的关系中，教师不再是要求学生做什么，而是言传身教，即便从交谈中也能感觉到有可以向老师学习的东西。

师道之传授更多的是课堂之外，一旦同学生建立起信任，学生就会对你的建议更为重视。但是，即便是对在知识和经验层面较为丰富的教师来说，都必须小心而谦虚地确保自己的建议是基于充分的事实并进行缜密的推理后得出的，告诉他们自身享有的选择权，没有任何人强迫他们。教师是尽力帮助学生而不是控制学生，这会给学生更多的信心确信他们自己能做得很出色。

教师在教书育人的时候同时也扮演着学生的角色，这会成为教师反思自己教学水平的一个参照。教师和学生之间信任关系的建立对于教学效果的提升有着至关重要的作用。因为，信任能产生一种互动的氛围，学生可以任意提问，毫无责难和受窘之虞，可以自由讨论各种观点和理解方法。这样轻松的体验得益于老师海纳百川的气度，这种气度在对自身和自己学识有谦虚感的人身上是最常见和最明显的。

因此，真诚地关爱学生，与学生建立起良好的信任关系，是教书育人的第一步。教师的优良品德可获得学生的尊重，并可以言传身教，育人于无声处。

学生从教师这里获得的精神馈赠，对于一个学生的成长来说是影响深远的。

三、新时代教师应具备的素质

"为己之学"应该是最能代表中国教育传统精神和传统教育理想的一句话，即便进入现代社会，在不断倡导教学改革的今天，我们依然享受着这传统教育理念的馈赠：为师者如何使学生和自己都获得自我满足。

（一）自我和国家关系的教育

教育的内在价值在于学生通过学习是为了自己满足。那么，既然教育的基本目标是个人的乐趣，社会意义又怎么可能在教育中占有重要的地位呢？这个问题的答案可能是一项充满挑战性的悖论：个人目的之所以达成，原因正是个人目的也是公共目的。"古之学者为己"的充满个人意义的理想在教育发展史上一直寻求一个可以将个人所获同社会责任之间取得平衡。国家是使对所有人的持久教育得以进行的框架，因此它关心青年的教育。因为，正是通过教育，才产生出那些在一定的时候必须出来维持国家的人。因此，教育的目的不仅仅是个人的完善和发展，更在于它是社会制度或社会运作中不可或缺的一部分。因此，一个人固然必须全心追求个人的道德完善以及与知识的融合，他必须同时不忘自己得到的成长带有社会意义。教育应该使每一个人都诚挚地融合到整体的精神中去，应该带领孩子们去领略一种整体的崇高精神。

（二）尊重学生的独特价值

一名教师时刻要有危机感，即时刻要认识到你总是有要学习的新东西，因为你要应对在特殊时间有着各自不同志向、疑惑、误解和无知的具体学生。因此，这需要教师不仅对学生的独特价值给予认可，同时也对自身的独特性有所要求。

在一个班级里，每一个学生都享有"学生"这个称谓，同时，他们又有着独特的价值和人格。优秀的教师往往会寻找和欣赏每一位学生的个人价值。他们不以学生优劣进行差等划分，而是寻找每一位学生可以带到课堂上来的种种能力。因为，每一位学生都是独一无二的，都能做出别人无法替代的贡献。

因为学生具有独特性，因此每一个学生都会思考到一些他个人认为是重要、常见、普遍的问题，这与他的知识兴趣、问题意识、思考习惯、心理感受方式等特点有关。因此，他们对教师的要求也就越高，不仅在课堂，更在生活中。教师需要对上课的内容进行设置和安排，内容的意义首先来自教师自己认为有意义。教师的知识兴趣和问题意识对学生的知识兴趣和问题意识有直接影响。

教师具备的并在讨论中自然流露的知识准备、学术热情、思想的深刻和广度、人文气质、思考和表达方式等对学生有潜移默化的陶冶和感染作用。因此，教师为了更好地扮演自己的角色，必须时刻保持着学习的姿态，以丰富的知识储备和独特的人格魅力获得学生的认可，并且潜移默化地影响学生。

大学必须是一个学习型大学，它与教师的学习和学生的学习两者皆有关。而大学这个团体的核心价值也在于人人参与以及师生共同维护该团体的责任。教师是教育之本，育人无声，传之久远。

（教育导报）

思政小课堂融入家国大情怀

王晓峰

厚植学生的爱国主义情怀是思政教育常说常新的话题。在思政课教学实践中，西南财经大学天府学院马克思主义学院创新课程教学模式，提炼专题知识中的爱国主义内涵，让思政教育接地气、有温度、有高度，培育学生的家国情怀。

爱国主义教育需要与时俱进，赋予更为丰富的时代精神。鲜活的时代内容是思政课中最能激发学生共鸣共情、启发学生思考的育人元素。今年，我国高效抗疫所凸显的制度优势是思政课堂中生动的爱国主义教学素材。为此，学院教师开展了各类"思政课战'疫'小课堂"，将当前全国乃至全球的抗疫元素与思政课的教学内容相结合，在课程主题不变的前提下，挖掘疫情防控中的教学案例，引导学生积极关注疫情，正确认识疫情，用家国情怀和抗疫精神教育影响学生。

在《毛泽东思想和中国特色社会主义理论体系概论》《中国近现代史纲要》《形势与政策》等课程中，教师指导学生制作了形式多样的以"抗疫"为主题的原创作品，例如画报、宣传海报、诗词等作品。学生们课下主动查阅相关资料，更全面和深入地了解了我国的战"疫"精神。作品主题鲜明、内容丰富、情感真挚并具有一定的艺术性。这些作品在发挥学生创新思维和动手才能的同时也融入了学生们最直接、最真切的爱国热情。

学院思政课在爱国主义教育形式上，结合学生们的专业实际和特长爱好，扩展思政育人广度，充分发挥思政小班课的灵活性，采用手工画报制作、配音秀、诗歌朗诵、视频剪辑、家乡红色景点、诗词赏析等形式新颖、直观、易于学生入脑入心的方式，涵养学生的家国情怀。

思政课是高校落实立德树人根本任务的关键课程，也是进行爱国主义教育的主渠道和主阵地。西南财经大学天府学院马克思主义学院针对新时代大学生的思想特点，根据学校学生的专业和特长优势，依托形式多样的教学方式，深入挖掘爱国主义教育的时代内涵，在思政课小课堂中融入家国大情怀，用爱国主义精神铸魂育人，努力打造"学生真心喜爱、终身受益的高校思想政治理论课"。

（学习强国）

百年征程波澜壮阔，百年初心历久弥坚，不变的依旧是那星星之火

唐若贤

百年征程波澜壮阔，中华民族探索的脚步从未停下。一直以来支撑着共产党人前行的是那心中的理想信念，是那心中的火种。1921 年中共第一次全国代表大会在上海召开，共产党人的伟大探索就此展开。共产党人对中国未来道路的探索不是一蹴而就的，对共产主义的探索也不是一蹴而就的。共产党的诞生是前人无数次探索的积累，是历史的选择。这，是一个寻路的过程。

书的开头是从《辛丑条约》的签订展开的。这是一个令中华民族倍感屈辱的条约，它标志着中国在列强的瓜分狂潮下彻底沦为半殖民地半封建社会。《辛丑条约》的签订，无疑激起了无数爱国之士的救亡图存之心。于是，无数的有志之士、革命党人接踵而起。在他们无数次的探索下，从崩坏前的改良到辛亥革命，中华民族成功脱下了"封建主义"这双不合脚的鞋子。只可惜袁世凯窃取革命成果，中国依然处在军阀的黑暗统治之中。直到 1919 年 5 月 4 日，中华青年的一声声呐喊，将新文化运动带向新的转折点，将中国的救亡图存开启了一个新的篇章。

历史就像一列奔驰向前的火车，途中不断有人上车，不断有人下车。总有人对历史的前进起着关键作用。在李大钊等人的大力倡导和努力下，马克思主义开始在中国广泛传播。马克思主义的广泛传播也为中国无产阶级政党的创建提供了思想条件。经过对理论的研究和对前人经验的总结，人们逐渐认识到真正能实现中国救亡图存的道路只有共产主义。1921 年的那个夏天，中国共产党的正式成立开启了新民主主义革命的新时代。这时的火种在前人的积累下慢慢燃起，而它也会在将来燃成熊熊大火。正所谓，星星之火，可以燎原。

以史为鉴，可知兴替。回溯历史，共产党在前人的探索中诞生，但它的探索不会止步。共产党对未来道路的探索还很遥远，对中华民族伟大复兴的探索道阻且长。就如同刘统在《火种——寻找中国复兴之路》一书中的评价一般，

中国共产党一直都在"寻路"的过程中，在筚路蓝缕之中散播着星星之火。

　　追求真理，照亮前行的灯塔。共产党正在"寻路"中，而我们紧跟他们的脚步，在中国特色社会主义的道路中砥砺前行。将爱国之情铭刻心中，无私奉献，化为那星星之火，点亮未来谋复兴、谋富强的道路。恰是百年风华，恰是吾辈奋斗之时。

（学习强国）

天地存肝胆，江山阅鬓华

吕佳蔓

偶然间看到一本书，红与黑的交织，伴随着鲜艳与压抑的碰撞，一颗黑松傲然屹立在峰头，这是《红岩》的封面。

没有终点的尽头，源于不断地攀登。我们的路本没有那么长，但是前者却给它铺的很长很长。我们没有接触过那段岁月，但是字里行间，我却可以感受出他们的品格。宁睡街头三尺寒，不愿百姓衣不安。在那个动乱的年代，这种品格显得如此难得。

1948 年底到 1949 年，国民党统治下的重庆，共产党员、革命群众遭到疯狂逮捕和屠杀。他们的一生或许至此落幕，留给我们的却是世世代代的震撼烙印。在渣滓洞、白公馆等人间地狱里，敌人为了得到口供，妄图用炎热、蚊虫、饥饿和干渴动摇革命者的意志，"或许前路永夜，我也要前进，因为星光即使微弱也会为我照亮前路"，但是在共产党员的坚强意志面前，敌人却是一筹莫展。书中有竹签钉进十指受尽酷刑的江姐、"疯老头"华子良、充满传奇色彩的"双枪老太婆"、天真可爱的"小萝卜头"……一百多个鲜活的人就这样牺牲在黎明前的黑暗里。虽然国民党的刽子手对他们的肉体进行极尽所能地折磨，却丝毫动摇不了革命者的信仰。这是一群坚贞不屈、视死如归，具有崇高革命信仰的中国共产党人。

红岩精神体现的是爱国、团结、奋斗和奉献的精神，红岩精神如同一面鲜红的旗帜，激励着一代又一代热血青年为理想和信仰奋斗不息。习近平总书记高度肯定红岩精神，正如他所说："爱国主义是中华民族的民族心、民族魂。"正是这种爱国精神，让无数中华儿女以肉体之躯赴刀山火海，为民族复兴而前仆后继。我们新时代的青年人应当学习红岩精神，忠于党、忠于人民，要有钢铁般的意志，为建设伟大祖国添砖加瓦。

（学习强国）

弘扬伟大脱贫攻坚精神，书写圆梦小康壮丽篇章

蔺　钰

长久以来，贫困一直是我国一切社会问题的根源。解放和发展生产力是社会主义的根本任务。在团结带领老百姓脱贫致富的过程中，我国取得了举世瞩目的成就。人民对美好生活的向往需求也在逐步提升，但是我国社会主义初级阶段的基本国情依然要求各级党委政府进一步加大扶贫攻坚力度，特别是采取一切可能的有效措施，支援老少边穷地区，党员干部要牢固树立理想信念，千方百计造福贫困群众，注意培育造血功能，广大贫困群众更要发扬艰苦奋斗精神，不要安于现状，不要破罐破摔，积极发挥主观能动性，自力更生，确保与全国同步进入小康社会。

当我读完《决战贫困——四川脱贫攻坚书系》，我想这是一部有里程碑意义的"信史"。四川是全国脱贫攻坚战的主战场之一。为记录四川在脱贫攻坚战中开展的波澜壮阔、成就卓著的伟大实践，省委宣传部和省扶贫开发局共同牵头，全省40余个省级部门和21个市州共同参与，组织编撰了《决战贫困——四川脱贫攻坚书系》，真实、准确、全面、系统、权威地反映了四川脱贫攻坚的历史进程、经验启示和辉煌成就。

精准扶贫意味着精准施策。对那些有劳动能力的群众，通过扶持生产和就业帮助实现脱贫；对那些居住地一方水土养不起一方人的群众，通过移民搬迁实现脱贫；对那些丧失了劳动能力的，通过低保政策实施兜底扶贫；对那些因病致贫的，通过医疗救助帮扶，做到一把钥匙开一把锁。

当我看到，现在大量农村劳动力外出务工，由此产生大量农村留守儿童和留守老人。精准扶贫，正是要切实解决这一群体生产生活中的实际困难，提供更加精准和完善的基本公共服务。通过更加精准的管理与服务，加强对未成年人的监护和对老人的关怀照顾，让他们感受到爱和社会的温暖。

"安得广厦千万间，大庇天下寒士俱欢颜。"但愿苍生俱温饱，实现贫困人

口如期脱贫，是我们党向全国人民做出的郑重承诺。同时，也需要人民付出更多的努力。让我们坚定打赢脱贫攻坚战的决心和信心，以精准扶贫实现精准脱贫，早日实现中华民族伟大复兴。

（学习强国）

第二篇

02

党的建设

"会之长计"育人工程

——会计学院党总支党建工作品牌

一、品牌名称

"会之长计"育人工程

二、主要做法

会计学院党总支把立德树人放在突出位置，将育人工作当作长期的系统工程来抓。在教育主体上注重"全"，充分挖掘管理干部、专业课教师、辅导员、班主任多个岗位的育人要素，营造人人参与的育人氛围。实现"教"与"育"的融合，通过开展新财经人才专业实践、逐梦计划、三下乡、创新创业项目等活动，以"培养什么人、怎样培养人、为谁培养人"为基础构建实践财经育人体系。实现"管"与"育"的融合，通过培训辅导员新财经人才培养专业思路和理念，选派青年教师担任班主任，打造人才培养"双向通道"。实现"服"与"育"的融合，通过党建带团建，团建"推优"促党建，形成"党团互动"。开展劳动教育活动、校外文明城市创建、"我为疫情防控做贡献"、罗江区幸福驿站、交通违法导引、养老院探望、留守儿童支教等大量的第二课堂实践活动，以党员先锋模范作用，带动广大师生爱党爱国，奉献社会。疫情防控期间，学院陆续收到来自政府的3封感谢信，信中分别对我院学生党员袁昊、共青团员黄月及周云迪积极投身当地防疫志愿服务提出表扬。

（一）事事用心，构建育人体系

会计学院党总支以增强党性、提高素质为重点，把价值塑造当作一项长期且极具挑战性的工作，搭建课程思政、"微党课"育人平台，建立学生党员长效培养教育机制，确保育人工作的整体性。充分挖掘专业教学环节中的思想政治教育因素，把专业教育与价值观培育有机统一，通过开展专题培训、组织"课程思政"研讨、培育推广优秀"课程思政"示范课、建立评价导向等机制，提升教师开展"课程思政"建设的意识和能力。《财务报表分析》《EXCEL 在财务中的应用》两门课程成为省级"课程思政"示范课程。截至目前，学院专业课程中校级课程思政示范课程覆盖率超过 80%。鼓励教师党员学党史、讲党课，弘扬红色文化。建立"微党课"平台，将微党课开展情况列入党员队伍建设考核，引导广大党员积极参与。从"条块分割"转向"协同配合"，推进"教、管、服"将思政育人工作贯穿到学生从入学到毕业的各阶段。采用"三段式"构建学生党员全程化长效培养教育机制——通过思想启蒙政治教育，从意识上把好"入口阶段"，吸纳信念坚定、素质过硬、品学兼优的"新鲜血液"；建立健全学生党员学期考核量化制度，加强对"预备阶段"的考核与评价，要求预备党员在工作中得到锻炼，发挥党员的模范带头作用；通过党员寝室挂牌等措施，在"正式阶段"让党员"站出来"。在低年级设立"党员先锋岗"引导学生实现自我教育与管理，在高年级成立以学生党员为骨干的就业帮扶小组，共促就业。

（二）面面俱到，开拓育人空间

会计学院党总支围绕"为党育人、为国育才"的使命，在育人空间上"阔"，实现由"点"到"线"、聚"面"成"体"，实现"面""面"俱到、多"体"联动，多渠道打造可持续发展的育人环境。建立线上线下正向互动的工作格局，促进线上线下两个教育场的衔接整合，发挥地方红色文化优势，以参观黄继光故居爱国主义教育基地为学院特色红色研学项目，把思政小课堂与社会大课堂有效结合。通过开展"聆听党史的声音——系列播报"、党史每日学习小记，"扬帆德阳，心系党梦""百年百歌"等形式新颖的系列活动，提升文化育人的亲和力。依托"融媒体"网络平台建设，创建官方"QQ"及"抖音"宣传平台，同时充分利用 QQ、微信、企业微信、"B 站"等互联网媒介，搭建网络思政平台，并以党总支为核心、四个党支部为骨干、四个分团总支为分支、210 名宣传委员为抓手的网络思政队伍，有效增强了学生的理想信念。大力推进学校、社会、家庭一体化育人，提升丰富家庭教育资源，充分利用社会教育资源，达到多方位合力育人的效果。成立"党员之家""党员先锋岗"，形成有困难找党员的优良风气。设立"意见大使"，及时回应师生"急、忧、盼"的紧迫问题，立行立改。2021 年 5 月，与德阳市税务局实行校政联合，共同开展党建工作，加强基层党建工作的经验交流与优势互补，促进传播党建文化。以党建为引领，构建新财经育人体系，与金蝶软件（中国）有限公司、达内时代科技集团等企业合作,实现校企合作谋发展,产教融合奠基础。会计学院党总支组建宣讲团队,在2021年与德阳市共青团共同开展24场"百人千场"宣讲活动,受众累计1500余人,在服务和支撑地方发展中,切实发挥了高校的重要驱动作用。

三、工作成效

会计学院党总支始终坚持立足基层、服务群众,通过"会之长计"育人工程品牌创建,建立长期育人系统工程,搭建长效育人平台,创造可持续性发展的育人环境。在品牌创建的影响下,党总支先后涌现出四川省党建工作样板支部、先进基层党支部、省级课程思政专业、省级课程思政示范课程等优秀成果。近年来,会计学院党总支逐步建设和完善党员之家等配套设施,实现样板党支部建设与党建品牌创建同步发展。

行走的思政大课堂

——马克思主义学院直属党支部党建工作品牌

一、品牌名称

行走的思政大课堂

二、品牌内涵

思想政治工作是学校各项工作的生命线，思想政治理论课是落实立德树人的关键课程。马克思主义学院直属党支部以习近平新时代中国特色社会主义思想为指导，强调思政课知行合一，以大视野、大格局和全覆盖创建"行走的思政大课堂"，宣讲马克思主义理论，开展思想政治教育工作，实现铸魂育人。同时，以"行走的思政大课堂"加强党的建设，发挥基层党组织的传播效应和凝聚效应，彰显党员的使命担当，把党建优势转化为学校发展优势，走出新时代党建引领学校发展的新路子，擦亮新时代民办高校党建工作的新名片。

三、品牌创建举措

（一）守护思政工作主阵地，"走"向大课堂，思政立德

1. 以立德树人为根本，拓展思政小课堂，立足校园讲思政

立足新时代中国特色社会主义鲜活实践的大视野，守住马克思主义和中国特色社会主义根本，守住立德树人根本，强化认识。用好思想政治理论课主渠道，总结社会主义核心价值观典型案例 160 个，挖掘党史学习"鲜活教材"，梳理百年党史故事 100 个，将案例和故事融入教材教学、社会实践和校风学风建设中。办好思想政治教育第二课堂，开办马克思主义学院思政品牌"书记校长大讲堂" 7 场，开展理想信念讲座 10 场，开展"形势与政策"讲座 20 场，开展读书分享会 20 场。讲好思政公开课，打造立体式、情景式、交互式党史思政公开课。

在建党百年之际，举办了"初心如磐，使命在肩"——建党百年党史学习教育公开课，由支部书记作主讲人，学校常务副校长、辅导员老师和学生共同上台讲课，全校 500 名师生同上一堂思政大课，中国教育在线——四川站进行了相关报道。

2. 以服务社会为职责，走向社会大课堂，打开校门讲思政

组织教师和学生理论社团前往江油市王右木烈士革命事迹陈列馆、三台中学东北大学遗址和三台县档案馆等开展党史学习教育，现场讲述革命事迹，将思政课堂搬到革命纪念馆。组建由思政课骨干教师、专家学者、优秀学生组成的"党史故事汇"宣讲团，面向校内外各基层组织、社区等开展党史宣讲 6 次。构建大中小幼一体化思政工作体系，联系区县教育局，促进校际协同，开展教学观摩、教研备课、思政课教学论坛等活动，促进"思政大课堂"格局的形成，培养能够担当民族复兴大任的社会主义建设者与接班人。

（二）争当理论宣讲排头兵，"走"通大党建，思政铸魂

1. 课堂教学和党性教育有机结合，人人讲思政疏通"中梗阻"

找准教学管理与日常党性教育的堵点，全方位推进思政课教育教学改革，探索构建"政、产、学、研"协同创新平台，发展课堂教学与专业建设、学生工作、社会实践"三结合"的思政创新育人模式，使政治理论学习与集体备课同步，构建人人讲思政的创新型党建格局，在学校思想政治教育中充分发挥主渠道、主阵地作用，实现了思想政治教育和知识体系教育的有机结合。

2. 教师党建和学生党建有效连接，处处有党课改善"单循环"

教师党支部与学生党支部共建，开展思想政治教育系列讲座 30 余场，思政课教师成为融会贯通党的理论、政策与学生之间的"桥梁"。组建教师理论宣讲团，面向校内外师生开展入学教育、入党启蒙、党课学习等。依托学生理论社团马克思主义研究学会和初心学社，组建青年学生宣传队，进行宣讲培训，设立了 10 个党史宣讲专题、10 个学生成长主题，打造互动式、分众式宣讲模式，成为学校理论战线的"轻骑兵"。思政课教师指导学生参加第四届和第五届全国高校大学生讲思政课公开课展示活动与"我心中的思政课"全国高校大学生微电影活动，分别获得三等奖和二等奖，学习强国平台进行了推送。教师支部与学生支部合作共建，营造了"人人都是宣传员、处处都有微党课"的思想政治教育氛围，实现了党建工作的双循环和全覆盖。

3. 学校党建和区域党建有力对接，理论宣讲建设"最后一公里"

围绕学校中心工作，发挥马克思主义学院社会服务功能，主动融入区域化党建格局。校企、校地党支部共同开展组织生活，发挥专业优势，推动党的理

论和路线方针政策深入基层、深入群众。邀请校友、扶贫干部、地方党政干部、模范人物等走进思政课堂，与思政课教师"同上一堂课"。组建"天府理论宣讲团"，与德阳市罗江区委合作，开展学习"七一"重要讲话精神专题宣讲 3 场；与绵阳市城北公安分局党委合作，开展学习党的十九届六中全会精神宣讲 2 场。两年来，马克思主义学院党支部与区域党支部合作，把思政课堂设立在社会实践的一线，开展宣讲报告 10 余场，有助于传播马克思主义理论，扩大社会影响力，实现思政铸魂。

（三）勇担全员育人"领头雁"，"走"实示范岗，思政育人

1. 聚焦育人队伍，发挥带头作用，实现思政目标共融

以立德树人为共同目标，构建以专业教师队伍为主体、思政工作队伍为支撑、管理服务队伍为保障的全员育人格局。牵头成立天府课程思政教学研究中心，与二级学院开展党支部结对共建活动，发挥专业优势，提供思想资源和理论武装，激发全员育人的主体自觉。以天府中华吟诵推广中心为依托，聚集 6 个行政部门和 4 个二级学院的师资力量，参加"四川省 2021 年经典诵写讲演系列活动"，精心打造"诵经典"作品，提升育人能力。推动思政课教师与辅导员队伍、专业课教师、党建工作者的融合，思政课教师担任班主任，思政课学习成绩与学生入党考察教育挂钩。

2. 聚焦育人体系，发挥引领作用，思政工作共建

聚焦"十大育人"体系，以党员之担当，始终站在理论宣讲第一线，彰显思政课教师育人引领作用。与二级学院党组织联学共建，选派思政课教师到二级学院党组织开展理论学习辅导课、指导党史专题演讲比赛和学生讲党史活动。开展"课程思政"的实际运行和建设工作，构建具有财经特色的"思政课程+课程思政"融合机制，开展"课程思政"研讨交流活动 8 次，探索专业课教师讲专业、思政课教师谈理想信仰的协同授课模式。坚持党的工作部署在前，党的建设和事业发展同谋划、同推进、同考核，将思想政治工作体系贯穿人才培养体系，培养符合新时代要求的高质量人才。

3. 聚焦育人场域，发挥示范作用，思政成果共享

抓牢思想政治工作这条生命线，建立一支懂专业、会管理、爱学生的思政课教师队伍，借助线上线下、课内课外一切载体，积极做好学生的思想政治工作。立足维护安全的政治高度，严格意识形态责任制，将意识形态教育渗透到教育教学的全过程，同时抓好意识形态风险的防控工作，既抓好课堂、讲座等线下管理，又抓好微博、微信等新媒体的管理，为学生构建组织空间、专业空

间、社会空间和网络空间相统一的保障体系。马克思主义学院思政创新育人团队 2021 被评为绵阳市优秀教师团队，充分发挥示范作用，围绕立德树人这个中心，服务国家社会发展大局，为党育人，为国育才。

同心圆：四维导师·四度筑梦

——智能科技学院直属党支部党建工作品牌

一、品牌名称

同心圆：四维导师·四度筑梦

二、主要做法

（一）"党建导师"有高度，打造一支过硬善战的先锋队

直属党支部自 2019 年成立至今，依托超星平台、红色教育基地、党员之家等服务载体，传递红色正能量，精心建设智慧党建平台，积极培育党建智库人才，打造红色文化走廊，坚持"每月一党课"，党员干部、优秀党员率先担任党建导师，通过主题党日活动、"三会一课"、专题理论学习等方式，围绕党员学习需求，准确把握党员思想状况和关注问题，内容涵盖理论学习、时事热点、教育改革和思政工作政策等各个方面，着力提高党员干部"学、写、说、思"能力，着力增强政治意识、大局意识、核心意识、看齐意识，真正用讲话精神武装头脑、指导实践、推动工作、保障业务工作政治思想先锋先行。

（二）"学业导师"有温度，打造一支"四有好老师"队伍

通过党员亮身份、亮形象，发挥先锋作用，高质量培养党员，解决学生之所需、所急、所忧和所盼。依托"三个担任"和"三进项目"做好学业导师，即担任入党培养联系人、担任班导师、担任学业导师，进重点学生寝室、进自习室、进研究团队，践行"四有好老师"的使命，当好"四个引路人"，让天府学子感受到在学业追逐梦想的路上有筑梦导师的热情与温度。

（三）"创新导师"有深度，打造一支守正创新的先进队伍

立足专业技能培养，以赛促学、以赛促练、以赛促进，通过打造"创新工作室"和"创客空间"两个平台，以"互联网+""挑战杯""蓝桥杯""发现

杯"等比赛项目为载体，倡导"人人担任创新导师"，每一名教师每年至少主持一个项目，指导三支学生队伍参加竞赛项目，争先创优，培育优秀项目，分层分类孵化项目，挖掘专业深度，锻炼专业技能，延伸专业水平，旨在培养学生的创新意识和创新能力。

（四）"实践导师"有宽度，打造一支锐意进取的实践队伍

以 TF-SWUFF Oracle Club 为枢纽，以校友之家为平台，班主任和辅导员联系往届学生建立校友人才库，将培养出来的学生请回来担任实践导师，把学校学的知识与社会实践融会贯通，发挥同辈互助作用，由同辈引领成长成才，同时汲取校友资源、凝聚校友智慧、依托校友实力，增强校友对专业的认同感，拓展实习、就业和校企合作宽度，培养一批批锐意进取的实践队伍。

三、工作成效

近年来，智能科技学院始终以学生为中心，落实立德树人根本任务，搭建"四维导师"平台，带动支部教师党员和学生党员参与到党建工作、专业建设、学科竞赛、人才培养等各项工作的开展中，把党建红色正能量传递到全院师生的日常生活、学习、工作和实践中，使师生怀揣梦想，践行使命，教学相长，做师生"同心圆"的筑梦人和圆梦人，持续打造有高度、有温度、有深度和有宽度的党建品牌，直属党支部先后获得"2019 年西财天府学院先进党组织""2019—2020 年全国环保协会优秀组织单位""2021 年四川省先进党组织"等荣誉称号，2021 年被中共四川省委教育工作委员会列为新时代四川省高校党组织"对标争先"计划样板支部培育单位之一，计算机科学与技术专业被评为四川省一流本科专业建设点。

艺美天府

——艺术设计学院直属党支部党建工作品牌

一、品牌名称

艺美天府

二、品牌内涵

西南财经大学天府学院艺术设计学院直属党支部紧紧围绕习近平总书记提出的高等教育"四个服务"发展方向，以学院基于艺术专业特色打造的"四美一体"美育体系为牵引，用美育浸润党建，以与龙潭街道院山社区支部共创共建为抓手，通过优势互补、资源共享，实现党建互动、业务互促，形成了"美育牵引+共建聚力"双核驱动的党建工作模式，夯实了党建基础，凝聚了党建合力，浇筑出专业特色鲜明的"艺美天府"党建品牌。

三、主要做法

（一）艺美铸魂，初心共守，激扬红色信仰

以铸就和坚定党员理想信念为导向，以"艺美红色"为主线，紧密融合支部艺术专业人才资源和龙潭街道院山社区红色资源，固本培元，将理论学习与形式多样的实践活动相结合，策划开展"四红活动"——共瞻红色基地、共观红色电影、共唱红色歌曲、共跑红色马拉松，坚定红色信仰，传承红色精神。共建支部前往龙潭院山坡烈士陵园缅怀革命先烈并聆听英烈事迹、观影《长津湖》等红色主旋律电影并进行主题讨论、举办"红色正青春，领跑新时代"环北湖马拉松和"奋斗百年路，启航新征程"等活动庆祝建党一百周年文艺汇演等。通过艺美正根，涤荡了党员的红色思想，擦亮了党员的红色底色，促使党员自觉当好红色基因的传承者、宣传者、践行者，赓续红色血脉，坚守初心使命。

（二）艺美承源，文化共扬，厚植家国情怀

以传承和弘扬中华传统文化为导向，以"艺美客家"为主线，充分发挥教师党员先锋模范作用，致知力行，深入挖掘龙潭街道区域的客家文化灵魂，助力客家文化的传承发展与创新。党员教师带领学生实地调研龙潭客家碉楼，专访龙潭客家文化继承人，全面收集当地客家文化素材并汲取其文化内涵和时代精神，精雕细琢出《客家文化》、《鸟瞰龙潭寺》和《客家歌谣》等短视频和《做客》等微视频并发布于主流新媒体平台，广泛宣扬龙潭客家文化的风采意韵。同时，设计了客家方言字体、插画、海报以及客家文化IP形象、表情包等，进一步丰富其传播的时代载体。通过艺美为媒，用艺术赋能中华传统文化融入新时代生活，促进了中华传统文化的火种播撒传递到祖国各地，为新时代中华文化传承和建设贡献力量。

（三）艺美立德，使命共当，勇担社会责任

以树立和继承中华传统美德为导向，以"艺美群众"为主线，主动担负起时代赋予的使命责任，春风化雨，依托艺术传递美德、服务群众，打造"四进社区"活动——"文艺汇演进社区"、"民族文化进社区"、"美育课程进社区"和"美化环境进社区"，做真善美的传播者、德艺双馨的追求者。共建支部将"我为群众办实事"主题党建活动落实落细到"四进社区"活动中，走进社区敬老院、老年和儿童活动中心及党群服务工作站，把党的新思想、新理论、艺术专业知识、美好生活环境带给了社区群众，特别是老年人和儿童。通过艺美肩责，打通了高雅艺术与群众间的最后一公里，拓展了艺术覆盖面和普惠度，发挥了美育直抵人心的力量，以党员的实际行动诠释了时代使命，擘画了社会文明蔚然新貌。

（四）艺美践行，和谐共建，精炼专业技能

以实践专业技能和开拓创新精神为导向，以"艺美社区"为主线，紧扣社区创建"美丽社区、和谐家园"的需求，学以致用，将践行艺术专业性和社会实践性相统一。三位专业技艺精湛的党员教师被龙潭街道聘为社区规划师，带动学院教师和学生组成专业团队协同合作，发挥专业本领和开拓创新精神，积极承担并高质量完成了社区公园规划建设、社区日间活动中心、老年活动中心内外室美化、社区小区外围墙墙面设计与绘制等项目。通过艺美淬技，用专业技能赋能新时代和谐文明社会实践，践行自我价值与社会价值的统一。

四、工作成效

以"美育牵引+共建聚力"党建工作模式构筑的"艺美天府"党建品牌，实现了专业、美育与党建的有机深度融合，提升了党建质量，整合了优势资源，激发了创新动能，深化了院地合作，服务了地方需求，让"美在信仰、美在精神、美在担当、美在奋斗"扎根党员心底。目前，主要在以下三个方面取得了显著成绩。

第一，以党建强党性，巩固了党支部战斗堡垒作用。通过共享共用共建支部的优势资源，丰富了党员学习维度和拓展了党建活动阵地，推动了党支部全体党员的主动学习、浸入式学习，提升了党员的向心力和凝聚力，让党性熔炼于社会实践之中。

第二，以党建促院建，带动了学院工作的全面突破。在专业建设上，以社会实践锤炼专业建设，使专业发展适应社会需求，得到了社会广泛认可。环境设计专业被评为四川省一流专业、四川省首批本科应用型示范专业，产品设计教研团队被评为四川省课程思政示范教学团队，《包装设计》《住宅小区规划》课程被评为四川省一流课程、省级课程思政示范项目，并上线"学习强国"平台；在育人成果上，培育出德才兼备、又红又专的新时代创新人才，学生专业参赛和获奖质量和人数、毕业生就业质量和就业率、到基层工作人数、参军人数均逐年提高；在教师发展上，打造出高素质创新型的教师队伍，荣获了国际环保公益设计大赛、全国数字艺术设计大赛、全国大学生艺术展演活动等国内外艺术设计类大奖。

第三，以党建实成果，提升了专业服务社会的能力。基于党建品牌的影响力，推动学院和街道社区之间形成常态化的项目合作机制，使学院师生的专业成果走出校园，服务社会。以高质量完成的院山社区规划设计项目为契机，学院专业团队已经完成了四川省博物馆 IP 形象设计、成都少城社区更新设计等 20余个规划设计及环境美化类项目，获得项目主管部门及社会各界的一致好评。同时，学院建立了"康养产业艺术设计研究中心"以及成立了手工皮具、花艺、纸艺、篆刻和珠绣唐卡技法 5 个创意工作室，积极响应了新时代社会和市场的需求。

附件：品牌标志

设计说明：

蒲公英图形代表"天府"，负形空间画笔造型代表"艺美"。四朵蒲公英根向中心，代表"艺心向党"。

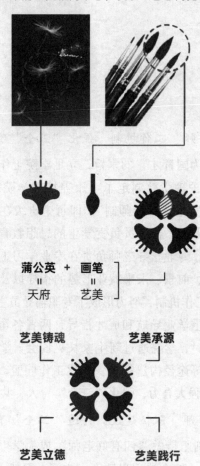

蒲公英 ＋ 画笔
＝　　　＝
天府　　艺美

艺美铸魂　　　　艺美承源

艺美立德　　　　艺美践行

"双导师"制

——康养护理学院直属党支部党建工作品牌

一、品牌名称

"双导师"制

二、主要做法

（一）构建"双导师"工作机制，强化"三全"育人

秉承"为党育人，为国育才"的宗旨，立足学院工作，推进学生工作的高质量发展，2018年康养护理学院制定了《康养护理学院双导师项目制制度》，率先在学生管理工作中实施"双导师制"，即每个班级在配备一名辅导员的同时，再配一名专业指导老师，辅导员负责学生的思想教育、生活帮助、班级奖评活动及班级文化建设，专业指导老师负责在专业学习上给予学生帮助，同时为学生进行专业的发展、前景、未来就业形势的指导以及心理和个人素养等方面的培养。"双导师"工作机制，努力形成了专职辅导员主要负责思想政治教育和事务管理、班导师侧重学业导航和成才指导，两者各司其职、各有侧重、相互配合的格局。与此同时，学院通过新生家长见面会、学生学业沟通、心理工作交流、就业意向交流等途径构建家校一体化工作同盟，由家长、班导师、辅导员形成"全员育人"强大合力，强化"三全"育人，共助学生成长。

（二）严抓"双导师"队伍建设，打造"三全"育人团队

"双导师"工作机制坚持做"四有好老师"成为学生为学、为事、为人示范的"大先生"的理念，结合课程思政育人内涵，严抓"双导师"队伍建设，持续开展理想信念教育，提升全院教师思想政治素养，建立把骨干教师培养成党员、把党员教师培养成业务骨干的"双培养"机制，从而打造规范化的育人团队。同时，学院党支部引导全院教师树立"课程思政"理念，按照"每一位

教师有一门课程思政、每一门课程有思政元素"的要求，动员全体教师深入挖掘课程思政元素，组织召开"课程思政"研讨会，梳理"课程思政"元素，鼓励教师积极申报思想政治类研究，共计10门课程成功立项，并将其融入教学各环节、全过程，着力打造一批示范课程，切实提升课程思政育人实效，实现让思政教育常态化。

（三）落实"双导师"育人工作，提升育人品质

秉持"学史明理，力行实践"的初心和全心全意为人民服务的宗旨，学院扎实开展"双导师"育人工作。各辅导员积极配合学院团总支，召开线下主题班会、团组织生活会等，严抓"智慧团建""青年大学习"等线上平台，展开常态化思想教育工作；全过程关注家庭困难学生的成长，开展"助学·筑梦·铸人""诚信校园行"等主题教育；深入构建心理健康教育工作格局，建立"三位一体"学生心理危机干预体系，坚持育心与育德相结合，强化心理教育功能；立足学生党建、团学、睿达三大学生组织，链接社区、养老院等资源，扎实推进志愿服务、实践育人工作。同时，督促班导师落实专业认知教育、专项奖学金认证、创新创业、学风建设等工作职责，根据各专业特点，开展专业活动、专业技能大赛，以竞赛为载体，积极开展创新创业教育，鼓励师生参加护理技能大赛、创新创业大赛及科研立项等，引导师生树立正确的学术导向，营造良好学风。通过辅导员、班导师的分工合作，围绕学生思想引领、心理健康、专业认知、职业生涯规划、创新创业指导、实习就业指导等内容，充分发挥双导师的协同育人效应，强化过程管理与评价，推动育人工作 PDCA 循环，提升育人品质。

三、工作成效

康养护理学院不断加强"双导师"队伍建设，立足自身创新工作机制，积极发挥党建引领作用，将党建工作与教育教学、学生管理、人才培养有机结合，注重手段与目标相统一，将党建要求贯穿教育教学、人才培养和学生管理始终。

在学院党支部的领导下及"双导师"工作机制的推动下，康养护理学院曾获得"五四红旗团总支""成都市优秀学生会组织"等荣誉称号；康养护理学院学生人均年服务时长 13.24 小时以上，累计提供志愿服务 50000 余小时，学院学生个人或团队多次获得校级、市级表彰。自 2018 年以来，学院连续三次获得校级心理班会冠军，心理情景剧大赛校级一等奖；2019 年以来，大学生创新创业训练计划国家级 4 项、省级 8 项已立项，10 余支队伍在三创赛、挑战杯等省

级赛事中斩获佳绩。

　　经过三年的探索，"双导师"工作机制不断完善，探索出制度保障、过程管理及结果评价等工作模式，并取得形成专业认知教育体系、学生假期实践专业培养体系、学习小组帮扶体系、主题班会、读书分享会等成果。

"三融三新"工作法

——会计学院第二党支部

会计学院第二党支部现有学生 1893 人，党员 37 人，在 2021 年被评为四川省党建工作样板支部。支部在党总支的带领下，以抓党建促业务为目标，深入分析支部实际情况，着眼解决党建与业务两张皮、思政教育方式不创新、服务师生不落地的问题，探索总结出"三融三新"工作法。

一、基本内涵

"三融三新"工作法以党建为引领，围绕学院培养应用型新财经人才目标，带领支部师生通过"党务党建与教育教学相融合、思想教育与日常管理相融合、教育实践与服务师生相融合"，创新"人才培养模式、思政教育方式、群众路线形式"，有力推进党建工作与业务发展齐头并进。

二、主要做法

（一）党务党建与教育教学相融合，创新人才培养模式

通过"承精神、立制度、强组织、互促进、建课程"，解决党建业务"两张皮"的问题。支部地处德阳市，利用中江黄继光故居进行爱国主义实践教育，致力培养具有"奋斗、果敢、诚信、公正、创新"精神的新财经人才；支部"立柱架梁"，通过建立 16 项党建工作制度，构建支部党建管理体系；辅导员、专任教师、学生共建党支部，并分编成 8 个党小组，由辅导员担任组长，专任教师担任副组长。教师课内外开展学业帮扶、谈心谈话，引导学生成长成才。建立"支部—党小组（党）—班级（团）—群众"四级联动工作模式，形成"党团共建、党群互动"；教师、学生党员共建支部，打造人才培养"双向通道"；思政建设与专业课程"同向同行"，制定三年全覆盖课程思政建设方案，党员教师带头，课程思政中心指导，通过开展专题培训、组织"课程思政"研

讨、培育推广优秀"课程思政"示范课、建立评价导向等方式，提升教师开展"课程思政"建设的意识和能力。

（二）思想教育与日常管理相融合，创新思政教育方式

通过"明方向、分层级、强思想、搭平台、讲方法"，解决思政教育方式不创新的问题。以党建引领思政教育方向，讲述会计故事、传播会计文化、树立会计榜样、表彰会计先进、弘扬会计精神；"分层分级"对支部不同年级学生开展思政教育；遵循"一诺三评"思想政治工作体系，支部教师签署师德师风承诺书，成为思想上的"引导者"；依照教师—支部—学院书记三级师德师风评价监督体系，构建师德师风建设的长效机制；依托"融媒体"网络平台建设，创建官方"QQ"及"抖音"宣传平台，同时充分利用"B站"等互联网媒介，搭建网络思政队伍及平台，建立"微党课"课程平台，引导广大党员积极参与；采用大学生喜闻乐见的形式和内容进行宣传推广。对账号使用、平台内容等进行"事前、事中、事后"全过程监管。委派宣传干部参加人民网等单位举办的"全国媒体融合工作交流坊"等活动，提升专业能力。

（三）教育实践与群众路线相融合，创新服务师生形式

通过"挂牌子、多渠道、走出去、出成效"，解决服务师生不落地的问题。采用党员寝室挂牌、设置党员先锋岗的方式，形成有困难找党员的优良风气。通过"五个借力"，拉近党群关系。

一是借力"办实事"，党员干部分阶段、分领域开展"我为群众办实事"调研活动，为学院工作带来新思路。

二是借力"意见大使"，及时回应师生"急忧盼"的紧迫问题，立行立改。

三是借力"谈谈心"，定期举办师生恳谈会，听取意见和建议。

四是借力"跑跑腿"，党员干部到寝室、教室、实验室等场所，主动发现问题和解决问题。

五是借力"结对子"，党员教师与困难学生结对子，在思想、生活、学习等方面给予关心和帮助；通过参观红色革命基地、文明城市创建、"我为疫情防控做贡献"、罗江区幸福驿站、养老院探望、留守儿童支教等大量的第二课堂实践活动，以党员先锋模范作用，带动广大师生爱党爱国、奉献社会。依托群众路线，师生满意度明显提升。通过问需于民、问计于民，给党建工作的提升带来源源不断的新思路和新动能。

三、工作启示

"三融三新"工作法通过党建工作为业务工作提供持续动力，解决支部工作的实际问题，显著增强支部的凝聚力、战斗力。"三融三新"工作法在实践中得到了广大师生的充分肯定，支部在 2020 年被学校党委评为"先进基层党组织"，2021 年获得"四川省党建工作样板支部"荣誉称号，还涌现出一大批以省级"高校优秀共产党员"张琴老师为代表的先进典型。今后，将进一步探索完善支部工作法，把党的建设和立德树人根本任务贯彻到业务工作的全领域、各环节，激励和鞭策全体教师为党的教育事业努力奋斗。

"一三四七"工作法

——智能科技学院直属党支部

智能科技学院坚持以立德树人为根本任务，以学生能力培养为核心制定教学目标，以项目实训为手段强化学生职业能力，以职业标准和岗位需求规范学科体系，以工程认证为准绳，以"智能应用"专业集群建设为重点，与各级校企合作项目协同育人，打造全球化实践教学体系，培养特色鲜明的智能技术领域应用型人才。智能科技学院直属党支部现有党员 78 人。近年来，直属党支部充分发挥战斗堡垒的作用，把党建与业务工作紧密结合起来，探索实行"一三四七"工作法，为完成好学院各项工作"基础达标——质量进阶——培优创新"三步提升计划提供了坚实的保障，使工作效果得到不断提升。

一、基本内涵

"一三四七"工作法："一"是一个工作核心，即各项工作以政治建设为核心；"三"是以三个融合为工作思路，即把思想水平和业务水平融合提升、支部工作和中心工作融合推进、整体规范和特色发展融合落实；"四"是实施四个行动计划，即铸魂引领计划、组织强基计划、师生凝聚计划、品牌创新计划；"七"是实现"七个有力"目标，即教育党员有力、管理党员有力、监督党员有力、组织生活有力、宣传师生有力、凝聚师生有力、服务师生有力。

二、主要做法

（一）思想铸魂，引领高质量发展

擦亮育人政治底色，提升立德树人实效。"党、团、班"三级模式贯彻落实习近平总书记重要讲话精神，在政治认同、家国情怀、道德修养、文化修养等方面加强引领，养成良好思想道德、心理素质和行为习惯。传承红色基因，开展庆祝中国共产党成立 100 周年主题活动，围绕英雄、复兴、创新、信念四个主题，通过"红色足迹探访""讲好党的故事""四史"学习教育等活动，引导师生听党话、感党恩、跟党走，立志扎根教学相长，提升立德树人成效。

（二）组织建设，强基固本焕发活力

按照标准化和规范化建设支部，以构建长效机制为方向，修订完善制度，使学院工作长效机制日趋完善，提升党建质量。严格落实"三会一课"制度、政治理论学习制度，开展主题党日和谈心谈话活动，提升党员政治素养，激发党建工作活力。

（三）服务师生，凝聚师生智慧力量

"以德施教、以德立身、尊师重教、崇智尚学"教风学风建设月活动等系列活动引导教师用行动诠释师德，提高教育教学水平，树立良好教风，在教育教学舞台上展示出为人师表风范，通过一言一行影响学生，感染学生，提倡教师进自习室、进项目，和学生打成一片，激发学生学习的热情，增强学生的学习积极性，提高学生素质，树立良好学风。开展"指尖风云"PK赛、趣味运动会、我为群众办实事实践活动等团建活动，增强师生凝聚力。

（四）应用竞赛，强化创新人才培养

聚焦学生专业及创新技能，致力于培养具有创新素养的应用型人才。引导学生自主学习和实践，跟踪学生学习过程，创新引领、专创融合、产学研一体化，运用好学科竞赛、双创竞赛，以赛促教，以赛促学。组织学生参加企业管理信息化解决方案大赛、程序设计大赛、数据分析大赛、Oracle Club成果展示比赛、蓝桥杯、发现杯、泰迪杯、全国应用型人才技能大赛等学科竞赛，开展"创云创予""创客秀"品牌活动，组织师生科研创新及双创竞赛，研发体测产品，学生获得国家级和省部级竞赛奖项合计43项，获批立项国家级和省级创新创业训练计划项目7项。教师发表论文74篇，含1篇SCI，1篇科技核心；成功获授软件著作权8项，实用新型专利3项；申报全国高等院校计算机基础教育研究会、四川省民办教育协会等校外项目4项，11个项目完成结项，其中包含4项教育部产学研协同育人项目。

三、工作启示

运用"一三四七"支部工作法，给我们的工作启示是将党建工作和业务工作深度融合，统一思想、统一步调、统一重心，强化组织规范化功能，提升支部活力性，突显支部的凝聚力和战斗力。今后将进一步把党建工作的各项政策精神贯彻到日常业务工作的各个环节和领域，使党建工作有了依托掷地有声，使业务工作有了活力增添了色彩，使支部建设有了目标提升了质量。

聚力"四个下功夫"，推动党建工作高质量发展
——艺术设计学院直属党支部

一、简介

自 2019 年 5 月 17 日设立艺术设计学院直属党支部以来，支部以规范、提高、创新的工作理念，创建并坚持围绕在党建、教学、科研和学生素质能力拓展四个方面开展工作，推动党建工作高质量发展。支部以马克思列宁主义、毛泽东思想、邓小平理论、"三个代表"重要思想、科学发展观、习近平新时代中国特色社会主义思想为指导，坚持全面从严管党治党，坚决维护党章权威，把政治建设摆在首位，不断增强"四个意识"、坚定"四个自信"、做到"两个维护"，把纪律和规矩挺在前面，着力建立学习型、服务型、创新型党组织。

目前，学院共有教职工 87 名，其中党员 52 名，组织关系转入支部的 46 名，流动党员 6 名。学院学生 2598 名，其中党员 65 名。

二、主要做法

（一）聚焦主题主线，在提升学习实效上下功夫

为加强支部党员自主学习能力，构建学习型党支部。学院坚持集中学习与自主学习相融合，充分发挥好"三会一课"、主题党日、教职工政治理论学习等主渠道作用。党史学习教育以来，支部开展专题党课 10 次，主题党日 7 次，引导师生学党史、守初心、正言行、展新貌。开展特色活动 7 次，自主学习 6 次，动员广大师生踊跃参与线上设计作品投稿、答题活动，力争做到全员参与，达到以答促学、以赛促学、以学促用的目的。为保证学习效果，统一购买指定学习材料共 25 套 100 本，并于每月初发放书籍，月底归还书籍且提交心得体会。开展读史分享会，组织师生谈观点、谈体会，进一步推动党史学习的深入开展。支部编制了《党员应知应会知识汇编》，共 117 题，开展"勿忘初心，学习强

国"理论学习月,本次活动以学习强国积分比拼为基本形式,以党员应知应会知识理论闭卷考试为检验方法,以知识竞赛活动为载体,组织支部党员深入学习理论知识,让习近平新时代中国特色社会主义思想入脑入心。

（二）激发学习兴趣,在增强专业技能上下功夫

突出学院学科特点、学生特长,把党史学习教育与立德树人紧密结合起来,大力弘扬光荣传统、赓续红色血脉,开展艺术实践育人活动。组织师生开展"我和我的家乡"、"庆祝建党100周年设计大赛"和"学生采风实践红色教育"等主题教育的艺术实践。在专业课中融入思政元素,组织采风师生到阆中红军烈士纪念园,上海一大、二大会址纪念馆开展党史学习教育现场教学活动。

同时,学院把党员学习教育模式与专业特色相结合,创新党员教育新模式,开展富有专业特色的活动三次。分别是到四川省美术馆参观摄影展和书画展、到四川省档案馆参观主题教育档案文献展、举办纪念"一二•九"爱国运动的书法、绘画、摄影大赛。促使师生党员进一步提升了学习教育的兴趣和效果,达到政治学习和专业学习的双促进、双丰收。

（三）强化问题导向,在解决群众所忧所盼上下功夫

学院党员干部围绕提升教学质量、学生寝室安全隐患、学生关切问题深入调研,掌握师生群众的所思所盼,解决困难,化解矛盾,夯实安全稳定。聚焦师生烦心事,开展师生恳谈会二十余场,收集10095人次反映问题141条。学院内可以解决的,已经做了解决;不能解决的已经和各部门协调,逐步解决。通过主题教育,学院坚持立说立改、即知即改,建立即知即改联动服务机制。

发挥专业优势,拓展学院德育领域,开展专业服务社会实践。组织到敬老院和社区开展"敬老爱老""美化社区""民族文化进社区""美育课程进社区"等"我为群众办实事"校外实践服务社会的活动,弘扬社会主义核心价值观,用艺术服务社区、服务群众,用艺术的力量传递学院的温情,促进学生走向社会、接触社会、了解社会,增强社会责任感。

（四）传承红色基因,在强化爱国主义教育上下功夫

学院坚持把爱国主义作为主题教育的鲜亮底色,引导师生自觉传承红色基因,把爱国情、强国志转化为报国行。唱响"我和我的祖国"主旋律,广泛开展"五个一"活动,举办一次庆祝新中国成立70周年文艺晚会,国庆当日组织收看一次庆祝大会,集体观看一次70周年大型成就展,组织在上海采风的师生到中共一大会址纪念馆进行革命传统教育,举办"一二•九"爱国运动文艺晚会。这些活动有效激发了党员干部和师生员工的爱国热情,凝聚起奋进新时代、

加快推进学院建设的磅礴力量。

三、工作启示

依托每周"青年大学习"团课、"全国大学生党史知识竞答大会""四史"学习主题班会、"永远跟党走"主题团课、教职工政治理论学习等方式，在全体师生群众中开展以党史为重点的"四史"学习教育，教育引导师生深入体会马克思主义为什么"行"、中国共产党为什么"能"、中国特色社会主义为什么"好"，实现思想性与群众性相统一。开展"感党恩·诉心声"快闪活动、"感党恩学榜样知奋进"国奖学生分享会，组织学生收看"听党话，跟党走"第二届"美育云端课堂"，厚植爱党、爱国、爱社会主义的情怀。加强四史学习，开展内容丰富、形式多样的团建活动，在四川省优秀毕业生中开展"学党史、感恩党、跟党走"活动，带领学生学党史、讲党史，让广大学生感悟革命精神、传承红色基因。

"三抓三建"支部工作法

——马克思主义学院直属党支部

马克思主义学院直属党支部隶属于学校党委。2020年5月，成立马克思主义学院，原思想政治教研中心直属党支部更名为马克思主义学院直属党支部。本支部现有党员33人。近年来，支部以习近平新时代中国特色社会主义思想为指导，落实立德树人根本任务，秉承"崇文尚武、敏思践行"的校训，弘扬"铸魂育人、守正创新"的学院精神，充分发挥党建工作的统领作用，探索"三抓三建"工作法，着力打造一支学习型、建设型、服务型党支部。

一、基本内涵

"三抓三建"支部工作法以"三抓"为基本点，以"三建"为目标，主要从政治建设、思想建设、组织建设三个方面，充分发挥思政专业优势，积极构建政治学习与理论宣传齐头并进、思政课程与课程思政同向而行、第一课堂与第二课堂有效链接、学校发展与服务社会协同创新的高校"大思政"育人格局。

二、主要做法

（一）抓政治建设，着力构建"强信念"学习氛围

严格落实"三会一课"制度，强化政治理论学习，用党的创新理论最新成果武装头脑，坚定党员理想信念。学习内容上做到"三把握"：学习习近平新时代中国特色社会主义思想，把握世情和国情；学习中央、省委、省委教育工委和学校党委决策部署，重点开展党史学习教育，把握党情、省情和校情；学习习近平总书记关于教育重要讲话精神，把握师情、教情和学情。学习方式上做到"六融合"：党政领导班子和支委学习相融合；教师自主学习与集体研学相融合；教师引导与学生学习相融合；线上学习与线下学习相融合；理论学习与实践研学相融合；"走出去"和"请进来"相融合。学习宣传上做到全覆盖：通

过课程建设、社团指导、班主任工作、各级网络平台，宣传党的政治理论、宣传党的教育理念、宣传支部建设经验、宣传国家重大庆典活动或纪念活动，讲述中国故事，凝聚党员共识，增强"四个意识"，坚定"四个自信"，做到"两个维护"。

（二）抓思想建设，着力构建"大思政"工作格局

充分利用专业优势，强化意识形态工作责任，着力构建"大思政"工作格局，切实提高育人成效。一是用好思政课堂教学主渠道，提升思政课话语引导力。2021 年是庆祝中国共产党成立 100 周年。支部"三途径"开展党史学习有机融入思政课：深挖党史学习"鲜活教材"，着力讲好党的故事、革命的故事、英雄的故事，增强课程吸引力、感染力；打造党史学习"翻转课堂"，课堂教学适时引入学生讲党史、讲微党课、谈体会等多种方式，引导学生"学史明理、学史增信、学史崇德、学史力行"，增强思政课获得感、幸福感；拓展党史学习"实践课堂"，指导红色社团和学生小组，通过"讲、赛、展、访"等方式，推动党史学习教育有声有色，增强思政课程的影响力、传播力。二是着力推动天府课程思政教学研究中心建设，发挥示范典型的引领力。参与学校课程思政示范课程比赛，挖掘课程思政典型案例，提供政策咨询建议，扎实推进思政课程与课程思政深度融合，提升育人成效，助力学校应用型创新人才培养。三是借助红色社团办好第二课堂，形成第一课堂与第二课堂的有效链接，构建两个课堂协同育人的格局。马克思主义研究学会、中华吟诵中心、初心学社三个红色社团承担思政课不同主题的实践活动与课业展示，展现了青年大学生的时代风貌与青春担当。四是加强网络阵地管理与建设，掌握意识形态主导权。每学期适时制定新闻宣传工作计划，开展师生定期研讨活动，三校区协调统筹推进。无论课内课外、线上线下，还是日常教育、专题培训，牢牢掌握意识形态工作的主动权，提升主流意识形态的传播力、引导力、影响力。

（三）抓组织建设，着力构建"强活力"服务队伍

完善支部委员会集体议事制度，组建领导班子工作团队，发挥集体智慧，提高支部办事效率。始终把师德师风建设放在首位，把党风廉政建设和师德师风建设相结合，着力建设一支素质过硬的师资队伍。始终营造党员之间互帮互助、和谐相处、愉快工作、团结共进的工作氛围。始终发挥共产党员的先锋模范作用，立足本职岗位，积极参与班主任工作，共同为学生的成长成才服务。始终站在党的政治理论宣讲第一线，与二级学院党组织联学共建，开展理论宣讲和专题党课。先后开展 6 期"书记校长大讲堂"品牌活动。2021 年组建"党

史故事汇"宣讲团，面向校内外各基层组织、社区等开展党史宣讲，搭建"政、产、学、研"协同创新平台，增强学院服务社会的能力，形成学校和社会各领域的教育合力。

三、工作启示

运用"三抓三建"支部工作法，突出在高校日常工作中有机融入党建工作，着力打造政治过硬、能力过硬、服务过硬的基层党支部。本支部先后数次获得校级先进基层党组织荣誉称号，2021年6月主办的"初心如磐　使命在肩"党史学习教育公开课，是"全员育人、同台上课"教学模式的一次创新，得到全校师生的一致认可。

今后，将进一步探索完善支部工作法，把师生的需求、学校的建设、地方的服务和支部建设结合起来，更好地激发和汇聚各方力量，增强基层党组织的创造力和影响力。

"强基培优四关注"支部工作法

——智能金融学院直属党支部

智能金融学院"传承光华金融学脉，勇立天府智能潮头"，基于人工智能、大数据、云计算、区块链等核心科技要素，对接国内外标杆产学机构，致力于培养数字经济时代所急需的，能提供智能化、个性化、定制化金融服务的，具有国际视野的复合型实用人才，投身西部金融中心建设，助力中国金融科技发展。智能金融学院直属党支部自成立以来就以增强组织功能，提升业务能力为建设目标，在提高党员教育管理工作质量上下功夫，在增强针对性和有效性中求突破，总结提出了"强基培优四关注"支部工作法。

一、基本内涵

"强基培优四关注"支部工作法依照《中国共产党党员教育管理工作条例》为蓝本，结合高校师生党员队伍呈现出来的结构多层次、思想多元化特点，把党员教育管理工作融入高校教书育人日常业务，高效完成党员教育基本任务，创新党员日常教育管理主要方式，探索实现党员教育管理信息化，破解党建与业务工作"两张皮"，推进学院党建工作与教育教学工作互融互通、同频共振。

二、具体做法

（一）关注党员师生理论武装

为加强党员政治理论教育，突出党的创新理论学习，引导党员坚定理想信念，自觉增强党性修养，努力掌握并自觉运用马克思主义立场观点方法。支部师生齐上阵共成长，采用"统一组织学""消化交流学""师生对话学"和"特色分享学"的形式，推进政治理论学习生动不枯燥，实现政治教育与政治训练不分家。

（二）关注党员先锋使命担当

坚持学科建设与人才培养、通识教育与专业教育、理论探究与实践创新融通，抓住关键少数党员带动作用。主张课程负责人、专业负责人带头担任学生入党积极分子培养人、入党介绍人，教师课上感召课下力行，言传身教、春风化雨加速学生成长成才。学院党员领导真抓实干，课程思政与思政课程齐发力，专业课程与二课活动有力衔接，培"生"根、铸"师"魂，以探索培育社会主义时代新人之良方。

（三）关注先进典型作用发挥

以立德树人为根本，传承光华金融血脉，勇立智能金融潮头。依托"线上与线下""校内与校外"资源，加速"选塑与送培"青年先进典型师生，"树模范立标杆"，推动学院教育事业持续向好。注重高效运用网络媒体资源，借楷模事迹培塑师生价值观。注重利用校内校外资源，积极与绵阳银保监分局合作探索共建清廉金融教育基地，引入行业精英培养德才兼备、清正廉洁、担当有为的优秀金融学子服务地方经济社会发展。注重精准培养，选塑师生心目中的标杆与模范。

（四）关注党派人士力量汇聚

全面落实"三全育人"，重点团结海归教师，汇聚民主党派人士力量，以新时代师风师德培塑为契机，定期研讨，凝聚共识。倡导学院人人皆是德育工作者，严守《新时代高校教师职业行业十项准则》底线，人人争做新时代"四有"好老师。学院发展过程中始终坚持探索，融入民主党派资源，借"成华九三公益讲堂"助推形成育人合力，广泛发挥海归教师特长与优势，落实立德树人根本任务。

三、工作启示

"强基培优四关注"支部工作法的实行，有效汇聚起支部各方面资源，强化了组织功能，规范了组织建设，显著增强了支部的凝聚力和向心力。通过"强基培优四关注"的方法运用，支部理论学习有了体系，组织生活多了活力，业务工作提了效率。

第三篇

03

理论探索

"五位一体"蒲公英心理育人实践与创新

黄　琳　邹　琴　颜　芳　常　荣

在《高等学校学生心理健康教育指导纲要》的指导下，结合学校"小社会、大课堂"的育人环境，以及提倡赏识教育和"关爱心灵，历练心志"的积极人生心态的背景，学校积极探索心理育人路径，以发展教育和预防教育相结合的理念，创造性地提出了"'五位一体'蒲公英心理育人实践与创新"模式。

一、"五位一体"模式工作思路

构建"五位一体"的心理健康教育模式工作思路，如图1所示：以心理课堂为主、第二课堂为辅；心理预防干预，学生助人自助；咨询服务，校医合作；实践科研，育人反哺，师生共成长的教育模式。实现课程育人、活动育人、服务育人、自助育人、科研育人，整合育人资源实现心理健康教育模式的联动育人效果。使心理健康教育中心、二级心理辅导站、辅导员、学生自身、家长、社会力量等均参与到校园心理健康教育的体系建设中，更有针对性地普及心理知识，预防、发现和解决学生心理问题，实现全员、全方位、全过程育人。

二、学校心理健康教育建设的载体平台

2014年学校成立了蒲公英学生成长中心（心理健康教育中心）。蒲公英学生成长中心牵头联动各二级学院开展全校心理健康教育工作。

蒲公英学生成长中心位于绵阳校区济民楼二楼西侧。该中心占地310平方米，设有接待阅览区、办公室兼测评室、团体辅导室、沙盘游戏室、音乐放松室、情绪宣泄室、心理咨询室等功能室，以团体心理辅导和个体心理辅导相结合的方式，力争组织心理学等专业的人员为学生、教师以及家长提供专业化、系统化的心理健康辅导服务。

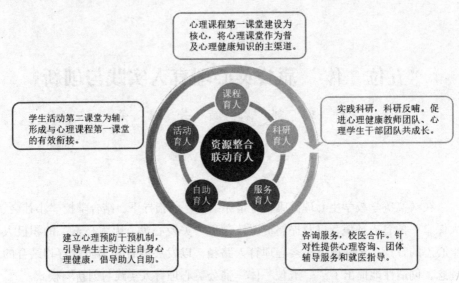

心理课程第一课堂建设为核心，将心理课堂作为普及心理健康知识的主渠道。

学生活动第二课堂为辅，形成与心理课程第一课堂的有效衔接。

实践科研，科研反哺。促进心理健康教师团队、心理学生干部团队共成长。

建立心理预防干预机制，引导学生主动关注自身心理健康，倡导助人自助。

咨询服务，校医合作。针对性提供心理咨询、团体辅导服务和就医指导。

课程育人　科研育人　自助育人　服务育人　活动育人　资源整合联动育人

图1　五位一体心理联动育人模式

三、蒲公英学生成长中心"五位一体"心理育人机制

"五位一体"的心理育人模式，以第一、二课堂的有效衔接促进学生心理健康教育水平稳步提升，以预防干预、咨询服务、校医合作配套形成有效的预防干预机制，使我校心理育人体系各要素间既相互依托、又互为补充，同时兼具了教学育人、实践育人、心理干预的多重功能，以此提升心理育人水平，加强了高校心理教师队伍建设。目前实施情况如下：

一是以心理健康教育课程（第一课程）建设为核心，将心理课堂作为心理健康知识普及的主渠道，站稳心理健康教育的主阵地。心理课程组以专职心理健康教育、兼职心理辅导员、带班辅导员等组建心理课程组，通过课程组集体备课，加强课程组老师的业务培训，以及以赛促建等方式，提升心理课堂教学水平，提升心理健康教育的亲和度。使同学们明白心理教育的意义所在。在提升同学们心理素养的同时，能够主动关注和识别心理问题，使同学们正确对待心理咨询和心理普查，消除"病耻感"。近年来，课程组已分别荣获校级教学方案设计优秀奖、四川省心理课程比赛三等奖。

二是以第二课堂为依托，形成与第一课堂的有效衔接。充分挖掘学生第二课堂活动的辅助作用，打造高品质、品牌性的心理健康教育活动。通过开展丰富多彩的校园文化活动为心理健康素养能力的培养增加能量。如心理情景剧大

赛、心理知识技能大赛、心理班会等，以赛促建，寓教于乐，形成与第一课堂的有效衔接。

一方面，将心理班会纳入第二课堂必修学分，使得心理课程成为心理班会举办的先导，让同学们能在课程指导下完成心理班会的策划，同时，心理班会也能成为心理课程的具体实践，在人才培养体系上形成了有效互动，保证了学生参与度，提升了班会开展的针对性。

另一方面，通过校团委及蒲公英学生成长中心牵头，开展多元化的校园文化活动，在各种文化活动中有意识增加心理健康教育的能量。将部分心理主题活动亦申请入库二课选修课程，如通过结合5·25心理健康教育日开展心理情景剧大赛和大学生心理技能大赛，既宣传和普及了相关的心理健康知识，又提升了大学生的沟通能力、表达能力、团队协作能力、竞技能力等综合心理素质能力。目前在校内经过一定的累积，已在省市级心理技能大赛、思博纳杯、全国心理情景剧等项目上荣获各类奖项。

三是建立健全心理预防干预机制，形成有效的四级心理干预体系，引导学生积极主动关注自身健康。依托学校蒲公英学生成长中心，已建立健全心理预防干预机制，形成了有效的四级心理干预体系：心理咨询中心——二级学院心理辅导站——班级（辅导员）——心理委员（寝室长）。

完善心理普查，做好重点学生追踪。在课程教学中普及我校心理预防干预机制的运行方式，帮助学生正确理解校园心理普查。引进国内先进的心理普查系统，在各年级排查心理预警人员，辅助蒲公英学生成长中心、二级学院有效开展心理健康教育工作，有针对性地开展个别谈话，及早识别学生心理问题，及时进行危机干预。引导学生主动关注自身心理健康，打造朋辈学生团体建设，倡导学生助人自助。

四是完善心理咨询室功能，针对性提供心理咨询及就医指南。一方面，通过建立蒲公英学生成长中心，开展心理咨询、团体辅导服务。为校园心理健康教育提供了疏通渠道，以此能有效回应心理课程和日常心理主题教育活动中学生遇到的问题，使同学们在课程教育及日常教育过程中，不仅能知晓心理健康的标准，关注心理健康，也能在认识到自身存在的人际、情绪、爱情等方面的疑惑后能够有人可诉说、有地可咨询。

另一方面，开展心理咨询特色服务，建立校医合作平台，提升咨询服务质量。与当地医院建立合作关系，引进专业医院资源，提供心理会诊、督导、转介、就医指导等服务。

五是实践科研，科研反哺，强化心理课程及师资队伍建设。一方面，引入辅导员加入心理课程组，强化心理课程及师资队伍建设。鉴于高校心理专业教师有限，而学生心理咨询需求及心理教育客体数量庞大这一现实。我校在心理课程配置上，有意选择有心理咨询经验，且接触较多学生心理案例的辅导员群体加入课程建设，不断完善心理课程师资队伍，强化课程建设。

另一方面，心理团队积极实践科研，强化科研反哺功能。鼓励团队积极申报科研项目，将心理教育工作问题进入科研项目攻关，科研成果指导心理教育工作实践，以达到以科研促教学，以科研更好地指导学生心理咨询工作的目的，促进心理健康教育师资团队、学生干部团队成长，二者之间形成良性互动。

四、"五位一体"心理育人模式的特色与优势

依托学校蒲公英学生成长中心，"五位一体"心理教育实践体系的优势在于：

一是有效扭转了传统心理课程重理论、轻实践的倾向。覆盖全校的第二课堂必修项目心理班会作为心理课程的实践环节被有效纳入学校人才培养体系，为心理课程的实践拓展提供了制度保障，保证了全校学生的参与度，有利于校园心理文化的形成。

二是能在学生心理健康水平提升的同时帮助学生消除"病耻感"。学生心理普查发现：自身遇到心理问题不敢面对现实问题，不愿意接受心理咨询和帮助，存在"病耻感"心理。打通一二课堂融合渠道，帮助学生消除"病耻感"，便于学校和家庭进行预防干预，使同学们能正确对待心理普查，并主动识别和干预心理问题。

三是将咨询和干预服务做成了心理课程的有效衍生。心理咨询和干预、辅导帮助同学们在课堂上或生活中发现问题后，能够有一条合理的疏导途径，以便在学校期间得到相应的心理咨询服务以及就医途径。

四是有利于改变以往心理课程教师缺乏心理干预经验，心理课程缺乏针对性的问题。使心理课程组以校园心理干预案例为养分，形成以科研促教学的反哺模式，能够更有针对性地设立课程教学方案，合理安排第二课堂实践教育。

五是校医合作提供了心理问题学生快速危机干预绿色通道。快速危机干预绿色通道是指高等院校心理咨询中心发现有比较严重心理问题或精神疾病的学生，需要通过特殊通道，转介到精神专科医院，为心理危机大学生提供会诊、检查、治疗与住院等便利，提高危机干预的时效性，保证危机学生的生命安全。校医合作帮助高等院校快速处理和救治心理危机学生，防范危机事件恶化，具有重要价值。

各要素间环环相扣,最终通过课程建设、第二课堂建设、预防干预、咨询服务、校医合作"五位一体"的联动体系实现了对校内心理教育资源的整合,使教师、辅导员、家长、学生自身、社会力量等均参与到校园心理健康教育体系建设中,更有针对性的普及心理知识,预防,发现和解决学生心理问题,实现全员、全方位、全过程育人。

五、"五位一体"心理育人模式育人实效

通过以心理课堂为主第一课堂建设;第二课堂建设为辅;心理预防干预,学生助人自助;咨询服务,校医合作;实践科研,育人反哺,师生共成长的"五位一体"的联动体系的构建,其育人实效和主要成果主要包含以下五个方面:

(一)心理课程主渠道

心理健康教育站稳第一课堂主渠道,无缝衔接第二课堂,确保课程教学全覆盖。精心打造蒲公英学生成长中心必修、选修系列课程。其中《入学教育》《大学生心理健康教育》《大学生职业生涯规划》课程,自2021级起全部纳入学生人才培养方案。逐步完善和丰富心理健康教育相关线上线下选修课,满足学生心理健康课程需求。

积极组织课程组教师参加课程比赛,目前参加学校教学方案设计大赛,《大学生心理健康教育》课程获得三等奖,课程组教师在四川省获得高校心理健康教育课程教学比赛三等奖。以赛促建提升课程品质,提升教师教学能力、可持续培养发展学生的心理技能,提升大学生的心理素养水平。

(二)第二课堂出成绩

站稳第一课堂主渠道,无缝衔接第二课堂心理育人活动。汇聚资源成特色,打造心理健康教育"蒲公英"心理活动系列品牌。打造心理班会、心理情景剧、心理辩论赛、心理微电影、特色团体心理辅导等品牌活动,对标省级、全国相关比赛,积极推优备赛,力争取得好成绩。我校学生在参加四川省思博纳杯大学生心理技能大赛获得优秀奖,在第二届和第四届和全国高校心理情景剧大赛获得优秀奖。通过丰富的活动内容、多样的活动形式激发广大学生参与心理健康教育活动的积极性和主动性,形成品牌效应,使"蒲公英"心理健康教育品牌在全校普及心理健康基础知识,又延伸拓展实践,提升大学生的心理健康素养能力。

(三) 普查预防全覆盖

预防干预全覆盖，强化学生心理普查工作。结合中国大学生心理健康测评系统、学校自购瑞格测评系统，自2015年起确保每学期一次的心理测评工作的开展全覆盖在校学生。结合普查后谈话，确保心理困惑学生有效干预和心理辅导有效跟进。

两大心理班会全覆盖。蒲公英学生成长中心创造性设计了春季学期"生命教育"心理主题班会；秋季学期心理科普类心理班会，确保全覆盖在校学生，既普及了心理健康基础知识，又延伸拓展实践，提升了大学生的心理健康素养。

(四) 科研促教被认可

实践科研，科研反哺，以科研促进教学水平，提升教师教学能力，强化心理课程及师资队伍建设。积极组织课程组老师申报省市级不同级别的课题项目，注重科研成果积累。

课程组编写出版《大学生心理健康教育》21世纪规划教材1部，从2015年至今投入使用，2021年再版。已结项省级立项3项，市级10项，校级3项。在研课题：省级3项，市级2项。自2015年起，中心公开发表论文27篇，13篇论文荣获四川省心理学会高校心理健康教育专委会优秀论文一、二、三等奖，被同行认可。2021年蒲公英学生成长中心以心理健康教育工作为基础编撰了学校《蒲公英学生心理手册》服务全校学生。

(五) 实践基地共建立

2018年学校蒲公英学生成长中心与绵阳市第三人民医院建立校医合作"大学生心理健康教育基地"，保障心理育人的可持续发展，在心理危机干预、个案诊断等方面建立绿色通道，打通了校医互通的平台。校医合作平台的建立为心理危机学生提供了会诊、检查、治疗与住院等便利，提高了危机干预的时效性，对防范危机事件恶化，具有重要价值。

六、结语

"五位一体"心理育人模式的建立，有效整合了各方心理育人资源，遵循学生成长成才规律，按照内外机制平衡规律，构建的心理实践育人体系，让学生的心理素养具有可持续发展的能力。

提升思想政治教育亲和力和针对性研究

高　亮

摘要：提升思想政治教育亲和力和针对性对进一步加强和改进新形势下高校思想政治教育，培养德智体美劳全面发展的社会主义建设者和接班人具有重要意义。当前提升高校思想政治教育亲和力和针对性存在着思想政治教育工作者队伍发展水平制约、教育内容缺乏活力、教育功能单一局限、教育环境育人性不足等影响因素。因此，提升高校思想政治教育亲和力和针对性要从配齐建强思想政治教育工作队伍、实现教育目标和实际需要有机统一、拓展教育功能分层分类开展思想政治教育、营造教育文化环境氛围、全面加强网络思想政治教育方面进行实践。

关键词：思想政治教育；亲和力；针对性

党的十八大以来，以习近平同志为核心的党中央高度重视高校思想政治工作，习近平总书记在全国高校思想政治工作会议上指出："提升思想政治教育亲和力和针对性，满足学生成长发展需求和期待"。[1]这一重要论述为新时期高校思想政治教育指明了方向，提出了新的要求，对进一步加强和改进新形势下高校思想政治教育，培养德智体美劳全面发展的社会主义建设者和接班人具有重要意义。

一、提升思想政治教育亲和力和针对性的重要意义

提升思想政治教育亲和力和针对性有利于满足多方需要，有利于巩固多种关系，同时有利于促进思想政治教育学科发展。

（一）有利于满足多方需要

提升思想政治教育亲和力和针对性是满足新时代教育要求的需要，满足高校落实立德树人根本任务的需要，满足思想政治教育工作者的发展需要，满足

受教育者的成长需要。

1. 满足新时代教育要求的需要

习近平总书记在全国教育大会上的讲话中指出："培养什么人，是教育的首要问题。我国是中国共产党领导的社会主义国家，这就决定了我们的教育必须把培养社会主义建设者和接班人作为根本任务，培养一代又一代拥护中国共产党领导和我国社会主义制度、立志为中国特色社会主义事业奋斗终身的有用人才。"[2]这不仅充分说明新时代对教育工作的要求，也明确指出了思想政治教育在教育工作中的核心定位。故而，提升思想政治教育亲和力与针对性，使受教育者的思想政治素质与新时代发展相契合，积极投身中国梦，是加强高校思想政治教育的必然选择。

2. 满足高校落实立德树人根本任务的需要

以"立德树人"为根本任务的高校，提升高校思想政治教育亲和力和针对性就需要提升思想政治教育对思想政治教育受教育者的吸引力和感染力，增强思想政治教育对思想政治教育受教育者的作用力，提升思想政治教育受教育者对思想政治教育的接纳度，从而使思想政治教育受教育者自主、自觉、自愿地接受思想政治教育。同时把提升思想政治教育亲和力和针对性的理念贯穿于高校思想政治教育的整个过程之中，并与全员全过程全方位育人结合起来，贯彻落实高校立德树人的根本任务。

3. 满足思想政治教育工作者的发展需要

为贯彻落实新时代思想政治教育的工作要求，高校思想政治教育工作者要履职尽责、承担使命，要正视新形势、把握新契机、转变新作风，提升自身工作的亲和力和针对性，综合运用好各种有效教育手段和方法，创造思想政治教育工作的新局面，注重以自身发展进步带动受教育者成长成才。

4. 满足受教育者的成长需要

思想政治教育受教育者的成长环境不断优化、受教育水平不断提高，个体意识显著增强，对传统教育方式容易产生抵触，甚至是逆反心理。提升思想政治教育亲和力和针对性，才能满足其对思想政治教育的新需求，从而促进全面发展和成长成才。另外，受教育者的成长环境复杂多变，频受多元思潮冲击，如何在多元化选择中得到有效指引，成为思想政治教育受教育者的迫切主观需要。

（二）有利于巩固多种认同关系

提升思想政治教育亲和力和针对性是巩固思想政治教育认同关系的途径和

方法。思想政治教育过程中存在三个参与体，即思想政治教育本体、思想政治教育工作者、思想政治教育受教育者。提升思想政治教育亲和力和针对性，有助于巩固思想政治教育受教育者对思想政治教育工作者的认同，有助于巩固思想政治教育受教育者对思想政治教育本体的认同，进而悦纳思想政治教育。甚至可以在一定程度上使思想政治教育受教育者具有教育工作者的部分功能。除此之外，也有利于进一步巩固思想政治教育工作者对思想政治教育本体的认同，促使思想政治教育工作者不断增强人格魅力和主观能动性，不断获得思想政治教育受教育者的接纳和认可，从而再促进思想政治教育亲和力和针对性地提升。

（三）有利于促进学科发展

思想政治教育是思想政治教育工作者按照党和国家的要求，对思想政治教育受教育者通过有目标规划、有组织统筹的系统教育，使其在思想政治、法治意识、道德公德、品德美德及心理健康等方面形成符合要求的社会实践活动，最终使思想政治教育受教育者成为德智体美劳全面发展的社会主义建设者和接班人。思想政治教育包含理论教育和实践教育两部分，因此，提升思想政治教育亲和力和针对性就是同时提升其理论教育及实践教育的亲和力和针对性。目前思想政治教育存在"有意义却没意思""受教育者被动受教""内容与需求有距离"等问题。提升思想政治教育亲和力和针对性，将促使思想政治教育自我革新，实现创新发展，促进思想政治教育学科发展。

二、提升思想政治教育亲和力和针对性的影响因素

当前思想政治教育存在一些影响因素制约着思想政治教育亲和力和针对性地提升，主要包括以下四个方面。

（一）思想政治教育工作者队伍发展水平参差不齐

思想政治教育工作者是思想政治教育的重要力量。合格的思想政治教育工作者应具备落实党和国家的教育政策，通过合情合理、易于接受的方式实施教育影响的能力。然而，较多高校存在思想政治教育工作者队伍整体不强，个体水平参差的现状。一是在教学层面，只注重专业知识的教授，而忽略思想引领，出现只"教书"、未"育人"的问题；二是在日常思想政治教育中，缺乏共情意识，缺少对学生的理解和宽容。加之一些教育者不恰当地抬高自身定位，将自己置于权威位置，常常以说教的姿态将思想政治教育等内容进行生硬地灌输，因此使思想政治教育丧失了亲和力，与学生之间产生了距离。

（二）教育内容缺乏活力

目前的思想政治教育主要通过自上而下的传导方式，即从顶层价值引领纵深到基层教育实践当中，通过教育工作者运用各种教育方式实施教育影响，使受教育者高效、快速地获得准确的思想政治教育内容。但是从受教育者角度讲，教育内容未必能精准覆盖受教育者的需求。在部分高校的课堂教学中，沿用固有的教学模式，缺少针对受教育者学情分析而进行的思想政治教育，过于依赖教材，内容陈旧，缺乏时代感，不敢或者没有能力在课堂教学中深度结合学生实际。因而难以激发受教育者的学习兴趣，弱化了针对性。在日常思想政治教育中，部分教育工作者又难以在教育管理中深化学生对思想政治教育理论的认识，因此造成了教育的缺位，未有效发挥日常思想政治教育的功能。

（三）教育形式单一

当前，部分高校在思想政治教育过程中，定位偏差，脱离了学生实际，空谈理论，而不能从解决受教育者现实困难出发，将思想政治教育仅仅依托思想政治理论课和实践教学的传统模式，忽略了日常思想政治教育阵地建设的重要性，忽视了心理健康、职业规划、勤工资助、安全管理、科研调查、网络平台等皆是思想政治教育的载体，未发挥三全育人在高校思想政治教育中的重要作用。

（四）教育环境育人性不足

受教育者所处的育人环境由硬件环境、软件环境以及网络环境所组成。硬件环境是保障受教育者成长的基本条件，与此同时，刻意营造的文化氛围所形成的软环境对受教育者的思想观念、道德规范和行为习惯的养成有直接作用，也间接影响受教育者对思想政治教育的悦纳程度。除此之外，网络环境对受教育者的影响广泛且深远，其变化性和隐蔽性等特点使得教育环境愈发复杂，尤其是新媒体的快速发展呈现出复杂性，多元性、诱导性等特点时，对思想政治教育受教育者的思想观念、行为习惯、身心发展等方面产生了深刻影响。网络思想政治教育不进则退，反作用对思想政治教育针对性和亲和力的削弱性更强。

三、提升思想政治教育亲和力和针对性的有效路径

（一）配齐建强思想政治教育工作队伍

作为思想政治教育工作者，思想政治课教师和思想政治辅导员是思想政治教育亲和力和针对性的直接传导者，根据教育部《普通高等学校辅导员队伍建设规定》《高等学校辅导员职业能力标准（暂行）》《关于进一步加强高等学校

思想政治理论课教师队伍建设的意见》等要求，整体规划、统筹安排，不断提高队伍的专业水平和职业能力，保证工作有条件、干事有平台、待遇有保障、发展有空间，配齐建强思想政治教育工作队伍。

思想政治教育工作不仅是思想政治课教师和思想政治辅导员的任务，所有的教育工作者都要守好一段渠、种好责任田，彼此保持同向而行，从而形成协同效应；都应具备坚定的理想信念，高尚的道德情操，扎实学识，有仁爱之心；都应始终坚信和传播马克思主义，要以德立身、以德立学；都应准确全面的把握学生思想动态，引导和帮助青年学生把握好人生方向，扣好人生第一粒扣子；都应示范性引导学生践行社会主义核心价值观，培养其成为德智体美劳全面发展的中国特色社会主义建设者和接班人。

同时，思想政治教育工作者需要增强个体的"亲和力"和工作的"针对性"。古人云"亲其师，信其道"，对于青年受教育者更是容易受到"师"的影响，思想政治教育工作者在教育过程中要蕴真情实情、含亲情热情，体现人格魅力和感召力，使受教育者自觉悦纳思政教育，进而将思想政治教育内容内化于心、外化于行。

（二）实现教育目标和实际需要有机统一

新时代思想政治教育既要坚定教育目标，也要满足受教育者实际需要。坚持实事求是，要围绕学生、关照学生、服务学生，从受教育者实际出发，建立情感连接，符合发展特点，满足实际需要。一方面，把思想政治教育的内容融入受教育者的日常教育管理之中，融入受教育者的学习生活之中，融入受教育者的人际交往之中，融入受教育者的社会实践之中，潜移默化地实施思想政治教育；另一方面，积极主动地帮助受教育者解决现实问题和客观需要。针对受教育者在不同成长阶段产生的生活、学业、情感及适应性问题，思想政治教育工作者应做到及时介入并予以指导和帮助，保证受教育者身心健康发展。从而提升高校思想政治教育的亲和力和针对性。

（三）拓展教育功能分层分类开展思想政治教育

社会环境的复杂化与受教育者需求的多元化，需要思想政治教育拓展教育功能，帮助学生切实解决思想、情感、心理等多方面的问题，减弱在满足需求的过程中由于学生个体差异导致的教育效果的下降，从不同方面满足受教育者不同层次的合理精神需求。思想政治教育功能多元化主要体现在：一方面，对普遍类别需求，如生存需求、情感需求、生活需求、学习需求等，在指导和辅导过程中应该淡化形式，重在结果，真正解决受教育者存在的需求问题；另一方面，对受教育者专项类别需求，如职业生涯规划需求、心理健康教育需求等在指导和辅导过程中应该有专业理论和实践经验的指导，同时结合学生个体化特点，重在启迪和引导。只有实事求是，分层分类的开展思想政治教育，才能提升思想政治教育的针对性和亲和力。

（四）营造教育文化环境氛围

文化滋养心灵，文化涵育德行，文化引领风尚。思想政治教育需要良好教育环境的滋养，受教育者的成长成才需要所处文化环境的熏陶。思想政治教育应尊重学生成长成才规律，在校园文化建设中充分融入思想政治教育的要求，实现思想政治教育与校园育人文化的有效互动。师生要充分发挥主观能动性，通过策划、组织和开展内容丰富、形式多样、积极健康、格调高雅的校园文化活动，弘扬中华优秀传统文化，不断发展和创新社会主义先进文化，实现感染人、影响人、教育人的思想政治教育目标，以提升思想政治教育亲和力与针对性。

教育环境的营造要求对思想政治教育话语模式进行再构建。包括对话语模式的转换、更新和建设，将"文件式""论文式"话语模式转化成深入浅出、接地气、既有意义又有意思的话语模式，在平易近人和潜移默化中引领受教育者成为德智体美劳全面发展的社会主义建设者和接班人。

（五）全面加强网络思想政治教育

智能终端和移动网络的快速发展极大地丰富了信息传递渠道并改变了人们的认知方式，降低信息获取成本的同时也给思想政治教育工作带来了巨大的挑战。因网而生、因网而增的问题在高校思想政治教育中愈发突出，有效构建网络育人体系，做好网络思想政治教育对提升高校思想政治教育亲和力和针对性具有重要意义。一方面，坚持"受教育者在哪，教育工作者就在哪"的思想，构建高校思想政治教育的网络话语体系。通过文字、图片、音频、视频等大学生喜闻乐见的形式增强思想政治教育载体的趣味性；通过原创定制、信息整合、竞赛活动等形式增强思想政治教育内容的吸引力；通过"寓理于事""答问""以情感人"等形式增强思想政治教育内容的感染力。同时，加强多平台之间的联动与配合，构建网络思想政治教育全媒体矩阵，更好地将思想政治教育内容融入大学生生活空间，增强思想引领作用。另一方面，加强网络思想政治教育工作队伍的建设。调整队伍结构和完善岗位设置，逐步建设"网络监督员、网络宣传员、网络评论员、网络志愿者"四支队伍。克服"本领恐慌"，加强网络思想政治教育的科研攻关，以此巩固思想政治教育亲和力和针对性地提升。

参考文献：

[1] 习近平. 把思想政治工作贯穿教育教学全过程　开创我国高等教育事业发展新局面 [N]. 人民日报, 2016-12-09 (1).

[2] 习近平. 在全国高校思想政治工作会议上的重要讲话 [N]. 人民日报, 2016-12-09 (1).

微传播时代下的高校网络舆情风险管理研究

罗 文

摘要：在网络高度发达、信息传播极速的微传播时代，网络舆情频繁发生，高校更是舆情高发、高危区域。网络舆情的出现不仅给学校的教育教学管理工作带来了巨大压力，也给学校的声誉形象造成了巨大损失。加强高校对网络舆情风险管理的认知，可以有效预防或减少人为因素导致的网络舆情事件的发生，对高校的形象建设和声誉管理、构建和谐校园与社会稳定具有重要意义。

关键词：微传播；高校；网络舆情；风险管理

根据中国互联网络信息中心（CNNIC）发布的第 46 次《中国互联网络发展状况统计报告》显示，截至 2020 年 6 月，我国网民规模为 9.40 亿，互联网普及率达 67.0%；手机网民规模达 9.32 亿，网民使用手机上网的比例达 99.2%。20—29 岁网民占比为 19.9%[1]。高校学生依然是网民中的主力军。网络舆论的多元化潜移默化地影响着大学生的世界观、人生观和价值观。网络是大学生发表言论、表达诉求、宣泄情绪的重要渠道，更是引发高校舆情事件的重要载体。

一、网络舆情风险管理的特点及意义

风险管理是指如何在一个肯定有风险的环境里把风险可能造成的不良影响减至最低的管理过程。风险管理实质上是在对风险进行系统认知、评估、分析的基础上，通过较为合理科学的办法，进行科学有效的、计划性处理，从而以最小的成本付出达到最优的效果[2]。

舆情风险管理对于高校的形象和声誉建设具有重要意义。加强舆情风险管理是提升校园治理能力现代化的基础。舆情风险管理一般有应急和长效两大机制。应急机制即危机管理机制，是指当舆情信息出现后，高校管理者根据舆情事件做出判断，核实事件的真实性、是否需要及时给予回应或依据相关制度流程加以处理等，为引导网络舆论赢得先机。根据网络舆情传播的一般规律，网络舆情管理与引导一般都会经历监测、预警、研判、处置和修复几个步骤。这套处置流程被称为舆情管理与引导的标配。大多数高校也都是按照这样的基础流程，制定了相关的预案有条不紊地对舆情事件进行积极妥善处理，尽可能将事件可能引发的后果以及带来的不良影响降到最低。

但在"大智移云"（大数据、智能终端、移动互联网、云计算）开启的微传播时代，人人都能发声，人人都是拍客，人人都是记者，人人也都可能被关注、被监督。网络舆情风险管理面临着更专业、更规范、更权威的内容来源，也将成为新常态中高校网络舆情管理的主旋律。

网络舆情风险管理的应急机制只是权宜之计，一般情况下仅用于单一的舆情个案，并不能替代长效机制的建设。这就要求高校的各级管理者都要有将自己从危机处理者变为问题预防者的意识，将容易遭遇的风险消化和控制在舆情爆发之前，才能有效预防、及时控制以及杜绝所发生事件给学校造成的舆论损害。

二、高校网络舆情风险管理的现状

高校网络舆情的主体是师生。尤其是青年大学生，他们具有知识层次较高、个性化思维突出、人员容易聚集等特殊性，一旦网络上的涉校言论管理不善，引发的舆情快速传播，就会对高校的教学管理、生活秩序产生强烈冲击。

所有的舆情都存在着特定载体，避免或预防舆情载体的出现是预防舆情事件的重要内容。其实高校中发生的网络舆情，大多是因某一个局部问题而最终导致学校整体"买单"。如师德师风、教育教学、招生录取、后勤服务等往往是广大学生关注的焦点。从当前高校网络舆情管理现状来看，高校管理者往往比较忽略网络舆情发生前的预防及事后的总结工作，或者说比较缺乏主动预防和出击的意识和能力。大部分高校都还未形成运转协调、引导规范、高效有序的网络舆情管理体系。

（一）网络舆情风险管理意识薄弱

1. 日常管理不规范，风险防范意识不强

2018年，某高校学生向媒体爆料称被学校强迫安排到某公司实习引发热议，人民日报对此也发表了评论文章。其实在2016年教育部等五部门就印发了《职业学校学生实习管理规定》，强调不得通过中介机构或有偿代理组织、安排和管理学生实习工作。此事件中学校通过中介劳务公司组织学生到某公司实习，在实施前应当进行合规性审查，并评估由此而可能产生的舆论风险。同年，在某高校制定的《学生违纪处分条例》中，要求学生干部对男女生交往、走廊说话等行为进行严查，若发现此类现象，当事学生将被扣除相应学分，补分需要进行打扫厕所等义务劳动。这些校规得到广泛关注，也引发了很大争议。校规制定的意义是为了规制学生的不当行为和保护学生的正当权益。该校依法治校体现了法治思维，但该校规缺乏合法性、合理性和可操作性，更是忽略了其校规制定的原则不得和国家法律冲突。2019 年，某高校对学生干部的任命公告因"成熟"的措辞和内容引发舆论热议。2020 年，某大学学生信息疑泄露引发网民热议。以上案例都是因高校日常管理工作不善而在源头上埋下了舆论危机隐患。

2. 线下工作不到位，师生媒介素养不够

2020 年 7 月，某高校"艺考生两次查成绩'合格变不合格'"事件引发舆情。经查，是因该校工作人员在上传考生艺术考试成绩时，因系统出现故障造成数据录入错误。但此事 7 月 20 日舆情已经发生，8 月 14 日考生再次向媒体爆料。经媒体报道后，8 月 17 日，该校才通过微信公众号正式回应。从舆情首发到再次向媒体爆料时间间隔 25 天，学校在近一个月的时间内所做的解释沟通工作未得到考生认可，导致舆情二次爆发。

3. 回应言论存在不当，处置沟通意识不足

2018 年，某大学图书馆因规定女生不得穿着短裙或短裤，在网上引发舆论热议。该校官方微博在回应时称对近期工作致歉，将进一步完善管理，提升服务质量。"避重就轻"的回应却对此规定只字未提，不但没有平息舆论，反而使网友对此颇有微词。2019 年，某大学官博被侵，连续出现不良信息引发舆情。事件发生后，该校面对网民"学校官博是否被盗""管理人员是否操作不当"等询问和质疑，并未第一时间进行回应，而是采取控评、拉黑等方式进行处理，引发网民不满，各种猜测和质疑不断增加，推动舆情升温。

（二）网络舆情管理机制不完善

1. 网络舆情监测技术落后

网络是舆情事件的主要爆发地，网络本身具有渠道多、信息量大、更新速度快等特点，舆情监测成为非常有必要的应对和防范手段。目前部分高校还基本上完全依靠人工监测，比如依靠学生干部对网络交流平台进行巡查，发现涉校的负面信息后立即上报负责老师；或者仍然采用比较传统的监测方式，没有借助先进的技术手段和专门的检测工具来全方位开展涉校的舆情监测。

2. 网络舆情管理规范欠缺

大部分高校还没有建成对网络舆情分析、反馈、引导和处理的联动体系。

虽然部分高校建立有网络评论员队伍，但其指导老师或管理部门没有对他们开展常规性培训，当涉校的网络舆情发生时，则表现出应对能力不强、处置经验不足等问题。面对涉校的网络舆情出现时，大部分高校管理者不能做到坦然应对，甚至是反应迟缓或简单敷衍，最终导致舆情风险升级，给学校和社会带来不良影响。如某大学"学伴"事件，在舆情聚焦阶段，管理者的回应不仅回避责任，还将教育部、同行等一并卷入，最后将自己推向舆论旋涡。

3. 部门之间缺乏协同配合

高校的网络舆情管理与引导工作主要归属党委宣传部门，宣传部门对涉校的网络舆情的疏导发挥着重要作用。但这也让很多业务部门甚至是二级学院认为网络舆情处置就是学校宣传部门的事，平时对他们开展风险防控培训是"无事生非"，并不能促进部门业务工作的提升。有些舆情风险源部门对已监测到的舆情信息预警不重视、不引导、不回复，结果错过最佳处置时机，造成工作被动。如果涉校的网络舆情出现，部门间不能达到协同配合时，就很容易枝节横生，衍生新的网络热点。

（三）网络交流沟通平台不通畅

舆情是情况，更是情绪。网上舆情源自网下实情。高校网络舆情的出现一定程度上也反映了师生特别是大学生群体关注的热点、焦点问题。近些年，各大高校纷纷设置有书记校长信箱、微信微博等网络交流平台，以加强师生与学校的沟通交流。但部分高校开设信箱只是一种形式，对信件没有做到认真回复，对师生提出的各种问题，没有及时去解决。另外，大多数学生也更倾向于宽松的网络言论环境，希望自己的意见建议、吐槽批评等能在一个平等的舆论平台上显现出来，而微信平台留言则是一种单项的沟通方式，不利于师生与学校之间的相互了解，造成了沟通的"断层"。不顺畅的沟通渠道是高校舆情风险上涨的"助推器"。

三、高校网络舆情风险管理的举措

2018 年，习近平总书记在全国宣传思想工作会议中强调，必须科学认识网络传播规律，提高用网治网水平；要把握正确舆论导向，巩固壮大主流思想舆论。[3] 2019 年，习近平总书记在省部级主要领导干部坚持底线思维着力防范化解重大风险专题研讨班开班式上发表重要讲话时强调，各级党委要完善风险防控机制，建立健全风险研判机制、决策风险评估机制、风险防控协同机制、风险防控责任机制，主动加强协调配合，坚持一级抓一级、层层抓落实[4]。

高校的网络舆情风险管理亦是如此。高校应建立健全网络舆情风险管理机制，督促各级管理部门对所管辖点可能产生的风险源建立全面规范的管理体系，既要有防范舆情风险的准备，尽可能铲除舆情滋生的"土壤"，防止"认不清、想不到、管不到"等问题的发生，也要有应对和化解舆情风险的对策，才能使网络舆情风险管理规范化、标准化，营造清朗的校园网络环境。

（一）占领网络思政教育新阵地，把握舆论引导主动权

辅导员与大学生的接触最多，关系最为亲密，对大学生的思想动态影响有着重要作用。他们是大学生网络舆论引导的主体力量。学校要充分发挥辅导员作用，培养辅导员敏锐的政治性及深邃的洞察力，提高他们的责任感和使命感。另外，学校也要加强微博、微信、抖音等官方新媒体传播平台的建设，多渠道、全方位地增强官方新媒体对大学生的吸引力。

南昌大学的做法值得借鉴。多年来，这个多校区、学生规模大的学校基本上没有出现重大网络舆情事件。这与该校领导充分利用网络来传播文化，实现相知的"零壁垒"，让管理者能及时了解掌握情况、快速有效地督促各部门解决好现实中的各类问题有很大关系。疫情防控期间，该校更是积极打造战"疫"思政"立体课堂"，将抗"疫"期间涌现出的鲜活事例和先进事迹化为思政课的鲜活素材，通过战"疫"故事，推进爱国主义教育，引导青年学生深刻认识时代使命，激发全校师生责任担当[5]。

（二）强化舆论监管队伍建设，提升全员媒介素养

"互联网+"时代，网络舆论已经成为了解民情、掌握民意的晴雨表。高校需要培养师生"意见领袖"和打造一支政治强、业务精、素质高的网络舆情监管队伍和网评队伍。同时，高校要大力开展对师生的网络伦理道德教育，提升他们对网络中海量信息的辨析能力、敏感信息的捕捉能力、突发信息的反应能力，才能促使他们更好地发挥校园"宣传员"作用。

2018年，某高校一学生干部在工作中因不妥言辞而引起误解，另一位关注的学生没有直接将此情况通过正常渠道反映给老师，而是通过在网络发布帖子寻求解决，从而引发舆情，最后学校两次发声才逐渐平息舆论。今年，好几所高校均出现因学生在网络平台发布不当言论而引发网络舆情。这些案例均反映出部分大学生网络伦理道德的缺失及法律意识的欠缺。加强高校师生尤其是大学生的网络媒介素养教育刻不容缓。

（三）构建舆情风险管理体系，做好应对准备工作

网络舆情风险管理应该是一个有计划且持续动态的过程。高校的网络舆情

发生前期一般要经历三个阶段，即酝酿形成阶段、危机转化阶段和危机爆发阶段。在网络舆情风险管理中，可以将风险消化和控制在舆情爆发之前，将修复阶段与监测未来可能发生的舆情首尾衔接起来，将对该事件的处置改为全程的日常管理，最终将舆情管理升级为一种闭环。

1. 人机结合提高监测效能

微传播时代，信息传播速度越来越快，网络舆情信息容量越来越大。要做到第一时间有效发现涉校舆情，必须充分利用强大的技术手段。少部分高校建设了大数据中心，对全校的教学管理、学生管理等系统进行整合，构建起大学工风险隐患排查机制。在日常管理工作中，通过学生的网络行为、学业行为、心理行为、家庭行为等数据，分析其政治态度、利益分歧、价值取向、宗教信仰、心理压力等，实现对学生的实时动态管理，进一步提升学生危机事件预警能力。部分高校已经通过与专业的舆情机构合作，对受众人群较多的互联网平台信息进行重点监控和监管，做到对涉校舆论早发现、早行动、早解决。这些有效举措一方面能尽可能把网络舆论控制在萌芽状态，不给舆情发酵的时间和空间；另一方面也能通过系统对已发生的信息传播追踪分析，为学校舆情应对方案的制定提供参考依据[6]。

2. 健全舆情风险防控预案

网络舆情管理，与其事后亡羊补牢，不如事前明察秋毫。高校网络舆情风险管理应该建立健全以制度、组织、队伍为主的管理体系，从多层面、多环节、多渠道来筑起舆情风险的"防火墙"。高校中容易出现舆情的部门必须转化思维，尽可能提前对可能出现的舆情风险类型和程度，分级进行细致可行、科学系统的风险评估，掌握工作的主导权，以从源头上减少网络负面舆情发生的概率。如遇国家重要时事政治热点，疫情防控期间返校复课、封闭式管理的举措等都容易引起学生的关注；开学季、招生季、毕业季也是容易出现舆情的重要时节，高校的相关管理部门应提前谋划预案，预防或减少人为因素导致的网络舆情事件的发生。

3. 及时总结舆情处置情况

很多高校在舆情发生时，一般都是重视处置过程，想着怎样让事件尽快平息，但却往往忽略了网络舆情发生后的善后、恢复和总结改进。在事后及时总结经验教训，深入分析此次网络舆情发生的原因，全面评估此次处置方法的优势以及不足，也是高校网络舆情风险管理的重要环节，以此才能为以后潜在和未知的舆情处理提供借鉴和警示。如应尽快完善缺失的规章制度或应急预案，让后续有章可循；预测有其他引起后续危机的可能，防患于未然；积极开展形象修复工作，重建高校良好的社会声誉。如果舆情事件涉及师生生命安全，还需持续加强对师生的安全宣传教育和心理团体辅导。

4. 重视各级部门联动合作

习近平总书记曾强调，各级党委和政府都要把自己职责范围内的风险防控好，不能把防风险的责任都推给上面，也不能把防风险的责任都留给后面，更不能在工作中不负责任地制造风险[7]。高校的网络舆情风险管理，必须改变宣传部门在舆情管理中孤军奋战的局面。对外，高校需要积极与地方政府、媒体单位、公安部门等建立实时联动合作机制，加强信息沟通；对内，高校需要充分调动起学工部、信息技术中心、教务处、保卫处、后勤服务中心，尤其是二级学院等单位的积极性，全校上下形成领导重视、外界支持、部门协作、师生参与的良好氛围。从政府到部门，从学校到班级，各层级都密切相互关系，通力协作配合，才能促进高校网络舆情风险管理向着解决问题的良性轨道发展。

（四）畅通网络交流互动渠道，提升师生爱校情结

建设畅通无阻的网络沟通平台是促进学校管理提升的良好形式。一方面高校要做到校务公开，主动通过多种渠道了解师生的思想动向和利益诉求；另一方面高校在进行网络舆情风险管理时，要主动创造条件让师生特别是大学生合理表达情绪，让师生有问题尽可能更方便地求助于学校。高校对师生提出的有关工作、学习和生活的各种热点、焦点和难点问题，要予以耐心、充分、详细的解答，把情绪和问题尽可能管控在校内和线下。在一些特殊节点和敏感时期，如学校要推出教学改革新举措、学生管理新规定，或者提高收费项目标准时，最好能向师生宣传解释新政策的内容以及实施的意义，以求得学校与师生思想认识的"最大公约数"。

良好的舆论互动机制和现代化的信息渠道，可以更好地建立师生间的互动互信互通，激发师生参与管理学校事务的积极性，增强他们的社会责任感，促进和谐共处。部分高校每学期期初会进行师生思想动态收集，期中会开展学习生活空间恳谈会等。当高校的管理服务部门与师生做到主动沟通时，才能换来师生的积极回应和理解支持。2019年，某高校毕业答辩现场，一位教师向学生扔论文的视频引发舆论关注。事后，该教师接受采访讲清了现场情况，不少学生也及时发声表示该老师对学生很负责，教学水平也很高，被扔论文是答辩学生自己的问题。这样的引导使得网民讨论的焦点从最开始的为人师表行为逐步转移到理解教师对学术、对学生的责任心，舆论走向良好。

总之，微传播时代，高校网络舆情风险管理是一项重大而复杂的工程，需

要学校管理层、执行层、操作层，各级部门都切实加强对风险源的调查研判和预警能力，建立起联动的预防、应对、处置和修复机制，才能不断推进网络舆情风险管理工作的科学化、规范化和精细化，最终把高校网络舆情风险降至最低，保障校园稳定，促进社会和谐。

参考文献：

［1］中国互联网络信息中心．CNNIC 发布第 46 次《中国互联网络发展状况统计报告》［EB/OL］．中国网信网，2020-09-29．

［2］王宇偲．高校网络舆情风险管理机制研究：以河北对外经贸职业学院为例［D］．秦皇岛：燕山大学，2018.

［3］张洋．举旗帜聚民心育新人兴文化展形象　更好完成新形势下宣传思想工作使命任务［N］．人民日报，2018-08-23（1）

［4］习近平．习近平在省部级主要领导干部坚持底线思维着力防范化解重大风险专题研讨班开班式上发表重要讲话［EB/OL］．中华人民共和国中央人民政府，2019-01-21.

［5］胡斐，许航，甘甜．南昌大学在疫情大考中交出满意答卷［EB/OL］．中国日报网，2020-05-01.

［6］崔国红．新媒体时代大学生网络舆情分析及引导策略研究［J］．学校党建与思想教育，2020（17）：82-84.

［7］习近平．下大气力破解制约如期全面建成小康社会的重点难点问题［EB/OL］．中国共产党新闻网，2018-01-03.

从大学生生命教育观反观未成年人积极心理品质培育研究

赵　俊　常　荣　毕又文　冯永康

摘要：大学生在社会、政治、经济的多元变革中会面临各种生命的困境，部分大学生缺乏理想和奋斗目标，大学生活迷茫，忽视了对生活意义和生命价值的追寻，需要密切关注他们的生命状态并进行及时有效的引导[1]。本文立足大学生生命教育观存在的问题，通过大学生生命教育观问卷调查分析大学生的生命教育观和教育对策，反观为未成年人心理素质的培养[2]提出建设性的可操作性的策略路径。

关键词：大学生；生命教育观；未成年人；积极心理品质；研究

一、大学生生命教育观研究对象和方法

研究对象：四川某高校某学院学生，共计 583 人参与。调查样本的基本分布情况见表 1。

表 1　样本基本情况汇总表（单位：%）

人口变量	性别构成		年级构成			专业		生源地	
类别	男	女	大二	大三	大四	文科	理工科	城镇	农村
占比	66.5	33.5	57.0	34.7	8.3	20.3	79.7	54.1	45.9

（备注：表 1 中的占比是有效百分比，下同）

研究方法：研究采用问卷调查的方式，自拟调查题目对大学生生命态度进行测查，了解大学生接受生命教育的情况及心理健康状态。

二、数据处理

数据采用 Excel2020 和 SPSS20.0 统计软件进行处理和分析，心理健康状况

在人口学、年龄、性别、生源地等方面的差异使用统计图表进行分析；问卷的可信度采用 Cronbach 信度分析；事后检验选用 LSD 法。

三、调查结果与分析

（一）大学生的生命观现状意义分析

调查结果显示，89.3%的同学都能够做到珍惜和热爱生命，9.6%的同学偶尔有产生杀人的冲动，29.7%同学不确定或者不能做到不伤害其他动物的生命；仅有44.1%的同学会考虑自己的身心是否健康；35.7%的同学会思考与生命相关的话题。总体来看，当前大学生的生命观呈积极向上状态。但是对自己身心健康的关注度及生命观话题的思考有所欠缺。可见，在高校的学生管理中，对其加强身心健康及生命观的宣传教育具有重要意义。

（二）大学生活满意度调查分析

调查结果显示，33.4%学生对自己的大学生活满意，57.8%对自己的大学生活感觉一般满意，42.2%觉得自己在大学收获的是技能的提升，11.1%学生觉得大学生活是虚度光阴。71.7%学生觉得大学有一点压力，12.7%学生觉得大学压力很大。28.6%的学生对未来没有规划，抱着一种走一步算一步的态度。0.5%的学生对自己的未来持一种听天由命的态度。88.2%学生都有确定的人生目标。总体来说，大多数同学对自己的大学生活是满意的，且对自己未来的生活都有规划，但还存在对自己的未来规划不清晰、时间管理不合理现象。由此可见，在大学加强职业生涯规划教育是非常必要的。

（三）大学生压力产生的原因及排压方式分析

调查结果显示，63.1%的学生压力来自学业，73.9%源于就业，28.3%来自感情因素，25%源于其他。56%的学生解压方式是向他人求助、倾诉，68.4%通过其他方式发泄情绪，78.0%的学生解压方式通过自我疏导，只有3.9%的学生自怨自艾。总体来说，绝大多数学生都有外在、内在的压力，都有自己排压方式，但也存在部分同学无法排解自己压力的情况。由此可见，在高校的学生管理中，不仅要注重学业，还要引导学生进行压力的排解，找到适合他们自己的排压方式。

（四）大学生生命价值观分析

调查结果发现，37.4%的学生觉得生命的本质是获得金钱和地位；81.4%的学生觉得生命的价值是为社会和人民做贡献；47.3%的学生觉得要获得他人的肯定；50.4%的学生愿意接受生命观教育，3.4%的同学不愿意接受生命观教育。总体来说，绝大多数学生对生命的本质都有自己的看法，也愿意接受生命观教育。

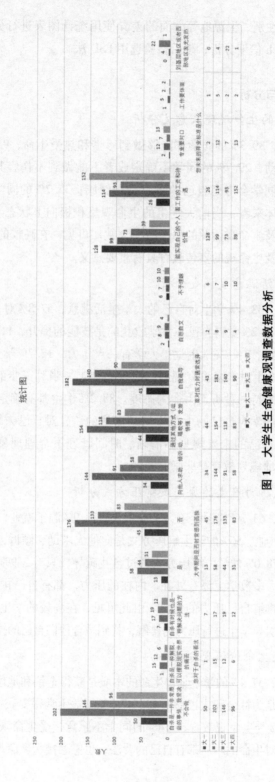

图 1　大学生生命健康观调查数据分析

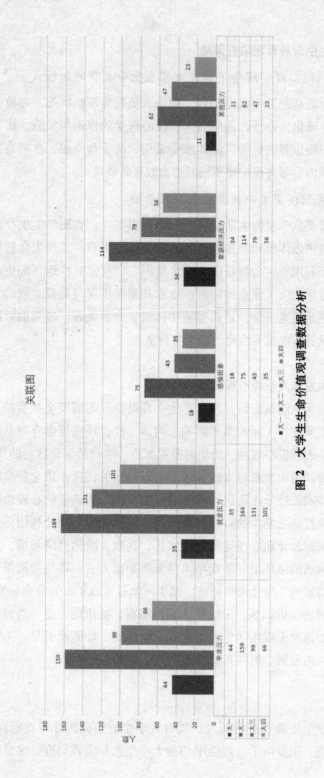

图 2　大学生生命价值观调查数据分析

四、大学生生命教育观培养策略

（一）在积极心理学理念下构建大学生生命教育的新模式

大学生的生活状态并不都是消极、病态、负面等不良状态。高校生命教育除了教育大学生珍惜生命外，还应引入积极心理学的理论与实践，培养大学生良好的品质和积极乐观的性格，使其感受希望、快乐和幸福，在教育理念、培养路径以及培养内容等方面构建积极的生命教育新模式[3]。

（二）开展积极型生命教育主题实践活动

生命教育需要从学生的生活逻辑和问题逻辑出发，直面学生生存和发展的现实，把学生的快乐体验和幸福感作为教育的核心内容，实现生命教育的生活化。高校要善于利用学生会与社团等学生组织[4]，有针对性地开展生命教育专项活动，在丰富学生第二课堂的同时，培养其积极乐观的品质。同时，开展以生命教育为主题的展览活动，让学生从中体验生命的美好，增强面对困难与挫折的勇气，激发其积极探索生命的意义与价值。

五、反观未成年人积极心理品质培育策略

从大学生的生命观调查研究发现学生心理健康问题需要全社会的关注，它不仅受学生原生家庭、人际关系的影响，网络、社会环境等也会对其产生一定的影响，未成年人积极心理品质的培养需要家庭、学校乃至全社会的用心呵护。首先，加强宣传，增加家庭对未成年人的心理健康关注度，建立新型的家长与子女关系。有些家长过分注重孩子的学习成绩，很少从孩子的心理角度予以重视。隔代长辈教育缺乏基本的心理健康知识和沟通能力。充分利用重要的传统节假日，加强家庭教育和心理健康教育宣传；其次，净化网络环境，为未成年人提供一个健康的网络环境。未成年人是非辨别能力差，容易受网络上一些不良行为和内容的影响，净化网络环境，减少网络对未成年人的负面影响；最后，加强未成年人的抗挫折训练。未成年人心理脆弱，抗压能力差，遇到挫折时容易过分偏激。加强对未成年学生的人生观、世界观、价值观引导，关注未成年的心理健康及人格发展，增强其适应社会的能力和抗挫能力。

六、结语

通过对大学生生命观进行研究，既对大学生的生命教育观进行深入引导，为培养自尊自爱、积极向上、理性平和的大学生做好实践研究，又反观未成年

人积极心理品质培养提出建设性策略[5]，为中小学学校有效开展心理健康教育活动提供相关参考证据。

参考文献：

［1］陈万柏，张耀灿. 思想政治教育学原理［M］. 北京：高等教育出版社，2009.

［2］罗燕，沈潘艳，杨惠琴. 未成年人积极心理品质的效用探索：从网络使用与心理健康的视角［J］. 乐山师范学院学报，2016（12）：137-140.

［3］闫凤霞. 大学生生命态度调查及高校生命教育研究：基于积极心理学视角的分析［J］. 河北北方学院学报（社会科学版）2018（1）：106-109，116.

［4］周奕君，孙耀胜. 德育视角下当代大学生生命教育研究［J］. 改革与开放，2017（7）：122-124.

［5］徐婷. 基于辅导员视角的大学生生命教育路径探索［J］. 南昌工程学院学报，2020（5）：50-53.

心理健康教育与思政教育有机结合新途径研究

罗 平

摘要：随着新课程改革不断深入，大学生教育教学也面临着新的发展机遇与困境。由于大学生具有一半在学校学习，另一半在社会锻炼的特殊情况，因此大学生或多或少存在心理健康问题。而思想政治教育工作作为大学教育教学重要项目，在实际教学过程中，如何运用心理健康教育与思政教育深度融合，提升学生心理素养，帮助学生树立正确的人生观、价值观和世界观，培养出符合社会发展与企业岗位需求的道德能力双优人才，已经成为广大教育工作者亟待的问题。文章主要从心理健康教育与思政教育有机结合的必要性出发，对心理健康教育与思政教育有机结合的新途径进行了分析，以供参考借鉴。

关键词：心理健康教育；思政教育；有机结合；新途径

随着我国现代化进程不断深入，我国已经进入到价值多元化时代，拜金主义、泛自由主义以及享乐主义等消极腐败的思想也逐渐涌现，直接影响到人们的心理健康状态。而高校的学生个性较为突出，自我约束能力薄弱，思想行为自由，接受新鲜事物的能力较强，极易受这些不良因素的影响，导致学生迷失自己。当前，还存在部分高校在教育管理方面缺乏方向性的认识，他们对于校园建设和教学质量的追求太过于盲目，这就在很大程度上削弱大学生心理健康培养力度。同时，思政教育方式相对较为固定、单一，基本上就是观看一些时政理论、了解一下古人思想等，这就在很大程度上降低了学生学习的积极性。因此采取何种有效手段，将大学生心理健康教育纳入思想政治教育中，实现二者的有机结合，对提高教育育人的效果具有重要意义。

一、心理健康教育与思政教育有机结合的必要性

（一）推动教育教学的发展

在高等院校教育教学中，思想政治教育与心理健康教育是重要的教学课程，

但是由于二者之间缺少教学联系，导致课堂教学效果十分不理想。因此将二者有机结合起来，相互之间取长补短，理论与实践有机结合，可构建思想政治教育引导下的心理健康素养平台，实时共享教学资源，提高学生心理素质与道德修养，从而推动教育教学稳步发展。

（二）促进学生全方位发展

德育教学的目的是促进学生全方位发展，因此在实际教育教学过程中，不仅要教学基础理论知识与操作技能，还应提升学生心理健康素养与思想政治水平，帮助学生树立正确的人生观、价值观以及世界观，以培养出符合社会岗位需求的高素质应用型人才。

（三）凸显德育特色

高校办学的目的是培养出高素质复合型人才；而社会对人才的需求主要从专业素养与思想政治素质等两方面出发，选择符合自身岗位需求的人才。因此在实际德育教育教学中，必须按照企业不同岗位对人才的需求进行思想道德引导下的心理素养培训，将政治品德与专业基础知识结合起来，以突出高校德育教育的鲜明特色，从而为大学生日后发展奠定良好基础。

（四）促进积极心理学在思政教育中的运用

无论是从学习上，还是行为上，高校教师都需要探究艺术化、科学化的教育方式，发挥积极心理学和思政教育的双重作用，既能提升学生学习能力，还要保障学生思想意识得到树立，更重要的是让学生在学习中逐渐养成健康的心理品质，让学生对学习、对生活产生积极向上的心理。

二、心理健康教育与思政教育有机结合的新途径

（一）在教育内容上，二者相互融合

思想政治教育和心理健康教育的教学目的相同，但是二者之间的侧重点不一样。因此在实际教学的过程中，教师应在心理健康教育和思想政治教育各自侧重点的条件下，以培养高素质应用型人才为目标，将教育教学交叉内容结合起来进行教学，实现二者相互融合。例如在大三毕业生教学过程中，思想政治教师在实际教学时，可通过案例分析来开展教育活动，加强他们的挫折教育，让学生毕业后参加工作时能够积极面对各种挫折与打击，而心理咨询教师可与学生进行沟通交流，对学生的心理状态进行分析、揣摩，全面评估学生的心理健康状态并及时给予疏导，然后通过开展心理健康活动，讲解心理健康知识，提高学生的心理素质与受挫能力。

（二）在教学主渠道上，二者相互借鉴

要想实现思想政治教育与心理健康教育的有机结合，提升课堂教学效率与质量，必须充分发挥课堂教学的主渠道作用，建立一个完整的课内外、教育与指导、咨询与自助紧密联系的工作体制。具体表现在充分发挥第一课堂与第二课堂的作用，将思想道德修养与法律基础、大学生心理健康以及就业指导课纳入思想政治理论教学与集体心理咨询中进行讲解，实现二者之间的课堂教学整合。然后邀请专家为不同层次与不同群体的大学生开展思想政治教育与心理健康教育专题讲座，普及有关的理论知识，并通过课堂教学与小组讨论的方式吸引学生对心理问题的注意力，帮助他们树立正确的心理健康标准理念，从而增强学生适应环境与承受挫折的能力。

（三）在手段与方法上，二者相互借鉴

心理健康教育与思想政治教育的教学方法、教学手段都具有各自特点，要想实现心理健康教育和思想政治教育的资源共享、互补互益和有机结合，以形成相互渗透、协同发展的统一整体效应，思想政治教育与心理健康教育二者之间应相互借鉴，充分发挥各种教育教学方法与教学手段的综合优势，从而实现二者有机融合，达到预期教学的目的。例如在思想政治教育教学过程中，思想政治教师引入心理咨询的原理、技术与方法，利用心理咨询中的角色扮演法与宣泄法，来开展课堂辅导以及心理咨询活动，以此营造良好的心理气氛，帮助学生纠正认识与行为上的偏差，然后借助心理健康教育的心理疏导方法，引导学生寻找问题的原因，进行自我反省，确保思想政治教育教学活动的有序开展，从而提升思想政治教育教学的实效性与科学性。

（四）以学生为核心，开展开放式教育课堂

对于学生的心理健康教育既要注重心理培养机制，还要提升学生对社会的适应性，因此，教师必须重视开放式课堂的构建。比如在校企合作模式下，现代学校教育需要注重和企业的交流合作，把握好教育要求与社会行业要求的关系。既要通过学校教育让学生具备良好的文化素养和思想道德品质，还要立足我国企业的生存和发展情况，培养学生爱岗敬业、诚信友善等职业思想道德品质。高校思政教育与企业的职业礼仪、思想道德培训一脉相承，在教学内容的优化改革方面，高校要积极吸收企业在职业礼仪、思想道德培训等方面的先进经验，真正落实到"实用型人才"培养目标。思政教育工作中，教师可以让企业师傅来校进行讲课培训，或是带领着学生一起做一个项目，并在实地调研的过程中渗透思政教育内容，从而以"职业老前辈"的身份引导学生形成正确的

职业观念。与此同时，思政教育也需要同企业师傅紧密交流合作，互相交换意见，从而及时掌握学生的思想动态，制定更为合理的思政教学方案。

（五）推进多元化教学模式建立，提升学生综合能力

借助社会资源，培养学生良好的生活状态，社会生活教育具有极强的教育引导性，能够让学生在生活实践中体悟做人的道理，练达自己的人生。所以，思政教师要合理的利用生活行为影响学生，引导学生回归积极的生活状态，让学生养成优良的生活习惯，培养学生良好的生活和学习素养。如：辅导员教师可以通过社会群体性活动拓展学生的课余生活，丰富学生的生活体验。学生的课余生活不应局限在吃饭、睡觉、打游戏上，还应参加很多有意义的教育活动，让学生在多彩的生活体验过程中健康成长。

（六）渗透行为教育

对大学生来说，他们虽然是天之骄子，但绝不能"娇惯"，中华民族传统文化中的优秀文化品质是需要他们传承和发扬光大的。所以，教师要对学生进行科学的行为教育，包括锻炼他们吃苦耐劳、认真负责、勇于担当、谦虚谨慎的思想文化品质等，如此，他们才能真正成为一个对社会有贡献的人，才能真正成为一个脱离低级趣味的品德高尚的人。

三、结语

综上所述，思想政治教育与心理健康教育作为我国高校教育教学的重要项目，前者是我国特色的思想政治工作的有效方式，主要提升学生的道德修养；后者则是提升学生心理素质，帮助解决学生心理问题。因此在教学手段与方法、教学主渠道以及教学内容上，二者相互渗透、融合与借鉴，能够弥补传统教育教学模式的不足，这种教育教学模式与大学生心理特点相符合，极易为学生接受，从而实现双方之间的有机结合。

参考文献：

［1］元毅. 高校思想政治教育与心理健康教育相结合途径的研究［J］. 成功（教育），2013（3）：126-127.

［2］陈碧妹，王智勇. 构建新建本科院校心理健康教育与思想政治教育有机结合模式［J］. 河南工程学院学报（社会科学版），2013（2）：83-86.

［3］周荣，徐瑛，胡昌龙，等. 试论高职院校心理健康教育与思政教育相结合［J］. 湖北工业职业技术学院学报，2013（3）：102-104.

体育强国视角下绵阳市高校体育育人现状及质量提升路径研究

陈礼花

摘要：高校体育育人是立德树人和体育强国视域下高校教育教学的必然趋势。针对绵阳市高校体育育人存在的一些问题，文章提出以体育课堂教学为主体，以健全保障机制和优化育人环境为两翼，将体育第一课堂、第二课堂及第三课堂相融合的"一体两翼三融合"体育育人模式，旨在为绵阳市高校提升体育育人质量提供一定的参考。

关键词：体育强国；高校体育育人；质量提升路径

习近平总书记强调："要坚持健康第一的理念，加强学校体育工作，推动青少年文化学习和体育锻炼协调发展。"[1]教育部明确指出要实施好"体育美育浸润行动计划"，这赋予了高校体育育人新的历史使命。

2018年9月，习近平总书记在全国教育大会上指出，"要树立健康第一的理念，开齐开足体育课，帮助学生在体育锻炼中享受乐趣、增强体质、健全人格、锤炼意志"。"享受乐趣、增强体质"强调体育强身健体的功能；"健全人格、锤炼意志"则强调体育铸魂育人的力量。长期以来，很多人认为体育运动只是锻炼身体的一种手段，事实上，体育运动不仅有利于增强学生体质，而且对培育学生的拼搏精神、团结协作精神和规则意识均起着重要作用，体育的育人功能才是最本质的功能。

一、绵阳市高校体育育人现状

本研究采取线上线下相结合的方式，选取四川省绵阳市八所高校的在校大学生作为研究对象，共发放问卷800份，收回有效问卷767份，问卷有效率95.9%。为更加科学、准确地了解四川省绵阳市高校体育育人的现状，笔者在进行问卷调查时，对部分绵阳市高校体育部门负责人和教师进行走访，对有关指标进行咨询、探讨并听取相关的建议和意见，为本研究提供了宝贵的第一手资料。

（一）体育课程立德树人根本任务有待进一步落实

培养什么人，是教育的首要问题。党的十九大报告明确指出"要全面贯彻党的教育方针，落实立德树人根本任务，培养德智体美全面发展的社会主义建设者和接班人"。大学体育课程教学中应融入顽强拼搏、团结协作的体育精神以及规则意识，以发挥体育课程特有的育人功能。根据本调查的数据显示，针对"教师课堂设计生动、灵活多样，能够激发学生的学习积极性"，11.5%的学生选择了"非常同意"，29.6%的学生选择了"比较同意"，38.8%的学生选择了"比较不同意"，20.1%的学生选择了"非常不同意"。针对"学校体育教师在课堂教学中融入顽强拼搏、团结协作精神及规则意识等体育精神的情况"，仅13.3%的学生选择了"经常"，75.6%的学生选择了"偶尔"，有15.1%的学生选择了"从不"。从调查数据来看，绵阳市高校体育课程教学还应创新教育教学方式，加强体育课堂设计的生动性和灵活性，增强体育教学的吸引力，从而激发学生的学习兴趣。同时，体育教师还应加强教学设计，充分挖掘体育课程思政元素，彰显体育精神，进一步落实体育课程立德树人的根本任务。

（二）体育课外活动育人有待进一步加强

根据本调查的数据显示，目前绵阳市高校学生参与课外体育活动的随意性较强，多数高校没有将参与体育活动纳入第二课堂必修内容。关于"每周参加课外体育锻炼的次数"，有68.6%的学生选择了小于3次。针对"每学期参加各级体育比赛竞赛活动的次数"，有23.4%的学生选择了"从未"，38.1%的学生选择了"1次"，30.6%的学生选择了"2~3次"，仅7.9%的学生选择了"3次以上"。通过与部分体育教师的进一步访谈了解到，多数高校群体性的体育活动开展较少，绝大多数学生没有参与其中，加上学生课外体育活动缺乏有效的指导，以致体育课外活动育人效果不佳。

（三）体育文化育人环境有待进一步优化

高校体育文化育人是立德树人和体育强国视域下高校教育教学的必然趋势。高校应积极通过打造校园风尚、营造良好的体育氛围等多渠道渗透体育文化，以体化人，落实立德树人的根本任务。当被问及"学校打造体育方面的校园风尚情况"时，71.6%的学生反馈学校在教室、运动场等学校公共场所设置体育宣传标识、标语的情况较少。针对"您所在学校通过官网及新媒体平台弘扬体育文化、宣传体育精神的情况"，65.8%的学生选择了"很少"，27.5%的学生选择了"有时"，仅6.7%的学生选择了"经常"。

由文献资料及上述调查结果不难看出，绵阳市高校体育育人效果还有待进一步提升，与"培养德智体美劳全面发展的社会主义合格建设者和接班人"的使命还存在一定差距。围绕"知识、技能传授与价值引领"的育人目标，各高校以绵阳地方特色文化为载体，不断挖掘体育育人的元素和潜力，构建立体化的体育育人格局是我们应深入研究的问题。

二、构建"一体两翼三融合"育人模式，提升体育育人质量

（一）"一体"：以体育课堂教学为主体

体育课堂是以"课程思政"为目标，以学习为中心的教学实践，创造"学习共同体"的教学，是提高思想政治教育亲和力和针对性的有效途径[3]。高校教师既要围绕学生勤学苦练来开展体育教学，帮助学生掌握体育知识和运动技能，以促进学生体质健康，也应积极塑造学生人格，传播社会主义核心价值观，弘扬体育精神。

针对体育课程立德树人需要进一步落实的问题，一方面，绵阳市高校应着力加强体育教师师资队伍建设，对体育教师进行专题培训，增强体育教师的使命感和责任感，不断提升体育教师思政育人能力；另一方面，绵阳高校教师应努力提高自身综合业务能力，不断钻研教学中的新情况、新问题，创新教学方法和组织形式，提高体育教学质量的同时加强政治理论学习，只有不断提高自身道德水平和政治理论素养，才能更好地以德育德。

体育精神体现了永不言输、永不放弃的拼搏精神和以大局为重、团结一致、协同作战的团结精神以及规则意识。习近平总书记指出，"要把发展体育工作摆上重要日程，精心谋划，狠抓落实"[2]。从中国两弹城到中国科技城，曾经铸造大国重器、孕育"两弹一星"精神的绵阳，如今又肩负起了国家科技创新的历史使命。万众一心，众志成城，伟大的抗震救灾精神激励着绵阳人在新的历史起点上奋勇前行。通过精心设计，将体育精神、绵阳特有的"两弹精神"和伟大的"抗震救灾精神"及强国梦融入绵阳市高校体育育人体系，形成体育育人与绵阳特色文化育人的有机结合，不断涵养大学生道德素质，将有助于绵阳市高校更好地实现以体育人。

绵阳市是一个多民族的城市，拥有汉、藏、羌、回等民族。各民族在社会历史进程中创造和发展了很多具有民族特色的传统体育，是中华传统文化的重要组成部分。当前，绵阳市高校体育项目多以竞技体育为主，教学内容趣味性

不高，学生学习积极性受到影响。而民族传统体育通常兼具健身性与趣味性的特点，例如羌族传统体育项目推杆、武术、摔跤、锅庄舞，白马藏族的拔河、打球、打毽子以及曹盖、圈圈舞等民族特色浓厚。绵阳市高校在体育教学中引入绵阳本地区传统体育活动，既能丰富和发展高校体育教学内容也能弘扬和传承民族体育文化。

总之，以体育课堂教学为主体，以"课程思政"教学为突破，将体育教育和思政教育融会贯通，充分融入地方特色文化，才能更有效地落实体育课程立德树人的根本任务。

（二）"两翼"：以健全保障机制和优化育人环境为两翼

1. 一翼：健全保障机制

经过前期与绵阳市部分高校体育负责人和体育教师的访谈了解到，不少绵阳市高校的领导人对大学体育育人重要性的认识还不是特别到位，暂时没有将体育育人工作纳入高校发展的战略全局和高度。高等教育肩负着培养德、智、体、美、劳全面发展的社会主义事业合格建设者和可靠接班人的重要任务，各高校理应高度重视大学体育工作。因此，绵阳市高校应将大学体育纳入学校建设的总体规划，不断完善体育工作领导机制和运行体制；科学谋划着力加强高校体育教师队伍建设；保障体育设备设施及体育经费等方面的投入以确保高校体育育人工作的顺利开展。

2. 二翼：优化育人环境

校园文化是一种无形的教育力量，学生可以在熏陶和感染中受到启迪。高校可以在教学楼走廊、教室墙壁、运动场悬挂体育宣传标识标语，以润物无声的方式将体育文化渗透到学生的日常学习和生活中。此外，体育的实践性很强，很多体育技能的真正熟练掌握，还需要学生主动参与到课外锻炼中去实现课堂内外的联动。因此，学校应积极构建"大体育"文化建设，开展丰富多彩的课外体育活动，经常性地开展群众性体育运动比赛，让学生"走下网络、走出宿舍、走向操场"；制定体育第二课堂管理办法，确保体育第二课堂活动规范有序地运行，营造"无体育、不大学"的文化氛围。

同时，高校既要充分利用传统的德育载体，更要开拓新的育人载体，积极利用现代信息技术，利用微信、微博、视频号等新媒体平台，以同学们喜闻乐见的方式，大力宣传先进体育人物和典型事迹，精心培育体育育人品牌，大力弘扬体育文化和体育精神，营造良好的体育文化氛围，优化体育育人环境，提升体育育人实效。

（三）"三融合"：体育第一课堂、第二课堂与第三课堂的融合

首先，高校应严格执行《全国普通高等学校体育课程教学指导纲要》，开齐开足体育必修课和选修课，充分挖掘体育课程中的思政育人元素，弘扬体育精神，抓实第一课堂；其次，高校应将课外体育活动纳入学校人才培养方案，将课外体育活动纳入第二课堂学分，激励学生积极参与课外体育锻炼，加强"学校—学院—班级"三级联动模式开展体育竞赛和交流活动，抓牢第二课堂；最后，高校应发现和培育学校体育特长生，精心组织训练，参加校外各级体育竞赛，抓强第三课堂。高校通过抓实体育第一课堂、抓牢体育第二课堂及抓强体育第三课堂，实现三者的互融互通，才能更好地推动课内课外全方位体育育人目标的实现。

三、结语

在"健康第一"的理念下，绵阳市高校应以体育第一课堂为主体，加强课堂设计，积极融入绵阳精神及本地区少数民族传统体育项目，让学生在享受乐趣中增强体质；优化体育育人环境，加强体育课内课外活动联动育人，不断健全学生人格、锤炼学生意志，最终实现体育育人目标。

参考文献：

[1] 杨光宇. 习近平主持召开教育文化卫生体育领域专家代表座谈会强调全面推进教育文化卫生体育事业发展　不断增强人民群众获得感幸福感安全感[N]. 光明日报，2020-9-23（1）.

[2] 刘远海，左婷婷，朱小云，等. 健康促进视域下高校体育第二课堂开展现状与对策研究：以湖北科技学院为例［J］. 湖北科技学院学报，2019（2）：85-88.

[3] 张柏铭，钟武. 立德树人视阈下的高校体育教学改革［J］. 高教学刊，2018（15）：129-131，134.

高校思想政治理论课第二课堂教学体系
创新路径探析

——以西南财经大学天府学院第二课堂教学为例

邓海霞　丁灵芝

摘要：本文立足于高校思想政治理论课第二课堂的实践探索，从教育目标、教学实施、教学平台和考核方式四个方面构建高校思想政治理论课的教学体系，创设第一课堂与第二课堂相互支撑、相互补充、相互优化的教育教学模式，提高思想政治理论课教学效果，落实高校立德树人的教育目标。

关键词：思想政治理论课；第二课堂；双主体性；载体建设

习近平总书记在学校思想政治理论课教师座谈会上指出，思想政治理论课是落实立德树人根本任务的关键课程。新时代，在高校思想政治理论课中开辟第二课堂，积极探索其实施路径，是贯彻学校思想政治理论课教师座谈会精神的有力举措，是推动高校思想政治理论课改革创新的有效措施。

一、第二课堂的概念与特点

第二课堂是相对于"第一课堂"而言的，是指有目的、有计划、有组织地开展与学生教育相关的各种实践教育。它与第一课堂共同构成完整的教育整体，是优化高校人才培养方案，培养学生实践能力，提高学生综合素质的重要载体。

第二课堂打破了第一课堂教学的界限，在时间与空间上更加开阔，在教育形式上更加多样，教育内容上更加丰富，推动了教师与学生的多元互动，是实现从"知"到"行"，"知行统一"的重要途径，是提高思想政治理论课教学效果的重要平台，是"00后"学生成长发展的需要，进而落实思想政治教育教学工作因事而化、因时而进、因势而新。

二、创设第一课堂与第二课堂相互支撑的策略思考

目前，各高校都不同程度地开展了思想政治理论课第二课堂，并取得了一定的成果。但在实际开展过程中，第二课堂"简单化""形式化""娱乐化"现象较为普遍，两个课堂协同性较差，并未真正体现其政治性、思想性和导向性等特点。创设第一课堂与第二课堂相互支撑的教学体系：

（一）教育目标上，第一课堂与第二课堂要协同一致

依据高校思想政治理论课"05 方案"，思想政治理论课第二课堂，既要符合教学大纲的要求，又要体现教学改革的精神，确保第二课堂与相应课程的教学大纲相契合。在教育目标上，两个课堂都关系到"如何培养人、怎样培养人、培养什么样的人"这一根本问题。无论开展什么形式的活动，都必须围绕高校立德树人的总体目标，始终具有传递社会主义核心价值、引导学生成长成才的功能。学生在第一课堂接受理论学习，需要在第二课堂内化为自己的品德意识和行为准则。两个课堂各自分工，又相互联系、相互促进，两个课堂作为统一的整体进行统筹规划和管理。

（二）教学实施上，第一课堂与第二课堂都要发挥师生的主体性作用

第二课堂中，教师是教学活动的主体，是学习活动的设计者、引导者和组织者，通过丰富多样的教学方式，激发学生的自主学习能力和创造力。学生作为学习活动的主体，积极参与教学过程，充分展示自己的个性，实现自我教育角色的互相转化。实施过程中，通过教师和学生主体间的多重互动，营造民主的学习氛围，积极调动学生的自主性、能动性、创造性，促使学生获得自信的情感体验，更好地进行自我教育，提高自身的实践能力，在实践中塑造完美的人格。

（三）教学平台上，第一课堂与第二课堂要做到资源整合

第二课堂的充分开展，人力资源上，要协调好思想政治理论课教师、辅导员和班主任三者的关系。思想政治理论课教师要把控第二课堂的政治方向和理论指导，辅导员和班主任主要负责活动的策划、组织与管理，同向同行，形成协同效应；部门资源上，要协调好思想政治教研中心与学工部、校团委以及学校其他部门的关系。部门之间密切合作，守住安全底线、做好经费管理，与思想政治理论课教师共同承担第二课堂地开展，最终形成学校多部门参与思想政治教育全过程，实现全员育人、全方位育人的教育格局。

（四）考核方式上，做好第一课堂与第二课堂有效链接

思想政治理论课，最终要实现知识教育与价值引导的统一。在课程考核评

价中，不仅要考核学生知识学习情况、能力提升情况，还要评价学生是否形成了正确的价值观并内化为自己的行为。在考核方式上，要坚持知识考核与价值评价相统一、内在评价与外在行为相统一、结果考核和过程考核相统一的原则。第二课堂的考核，高校联动部门要健全制度、明确职责，创建多层次考核体系，注重过程考核，并积极纳入高校思想政治理论课课程考核。

三、开辟第一课堂与第二课堂相互促进的具体路径

（一）着力培养学生红色社团

以笔者所在学校为例，马克思主义研究学会是在学校党委、团委领导下，由学生自愿组织的红色社团。思想政治理论课教师担任社团的指导教师，为红色社团赋予新的内涵和功能，具有鲜明的政治性和导向性。通过学生社团，组织实施第二课堂活动，更好地实现思想政治理论课的教学目标。红色社团有自己的组织机构和管理方式，这使得思想政治理论课第二课堂的开展更加有效。社团先后开展了一系列重大纪念日实践活动、主题讨论会、理论角、学术研讨会、微访谈、校内外公益活动等。例如，为纪念改革开放40周年，开展了全校范围的摄影大赛活动。同时，借助网络平台对学生作品进行线上投票和新闻宣传，做到课上课下一致、网上网下一致，自觉弘扬主旋律，积极传递正能量。

（二）科学规范"问题式"互动学习模式

"问题式"互动学习模式，主要以"问题"为载体，以主题讨论会、微访谈、理论角等方式展开。教师创设积极的学习氛围，学生以不同角色参与讨论学习，学以致用，深化思想认识，提升思想境界。两个课堂有机结合、相互渗透，"学习—反思—提升—再学习"互动学习模式得以建立，引导学生做到"知、情、信、意、行"的统一。其中，"问题"的选择尤为关键，一是教师可以围绕思想政治理论课热点难点问题，在互动学习中引导学生增进价值认同、增强理论自信。二是结合00后学生的关注热点、思想疑点，为学生答疑解惑，做到价值引领。例如，中国近现代史纲要课程开展的"从曾国藩家风看当代家庭教育"、马克思主义基本原理课程开展的"大学生的创新学习力"、形势与政策课程开展的"中美贸易摩擦"等主题学习取得了良好的教学效果。

（三）积极打造第二课堂教学实践基地

充分挖掘和建设思想政治理论课第二课堂教育实践基地，把课堂教学搬到基地现场进行，这种直观、形象、生动的现场教学可以调动学生的情感，引发学生的共鸣，有利于思想政治理论课教学内容入耳、入脑、入心。笔者所在学

校曾组织学生前往"两弹城"（中国工程物理研究院院部旧址），上了一次特殊的思想道德修养与法律基础课。在"两弹城"内，一栋栋具有年代特色的建筑，一幅幅充满激情的图画，一条条红色的宣传标语，同学们身临其境，真切感受到了"奉献祖国、艰苦创业、团结协作、开拓创新"的"两弹一星"精神。这样的思想政治理论课，坚持理论性和实践性相统一、知识性和价值性的统一，实现了"思政小课堂"与"社会大课堂"有机结合。

（四）积极建设第二课堂网络学习平台

新媒体时代背景下，要依据00后的大学生的个性特点，积极建设网络学习平台，构建线上学习和线下讨论、自主学习和协作学习的全方位学习过程。一是构建SPOC和天府云平台，学生能够随时随地展开自由讨论和学习总结；二是构建"学生风采"网络平台，展示学生的创新作品、优秀学习成果、第二课堂调研报告等，以朋辈间榜样示范的方式达到育人效果；三是通过校网、微博、微信等公众平台及时报道、更新时政热点，根据教学内容建立主题系列报道活动，鼓励学生关注国家时事政治，深化学生对党和国家方针政策的认识，坚定理想信念教育。如开展"纪念红军长征80周年"、"纪念改革开放40周年"、"纪念五四运动100周年"、全国两会系列报道以及经典文献分享等。最后，辅之以TFinfo、QQ等方式，进行个性化教育与辅导，了解学生学习过程中的困惑、成长中的烦恼，及时有效地为学生答疑解惑。

第二课堂作为第一课堂教学的延伸拓展，形式多样，参与性强，符合00后青年学生的性格特点和发展规律，在教学相长中实现师生双向互动、协同创新，促进建立思想政治理论课全方位、立体化的教学模式，增强新时代思想政治理论课的教学效果，有助于引导大学生成长为中国特色社会主义事业的合格建设者和接班人。

参考文献：

［1］张春和. 新时代高校思想政治理论课实践教学体系的探索与构建：兼论"2018新方案"基本要求的落实落细［J］. 学校党建与思想教育，2018（17）：57-60，64.

［2］陈东. 高校思想政治理论课第二课堂的实施路径［J］. 闽江学院学报，2018（4）：98-102.

［3］李慧. 高校思政课第二课堂创建途径探索［J］. 新西部，2019（1）：149-150.

民办高校辅导员师德师风建设的路径研究

刘　秀

摘要：高校辅导员是学生思想政治教育的主力军，在学生成长成才中发挥着重要作用，民办高校辅导员的师德师风建设是一个不容忽视的问题。本文通过文献分析、抽样调查、访谈等方法，分析民办高校辅导员队伍的特点，师德师风建设的重要意义，以及目前存在的问题，为民办高校辅导员师德师风建设的路径提出一定的建议。

关键词：民办高校；辅导员；师德师风

加强师德师风建设是深入贯彻落实全国教育大会精神，扎实推进《中共中央、国务院关于全面深化新时代教师队伍建设改革的意见》的必然要求。辅导员是高校思想政治教育的骨干力量，其师德师风直接影响着学生的健康发展。加强辅导员师德师风建设是民办高校面临的一项重要任务，对民办高校提升教育质量和人才培养水平具有十分重要的意义。

一、民办高校辅导员队伍的特点

民办高校辅导员具备以下主要特征：一是队伍年轻，高学历，辅导员的年龄段集中在 25~35 岁之间，学历方面普遍为硕士研究生及以上，参与调查的辅导员中，本科学历的仅为 12%；二是缺乏工作经验，大部分都是刚毕业便走上了辅导员的工作岗位，缺乏一定的经验和技巧；三是专业混杂，民办高校的辅导员为非思政教育、管理或心理类专业的占调查人数的 54%，有的专业和学生工作毫无关系，比较缺乏专业的知识和技能。

二、民办高校辅导员师德师风建设的意义

（一）师德师风建设是发挥民办高校育人目标的重要环节

民办高校作为高等教育事业的重要组成部分，在育人的过程中发挥着越来

越重要的作用，其师资队伍的道德和理论水平，直接影响了高校的精神面貌。民办高校辅导员队伍年轻，专业不一，高校必须把加强辅导员师德师风建设作为提高教学服务质量的重要一环，才能有利于树立良好的口碑，为高校可持续发展打下坚实的基础。

（二）师德师风建设是新时代广大教师落实立德树人根本任务的新要求

辅导员是高校思想工作的骨干力量，肩负着德育的重任，要真正做到"学为人师，行为示范"，必须不断加强自身的品德修养。一名师德优良、作风正派的辅导员有助于学生树立正确的世界观、人生观、价值观，会成为学生学习的榜样、行为的模范。

（三）师德师风建设是辅导员自身职业发展的需要

辅导员要取得职业上的发展，需要不断提升个人的业务水平和工作能力，加强理论知识的学习和个人素质的培养。良好的师德师风、强烈的责任感、爱岗敬业的精神，正是辅导员追求进步的内在动力。只有树立自己正面的形象，提升个人魅力，获得学生的尊重和认同，才能更好地开展工作，获得职业的发展。

三、民办高校辅导员师德师风建设的现状

通过问卷调查和走访，目前民办高校在辅导员师德师风建设中的主要问题如下：

（一）辅导员对师德师风的要求不够明确

在所调查的民办高校辅导员中，表示非常了解师德师风要求的仅占 23%，大部分辅导员对相关要求只是基本了解。民办高校的辅导员大部分都是毕业后直接进入高校，缺乏一定的职业经验，更多的凭自己对职业的主观理解来决定自己工作的方式方法，在工作中容易缺乏耐心和责任感。

（二）辅导员工作中的权责划分不明

由于民办高校自身的性质不同，辅导员的工作内容交叉烦琐。在调查的辅导员中，有 62% 的辅导员需要协助和配合 5 个及以上的部门的工作，出现高校各部门工作的落实都要经过辅导员牵头完成或者参与完成的情况。过于烦琐的工作内容导致辅导员大部分精力投入到了日常的事务性工作中，而在自身道德素质的提升和思考方面比较缺乏，在做好学生思想政治教育工作和学生思想的引路人方面发挥的作用则非常有限。

（三）辅导员对学生的关注度不够

在辅导员的带班情况调查中，有 54% 的辅导员带班量在 200～300 人，有 35% 的辅导员带班量超过 300 人。同时，有 92% 的辅导员需要承担除本职工作以外的其他行政工作。而从学生层面的调查也发现，大部分学生都认为自己的辅导员工作太多，只能更多地把精力放在部分重点学生中，集中开展思想政治教育和班团建设的力度不够。

（四）辅导员对职业的归属感较低

在接受调查的辅导员当中，仅有 4% 的人对目前的工作状态非常满意，54% 的辅导员只是一般满意，有 19% 的辅导员对目前的工作不满意。这与高校在辅导员的职业发展上的局限性有一定的关系，65% 的辅导员认为职业发展空间有限，而另外 27% 认为没有什么发展空间。在是否希望转岗的调查中，希望转教师岗的占到了 65%，希望转行政岗的为 23%。

（五）高校在辅导员师德师风方面的考核不明确

目前，民办高校在辅导员的考核方面都制定了一定的考核细则，但是将师德师风纳入考核中的落实还不到位。虽然参与调查的辅导员中有 81% 都反馈自己所在的高校将师德师风纳入了辅导员的考核中，但是其中有 62% 的辅导员认为考核的标准不明确。对于辅导员的考核更多的是凭主观的了解和认识进行评定，缺少完善的打分制度和客观的数据支撑，不利于调动辅导员师德师风建设的积极性。

四、民办高校辅导员师德师风建设的路径

结合以上民办高校辅导员师德师风建设的现状，对进一步加强和完善辅导员师德师风建设，提出以下四点建议：

（一）明确岗位职责和要求，合理安排工作量

对于辅导员的岗位职责做进一步的明确，结合辅导员的实际工作内容，提出具体的要求，并将规定落实到的日常工作中。利用现代信息技术探索更加高效的部门协作的途径，明确各自的职责分工。严格按照不少于 1∶200 的比例配置辅导员，更好地发挥出辅导员服务育人的作用，更加精确、全面的关心关怀学生，将思想政治教育工作落到实处。

（二）建立师德师风建设长效机制

师德师风建设不是一朝一夕的事情，应建立相应的长效机制，通过多途径、

全方位的制度落实，定期开展形式多样的主题培训、专题讲座、政策解读、交流分享，明确学习的时间和频率，严格规定学习的成效。发挥正面积极的引领作用，将师德师风建设作为一项长期的重点工作，常抓不放。

（三）明确辅导员师德师风奖惩措施

要求明确，奖罚分明，树立典型，学习先进。民办高校在考核方面，应全面考查师德师风方面的表现，量化考核指标，明确师德师风在考核中所占的比例和分值。通过多途径、全方位的收集信息，更加客观地反映辅导员的表现。经常组织优秀辅导员的交流分享活动，形成师德师风学习的良好氛围。

（四）打通辅导员职业发展壁垒

良好的职业发展空间和职业归属感，是保持辅导员师德师风建设的根本。高校在辅导员的职称评定、个人提升等方面，通过多种方式提供相对宽松的环境和更广阔的发展空间，让辅导员对未来个人的职业发展充满信心，也就能更好地以饱满的热情、敬业的态度投入育人的工作中。

五、结语

民办高校辅导员师德师风建设是新时代对教师队伍建设的新要求，高校的发展需要将辅导员师德师风建设放在十分重要的位置上，通过制度的完善、责任的明确，改善目前辅导员师德师风建设中的不足。同时，建立一支作风优良、品德高尚的辅导员队伍是一项需要长期坚持的艰巨任务，辅导员自身也应该增强育人的责任意识，全面提升自己的综合素养，以良好的师德师风为教育事业的发展奉献自己的一份力量。

参考文献：

[1] 方玥，王安庐. 新时代高校辅导员师德建设工作存在的问题及路径探析 [J]. 教育现代化，2019（6）：69-70.

[2] 邱续荣. 新时代民办高校辅导员师德师风建设的对策研究 [J]. 科教导刊（下旬），2019（7）：78-79.

[3] 程清. 新时代加强高校辅导员师德师风建设路径探析 [J]. 沈阳干部学刊，2018（3）：47-49.

[4] 于晓威，付巍. 加强高校辅导员师德师风建设有效途径的探索 [J]. 学理论，2016（4）：201-202.

[5] 张冬冬. 浅析民办高校辅导员师德师风建设：以长春建筑学院为例

［J］．现代经济信息，2016（3）：406.

［6］汪淅锋．民办高校辅导员师德师风建设的问题及对策研究［J］．科技经济市场，2015（4）：84.

基于闭环理论的高校辅导员与专业课教师协同育人机制研究

彭雯秀　马　俊　黄　丹

摘要：本文深入剖析并阐述了构建辅导员与专业课教师的协同育人闭环系统的作用，通过梳理协同育人体系中涉及的所有教育教学环节，将闭环理论中的闭环管理环节与教育教学环节有机融合，构建了高校辅导员与专业课教师的协同育人闭环系统。

一、引言

自 2016 年习近平总书记提出"三全育人"以来，国内学者针对高校辅导员与专业课教师协同育人相关内容开展了广泛而深入的研究，根据研究内容的不同，可以大致分为三个方面：第一，辅导员与专业课教师协同育人意义及必要性分析；第二，辅导员与专业课教师协同育人模式、策略、机制研究；第三，辅导员与专业课教师协同育人实践路径探索。

目前研究的焦点集中在分析辅导员和专业课教师协同育人方法、机制、策略和途径上，而研究支撑这些方法、机制、策略和途径的理论较少，特别是协同育人机制顶层设计的系统性理论几乎未有涉及，使得这些研究内容所涉要点整体上呈现出零散、不成体系的特征，从而导致了真正落地的实践较少，最终使得现阶段的协同育人实效不明显、成果不显著。为了解决高校育人各环节、流程、模式优化研究中缺乏系统性理论支撑的问题，不少学者[1][2]已经将管理学中的闭环理论引入其中进行研究，从而对教育教学、人才培养相关理论起到了有力的支撑，同时也对其实践路径的成功探索起到了指导作用。

二、基于闭环理论的高校辅导员与专业课教师协同育人机制的作用

闭环理论在教育教学、人才培养的理论研究与实践应用方面都体现出了特有的动态适用性和有机融合性，通过将闭环理论引入高校辅导员与专业课教师

协同育人机制的研究中，将在以下四个方面凸显作用。

（一）完善协同育人理论体系

基于闭环理论进行辅导员与专业课教师协同育人机制的顶层设计，进一步完善以协同理论为基础的协同育人理论体系，推动辅导员与专业课教师切实发挥育人合力，提升协同育人工作的针对性和有效性。

（二）挖掘协同育人动力机制

基于闭环系统的自生动力机制和良性循环机制，充分挖掘辅导员和专业课教师协同育人的主动性与积极性，推动整个协同育人系统的不断迭代更新与自我优化。

（三）支撑协同育人实践路径

基于闭环理论的协同育人理论体系中所涉及的计划、执行、检查评价及反馈行动等闭环管理环节与课堂教学、实践教学、党团活动等教育教学环节的有机融合将为辅导员和专业课教师协同育人实践路径的探索指明方向。

（四）创新人才培育体系

基于闭环理论进行辅导员与专业课教师协同育人机制为闭环理论在"三全育人""课程思政"中的应用奠定坚实基础，进而形成一个以学生为中心的自我迭代、自我优化、自我更新的中国特色社会主义新时代的创新人才培育体系。

三、基于闭环理论的高校辅导员与专业课教师协同育人机制的构建

通过引入闭环理论到协同育人机制中，将闭环管理环节与教育教学各环节有机融合，构建出高校辅导员与专业课教师的协同育人闭环系统，如图1所示。

（一）课堂教学环节协同

专业课教师主导，辅导员协同。专业课教师进行课程计划和课程执行，在执行过程中，辅导员通过谈话、问卷调查等形式对课堂教学进行检查评价，并及时将学生对于课堂教学情况的意见和建议反馈给专业课教师，促进课堂教学的不断优化改进。

（二）实践教学环节协同

专业课教师主导，辅导员协同。辅导员从学生管理的角度协助专业课教师做好实践教学的计划，二者共同参与到教学执行中，辅导员通过谈话、问卷调查等形式对实践教学进行检查评价，并及时将学生对于实践教学情况的意见和建议反馈给专业课教师，并及时汇总解决实践教学环节中出现的学生管理问题，

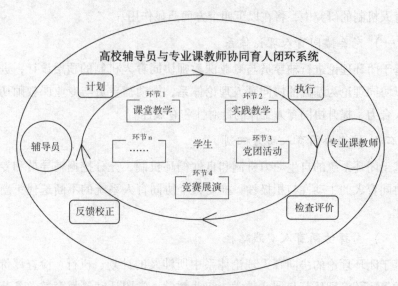

图1 高校辅导员与专业课教师的协同育人闭环系统

促进实践教学的不断优化改进。

（三）党团活动环节协同

辅导员主导，专业课教师协同。辅导员做好计划与执行，在计划过程中，专业课教师给予专业上的建议和意见，执行过程中，专业课教师积极参与，辅导员通过谈话、问卷调查等形式对党团活动进行检查评价，不断优化改进，使党团活动更加优质，更具吸引力。

（四）竞赛展演环节协同

辅导员主导，专业课教师协同。辅导员统筹竞赛展演的计划与执行，专业课教师在计划与执行过程中给予专业性指导，辅导员通过谈话、问卷调查等形式对竞赛展演的效果进行评价，不断优化改进，使竞赛展演效果更好，学生得到的锻炼更多。

综上所述，通过将闭环管理环节与教育教学各环节有机融合，明确环节中高校辅导员和专业课教师的协同机理，使得教育教学各环节自身形成了不断迭代改进的子系统，从而构成了高校辅导员与专业课教师的协同育人闭环系统。

四、结语

本文创新性地将管理学中的闭环理论引入到了协同育人机制研究中，完善和丰富了以协同学为基础的协同育人机制理论方法，构建的辅导员与专业课教师的协同育人闭环系统将协同主体、协同内容、协同环境和协同机制融于一体，促进了协同资源的合理配置和有效利用，促进了协同主体之间的自我协调和良性互动。

参考文献：

［1］王志远，田康辉，姜顺达，等. 本科生导师制人才培养模式的探索与优化：以东北大学秦皇岛分校功能材料专业为例［J］. 高教学刊，2021（10）：155-159.

［2］曲双红，孟令显. 借助雨课堂，创新构建"教、学、考、评"闭环教学模式［J］. 教育现代化，2019（85）：268-271，278.

构建"4个2"网络育人体系

——高校思政教育立体格局的探索与实践

王晓峰

内容介绍：为适应"互联网+"时代的思想政治工作特点，学校坚持面向思政课教学、面向学生社会主义核心价值观引领（"2个面向"），明确网络道德教育、网络安全观教育"2个目标"，融汇思想政治理论课、第二课堂"2个课堂"，打造网络教学平台、新媒体"2个平台"，形成"4个2"网络育人体系，并通过多维度的实践育人路径，推进思政教育与网络多媒体深度融合，从而实现显性教育和隐性教育相统一。

一、项目主题和思路

在"互联网+"的社会背景下，以移动互联网为代表的新媒体新技术的发展方兴未艾，网络平台成为高校思政教育的重要阵地。习近平总书记强调，我们的党过不了网络关，就过不了长期执政这一关。谁赢得了互联网，谁就赢得青年。如何实现思想政治工作同网络信息技术融合发展，推动思想政治理论课改革创新，这是思政课教学一项重大而长期的课题。

面对互联网发展呈现的新特征、新趋势和思想政治工作面临的新挑战，西南财经大学天府学院围绕立德树人中心任务，发挥学校特色优势，以问题为导向，关注当代学生的思想特点、兴趣和需求，经过五年的探索实践，构建出"4个2"网络育人体系。即通过坚持"2个面向"（面向思政课教学、面向学生社会主义核心价值观引领），明确"2个目标"（网络道德教育、网络安全观教育），融汇"2个课堂"（思想政治理论课、第二课堂），打造"2个平台"（网络教学平台、新媒体），形成时代性、实效性与长效性相融合的立体化思政育人格局。

二、实施方法和过程

（一）坚持"2个面向"——网络思政工作的出发点

天府学院把网络思政工作有机融入高校思政教育主航道。一是面向思想政治理论课教育教学实践，科学合理高效地利用多媒体平台，创新思政教育的理念、内容、载体和方法。二是面向学生的社会主义核心价值观引领，服务于学校应用型人才培养目标和立德树人根本任务。"2个面向"统筹兼顾、相辅相成，真正把思想政治工作贯穿教育教学全过程，实现全程育人、全方位育人。

（二）明确"2个目标"——网络思政工作的着力点

天府学院网络思政工作：一是着力提升学生网络道德素质，引导学生绿色上网，认清网络谣言、抵制错误言论，杜绝网络低俗信息。二是切实加强学生的网络安全知识教育，提高学生安全上网意识。

（三）"2个课堂"+"2个平台"——"四象限"实践育人多维路径

天府学院以"2个面向"为出发点，以"2个目标"为着力点，通过融汇"2个课堂"的"纵向渠道"和拓展"2个平台"的"横向渠道"，形成"四象限"实践育人多维路径。

1. "Ⅰ象限"：第一课堂+网络教学平台

天府学院通过线上线下相结合，创新思政课的形式和载体。比如形势与政策课程中，运用超星强大的云教学资源和"学习强国"资源，建立习近平新时代中国特色社会主义思想、"一带一路"、中美贸易战等专题信息化资源库。学生可以在线观看教学视频、书籍资料，创建学习小组，完成课程作业，参加话题讨论。通过制定规则，对学生的恶意刷贴、发表不当言论、极端思想和负面情绪进行引导、批评或者扣分警示，提高学生在虚拟空间的责任道德意识。

2. "Ⅱ象限"：第一课堂+新媒体

天府学院充分利用新媒体资源在课程教学中的灵活性和多样性优势。思想道德修养与法律基础课程中，通过观看国庆70周年阅兵式，开展"中国精神"为主题的小班实践课。通过正反两面网络行为的案例对比，引导学生树立正确的网络"三观"；批判性思维课程中，通过分享"瑞典警察粗暴对待中国游客事件""重庆万州公交车坠江事件""成都七中实验中学食堂卫生安全事件"等网络热点事件的传播过程，进行网络信息甄别案例教学，培养学生合理怀疑、避免盲从的思维品质。

3."Ⅲ象限"：第二课堂+新媒体

天府学院借助官方微博、微信公众号和微博超话，开展线上活动，宣传正能量，展现当代学生风采。比如官方微信公众平台进行寝室大比武、"最美校园"斗图大赛评选，"I-SHOW"舞社舞动嘉年华朋友圈集赞活动等；利用抖音平台直播"理想杯"法治辩论赛等。针对网络发展新业态，学校举办了"5G建设与社会主义制度优越性"书记校长大讲堂，围绕大学生网贷、微信和支付宝等移动支付信息保密、认识电信诈骗等问题开展主题班会，举行辩题为"过多的网络支付是否会淡化人们心中对金钱的认识度"的第六届"Crazy Talk"花式辩论赛，推出国家网络安全宣传周校园日系列活动等。

4."Ⅳ象限"：第二课堂+网络教学平台

2015年，天府学院纳入四川省31所首批易班建设高校试点单位，天府论坛报名系统成为学校易班平台的特色应用。学生根据专业与兴趣网上报名，易班工作站后台统计人数，合理安排讲座场地。依托移动App，第二课堂信息直接传递到学生个体，通过收集学生参与各项活动和比赛的记录，生成学生"第二课堂成绩查询"，促进学生及时查漏补缺；针对学生的多元需求，开发"天府同行""消费点赞""教学满意度""校长信箱"等栏目，开拓网络育人新平台；增设"学术报告直播"栏目，学生可以在线观看天府论坛直播，为没能进入现场的学生提供学习机会。2019年，学校超星云教学平台全面使用，第二课堂资源从校内延伸至校外，通过主题讨论、微访谈、学生网络心理引导等形式，超星平台成为"2个课堂"联动的重要桥梁。

三、主要成效及经验

（一）营造第一课堂与第二课堂相互优化的教学新格局

天府学院通过融汇"2个课堂"，建立了"学习—反思—提升"的互动生成式教学模式；产生理论学习小组，在学生中起到了典型示范的作用；"主题讨论"和"微访谈"成为深受学生喜欢的第二课堂优秀品牌；对于表现突出的学生，还可加入老师的科研团队，实现个性化辅导教育。

（二）思政教育与网络多媒体深度融合，构建网络意识形态引领新机制

天府学院依托"2个平台"，牢牢掌握网络意识形态工作主动权，用社会主义核心价值观引领青年学生成长。一是组建以辅导员、思政课教师和学校宣传中心为主的工作队伍，通过网络空间研判学生思想动态；二是发掘大学生自我

教育的主体作用，指导学生参与正能量的网络互动，形成学生在实践中体验生活、培养人格、朋辈学习、自我反思的新型网络育人机制，引导学生在热点事件中积极发声，旗帜鲜明地批驳错误言论。

（三）提升思政教育的亲和力和针对性，实现显性教育和隐性教育相统一

2017 年，《教育导报》以"西南财经大学天府学院信息化渗透育人全过程"为题报道了学校信息化教学建设成效。天府学院"4 个 2"网络育人体系贯彻因材施教的理念，让学生主动选择，私人定制，发挥所长、关注所爱、倾其所感。2018 年，学校金融专业学生曹天骄发明多功能防盗抢的挎包，获国家专利；2019 年，曹天骄又发明了手机防盗防丢装置并申请了专利。学生通过网络隐性地接受教育，自觉将自媒体信息与教学内容联系起来，增加驾驭知识的能力，让思政教育入耳、入脑、入心。

高校学生党建工作机制创新路径研究

康禹熙

摘要：高校学生党建工作是高校育人工作的重要组成部分，在新时代的背景下，学生党建工作面临着全新的挑战。在当前的高等院校的学生党建工作中，要贯彻落实习近平新时代中国特色社会主义思想，通过宣传的方式，让大学生树立坚定的社会主义核心价值观，坚持共产主义信念，将实现中国伟大复兴作为目标，建立为人民服务的思想。本文对高校学生党建工作机制的创新路径展开了讨论，阐述了高校学生党建工作的特点、意义及现阶段存在的问题与新挑战，提出了几点创新的策略，以供相关人员参考，共同营造一个良好的高校校园风气。

关键词：高校学生；党建工作机制；现状；创新路径；策略

随着经济社会的不断发展与高等院校的深入改革，对当前学校的党建工作提出了新的要求，同时对学生党员的工作提出了全新内容。高校学生党建工作是通过党员学生的力量带动整个校园的风气，通过多种途径宣传政治理念，培养合格的社会主义建设者。就当前的党建工作而言，宣传内容、宣传方向都需要快速改革，结合时代发展的背景，创设全新的方向和策略，坚持科学发展观的理念，积极探索适应新形势的思路与做法，提升大学生党建工作的效果，培养出更多优秀的人才。

一、高校学生党建工作的特点

高校学生党建工作的对象主要是指高校学生入党积极分子、学生党员。其目的是利用学生党员的先进性，带动其他学生建立正确的价值观念，从而促进多项工作的蓬勃发展。一方面，高校学生党建工作内容高等教育管理活动。作为高等院校的重要组成部分，党建工作对高校的发展具有重要的指导作用，是一种以学生角度出发的校务教育管理工作；另一方面，学生党员的自我教育是党建工作的重要表现，能够通过自主学习的方式保证学生党建的正确发展方向。最后，学生党员能够调动学生的积极性。在党建工作开展的时候，学生能够具有极强的活跃度，并保证工作的民主氛围，促进高校工作的蓬勃发展[1]。

二、高校学生党建工作的意义

青年作为推动历史发展和社会前进的重要力量，为更好地建设社会主义现代化中国，将优秀的大学生加入党组织中来，能够更好地推动社会的蓬勃发展。因此，高校学生党建工作的展开有着非常积极的作用。首先，加强学生党建工作，能够贯彻落实国家的重要思想，通过学生党员的宣传和实施，可以带动大批大学生在政治和学业上不断地进步，创造更多优秀的人才；其次，加强党建工作，能够实现党的育人目标。高校具有传播先进文化的作用，也是先进生产力不断发展的源泉，对国家和社会未来的发展有着非常重要的作用，通过学生党员加强大学生的思想建设工作十分重要；最后，学生党建工作的展开，能够对大学生思想政治教育起到基本的保障。党组织作为学校改革、发展的核心部门，伴随着学校规模的不断扩大，大学生党建工作能够将党员的思想建设放在首位，带动其他学生思想意识的提高，共同推动社会主义的蓬勃发展[2]。

三、高校学生党建工作的问题

（一）缺乏长效管理机制

观察当前的高校学生党建工作现状，还存在着诸多的矛盾，其主要体现在以下几个方面：第一，党建工作的人员较少，大部分工作者承担多项职务，和学生党员的数量不成正比，在工作内容上出现不协调的情况，影响工作的整体质量；第二，工作人员的流动性较大。学生党建工作作为自学的学校教务管理系统，队伍建设意识差，专业性不够强，和新时期的工作内容不协调，发展无法出现同步提升的情况，并对新情况无法快速地展开调查和研究，缺乏应对措施和处理经验，校方也缺乏明确的管理机制[3]。

（二）领导缺乏工作重视

部分高校对学生党建工作的展开还缺乏重视，甚至个别院校存在着不小的偏见。学生党员作为学校的优秀青年代表，利用他们的力量开展党建工作，能够提升工作战略部署的效果，通过学生的身份带动其他大学生的意识，营造良好的校风、学风，有着非常积极的作用。但由于领导意识的缺失，对这一组织缺乏重视，导致学生党建工作展开的时候存在着诸多的问题。如在"硬指标"

上，要求学生、教师将教学建设、科研成果放在首位，轻视学生组织的"软指标"，形成资源分配不均的情况；此外，经费投入有限，虽然各方面给予了一定的支持，但结合当前的社会进程与发展方向，还具有很大的差距，造成了一些不良影响，影响整体的工作质量。

（三）工作研究不够充足

高校学生党建工作的运行方式，是要求学生展开各项活动，和各个环节相互制约、相互约束，达成宣传、落实政策的效果。当前学生党建工作质量不高，研究的内容不够充足，尤其在方针和策略上的引导，标准把握不一致，对现实分析的情况不充足。还有在学生党员的工作内容中，对理念了解不够透彻，对一些全新的政策和方针理解有限，在工作中产生了一些矛盾，造成不良后果。

四、高校学生党建工作的新挑战

（一）新时代使命感挑战

在社会快速发展的背景下，教育体制也在不断地更新与改革，面对复杂的社会氛围和各种诱惑陷阱，大学生存在着理想信念危机的情况，不同学生入党动机多元化，缺乏党员工作意识与强烈的使命感，给院校的党建工作提出了不小的难题。在这一挑战下大学生党建工作的内容要积极应对，调整目标、任务、思路、教育途径等多方面的内容，快速地做出改善措施。第一，发展大学生党建工作，不仅仅是为了将优秀的人才纳入党组织中，而是将促进大学生的全面发展作为工作的根本任务；第二，要充分发挥出学生党员的带头作用，让他们在工作实践中得到能力的提升，提高思想境界；第三，活动的展开要贴近学生的生活，保证工作内容的实效性，在严肃的基础上保证内容生活趣味，实现以团建促党建，以党建带团建的目标。

（二）校风学风建立挑战

在高校的学生党员中，入党积极分子和学生党员是校园内的优秀人才，在思想道德、科学文化、心理素质等方面，都体现了学校的良好风貌，更是教育成果的展现。因此，在新时代的背景下，青年作为担当国家社会发展的栋梁，利用学生党建工作带动校风、学风的建设，也是全新的挑战。学生党员是党的重要接班人，是党组织工作中的重要部分。因此，通过学生工作，建立良好的校风学风，是当前党员工作的重点内容，也是在新时代背景下对学生、党建工作、党组织的全新挑战[4]。

五、高校学生党建工作机制的创新策略

(一) 打破传统宣传党建知识的方法

高校党建工作的展开，"人"是核心，也是工作的本质特点，但同时这也是高校学生党建工作最难的一点。在传统教育中，注重单方面的输出，学生作为信息的接受者，通过讲座、集体培训、学习的方式，长时间处于被动学习的状态，教育效果并不明显，其中党建工作也一样如此。但是受网络技术和经济的快速发展，传统的教育模式快速转型，主动学习和交流成了当下时代中最有效的教育手段。基于此，在学生党建工作创新路径的背景下，应当打破传统的宣传方式，使用主动学习、主动接触的方式开展工作，会产生非常积极的作用。

因此，在进行党建工作时，应当建立与学生信息交流方面的平等关系。展开内容宣传、政策落实时，应当做到交流和讨论，不得强制性地让学生去学习和分析，而是使用平等对待的方式，在工作中尊重学生们的想法，在互动中完成工作内容，突破传统教育或工作内容的弊端，这对于提高高校党建工作能够起到非常积极的作用。

与此同时，各大高校要充分掌握学生党建工作的规律，要保证"紧扣核心抓党建，紧抓党建促发展"的思想，让学生党建工作达到预期的工作目标。如在开展工作时，要突破原有的方式和内容，具有良好的大局观念，不能因为党建而开展工作，要保证工作的范围和目的，不能局限于小部分元素上。在服务观念上也要及时地进行转换，在高校的发展进程中，学生党建工作要充分明确自身的定位，保证各方面、各环节流程的有序展开，形成良好的凝聚力，对宣传工作十分有利。

(二) 不断提升学生党员的综合素质

在网络时代的背景下，各种先进的设备和技术给学生党员提供了更多的选择，也拥有了较强的灵活性和实效性。在快速发展的时代背景下，学生党员应当做到与时俱进，在信息社会中不断地提升自身的综合素质，通过新媒体工作的原理和方式，加强信息传播的规律，选择最适合本校的方法，坚实党建工作根本任务，强化学生党员的综合素养。

如在开展党建工作时，学生党员可以抛弃原有的工作方式，选择一些先进的信息技术开展工作，提高了信息的传播效率、范围、速度，并增加阅读量，提升工作效率达成工作目的。如在现阶段的工作氛围中，学生们虽然能够通过微信、App 等途径获得相关内容，但是信息质量得不到保证，学习和吸收的效

果具有较大的差异性，甚至还有部分学生受舆论影响，出现了观点不同、立场不同的情况，反而给学生党建工作增添了难度。针对这种情况，应当加强学生党员的综合素养，建立一支高质量、高水平的工作队伍，在队伍的带领下，合理地对工作内容展开分工，优化工作流程，全员保持着坚定的政治思想，学习先进的政治理论。

同时，学生党员应当具有先进的开放观念。青年作为国家社会发展建设的重要组成部分，在提升综合素养的同时，应当快速地适应时代的发展要求，根据我国的具体国情与本校的实际情况，积极落实并创新各项理念，在加强素养的同时密切联系外界发展趋势，丰富工作内容与方式，保证工作开展和时代发展的同步进行[5]。

（三）创新党建工作坚持科学发展观

在社会快速发展、政策不断更新的背景下，科学发展观是党与国家提出来的重点理论，其讲述了如何发展、实现科学发展的理论，对不同的问题展开了深入剖析，是当与国家在发展和创新中的新型引导思维。因此，在高校创新和发展的过程中，应当将科学发展观作为基础的导向，在开展工作的同时要坚持这一基础理论，带领大学生深入领略这一理念的重要性，确保高校学生党建工作不断地创新，更具有时代发展的特色。

高校学生党员具有特殊的身份，其代表着学校先进思想的面貌，他们肩上担负着国家的未来和人民的希望，创新党建工作内容，也是为了更好地培养优秀的人才。基于此，首先，在开展学生党建工作时，要坚持科学发展观，充分展示出学生党员的引领作用，利用舆论优势宣传全新的理念与政策，提升园内整体的思政效率，充分展示出思政工作的积极统领作用。其外，开展学生党建工作在面对新问题时，要展开科学的研究，结合具体情况和实际问题进行全面的分析，并制定有效的处理对策，实现新方法、新路径的强化建设，保证学生党建工作的有效性。最后，党建工作属于耗时长的工作，想要进一步完善内容，需要多方面的共同协商和努力。科学发展观揭示了党建工作的方向与态度，因此在创新学生党建工作的同时，应当将自身持续发展作为导向，确保发展与创新的同步进行，对新问题提高重视，理性的分析其原因、情况，从多方面、多因素展开教学工作活动，为高校的持续发展做准备，在工作中感悟到全新的内容，在创新中获得能力的提升。

（四）丰富党建工作内容及工作载体

党建工作的展开，应当充分利用好自身的优势，挖掘周围可利用资源，丰富工作内容与载体，更好地推动工作的顺利展开，达成预期的工作效果，做到学生能力的提升和工作质量的保证，实现工作内容的可持续性发展。

一方面，党建工作可以开展一些有意义的活动。如在一些纪念日、公益活动中，可以开展一些与党和国家有深远意义的活动，使用实践的方式鼓励学生加入常规教育的工作中。这种方式能够丰富工作形式，打破传统的死板性，让党建知识在严肃的基础上具备活泼生动的特点，将基层党组织的基础作用发挥出来，保证工作内容的有效性，带动全体学生的意识，并通过实践的方式拉近学生和党员之间的关系，形成良好的影响力，确保基层组织工作的专业性。除此之外，还要做到多方面的联系沟通，通过不同渠道与其他活动进行有效结合，扩大工作规模，延伸到多个领域中，实现党建组织及新路径的有效拓展。

另一方面，要把学生党建平台和思政工作机制标准进行有效的融合。学生党建工作应当和思想政治工作做好协调，二者相互影响相互帮助，为同一个目标努力，不断地完善人员意识和组织力量，将社会主义核心价值观作为基础理论，将共产主义作为终极目标，促进学生党员的政治觉悟进一步提升，更好地推动社会的发展，提升党建工作的实质，成为合格的社会主义接班人。因此，高校学生的党建工作要丰富内容、转换载体、发动多方面的优势，相互配合、共同进步，实现预期价值与目标，有效地达成工作创新。

（五）延伸二级学院的党建服务功能

优秀大学生纳入党组织工作中，进一步完善了工作队伍，增强了党的先进性，提高了整体战斗力，全面夯实了党的群众基础。因此，为达成创新工作的目的，可以将工作内容延伸到二级学院中。首先，高等院校的二级学院要将原有的党建活动进行延伸，扩充到学生们的生活社区，如公寓楼、公共休息区域等，通过环境的改变带动学生意识的提升，加强学生的党性意识，通过相关的文件、政策增强学生的责任心、大局观，树立文明新社区，促进学生意识的增强。还可以将学院的相关活动和社区的党建活动进行组合，通过实践活动加强他们的认识，提升党建工作的效率，确保党建工作的有效性。其次，在党建工作展开的时候，要本着"三全育人"的教育理念。在开展相关工作时，要通过申报、评估、立项、结项等途径，完善各方面的制度与政策，如党员干部与学生一同展开基层党建工作，达成共同参与、资源共享的模式，创设全新的学生社区，提升整体的工作效果。最后，二级学院要加强对内容的重视，将学生党员作为主体，引入一些公益活动的项目，在寝室楼和公共区域开辟一个独立的空间给学生提供良好的服务，形成良好的爱心引领、党团引领、标兵引领的文化氛围。

六、结语

综上所述，对高校学生党建工作创新路径展开了讨论，阐述了高校学生党建工作的特点、意义及现阶段存在的问题与新挑战，从不同的角度出发提出了几点教育策略，以便构建更好的校园风气。党建工作作为高校的重要组成部分，院领导应当加强对工作内容、方式的重视，充分发挥出学生党员的作用，结合时代发展的进程，贯彻落实多种教育理念，确保社会主义大学育人目标的实现，督促学生在宣传、弘扬工作中突出政治理念，不断地强化他们的意识，让在校大学生在政治与学业上不断进步，培养出优秀的核心竞争人才。

参考文献：

[1] 陈俊. 红色文化教育促进高校学生党建工作的路径研究 [J]. 长沙大学学报，2020（1）：23-27.

[2] 王立成. 论以学生为中心的高校学生党建工作创新 [J]. 学校党建与思想教育，2020（3）：50-52.

[3] 杨娜. 课程思政与高校学生党建工作协同育人实践方略研究 [J]. 湖北开放职业学院学报，2020（5）：82-84.

[4] 范沁，陈一祥. 新时期高校学生党建工作探讨 [J]. 平顶山学院学报，2020（3）：6-9.

[5] 太扎姆. 高校学生党建工作面临的问题及创新实践 [J]. 西昌学院学报（社会科学版），2020（3）：28-31，77.

中华茶文化课程对大学生人文素养提升的路径研究

彭蜀鸿

摘要：高等教育已进入大众化时代，当今社会的人才竞争是专业知识和人文素养的综合竞争。茶文化作为中华民族优秀传统文化的组成部分，具有深厚的人文底蕴，将中华茶文化纳入高校课程体系中，不仅能塑造出大学生的人文素养，还能显著的增强和提升其综合素质，这对增强学生的社会竞争力以及未来发展有着极其深远的意义。本文将根据中华茶文化课程对大学生人文素养提升方面的影响进行讨论，希望能探索出其实现路径和保证茶文化课程教学设计的有效性。

关键词：中华茶文化；大学生；人文素养；提升路径

一、引言

一个大国的发展与崛起，既需要经济等硬实力的提高，也需要思想文化等软实力的提高。一个国家国民的人文素养是一个国家文化软实力的根基。当代大学生作为国家未来软实力提升的希望，其人文素养的高低将直接影响着整个国家人文素养的高低。人文素养对于大学生自身的成长和整个社会的良性发展都有着十分重要的意义。然而，一个较为现实的问题是，大部分高校也还未能制定一套切实可行的人文素质教育计划，当前我国大学生的人文素质还不够高[1]。鉴于此，本文希望通过对中华茶文化在大学生人文素养培育中的意义及作用进行分析讨论，借此，探讨出茶文化课程对大学生人文素养提升的实现路径，进而为提升我国文化软实力，树立社会主义中国的良好形象，为推动中华文化和当代中国价值观念走向世界助益。

二、在高校开展中华茶文化课程的意义

大学生是祖国未来的建设者和接班人，更是中华民族五千多年来形成的璀

璨文化的继承者和传播者，肩负着祖国建设和民族复兴的伟大使命。在"快餐文化"的催动下如今的大学生纷纷追求新颖，追随潮流，张扬个性，中华传统文化正在他们这一代人心中淡化甚至是消失。中华茶文化作为中华传统文化的精髓，与中国传统文化体系兼容并包已有千年，其包含了诸多元素和内容，诸如美学、哲学、儒学、心学、医学以及古玩器具、传统服饰等。在高校开设中华茶文化课程，以中华茶文化为载体，能潜移默化地向大学生传递中华茶文化所蕴含的中华文化思想及哲学，这对培养大学生丰富的思想内涵、高尚的情操和良好的道德品质，提高大学生的综合人文素养有极其深远的意义。

茶道精神是中华茶文化的核心，在博大精深的中华茶文化中以茶为媒升华出来，成为一种精神内涵，并与产生于古老东方的儒、释、道思想融会贯通。中华茶文化作为一种内涵丰富的"慢文化"，其产生的精神力量，能消除当今社会各类"快餐文化"所带来的负面影响，有助于大学生摒弃浮躁，平衡心态，解决各种精神困惑，提高文化素养，以一种积极向上的心态去迎接学习和生活中的各种挑战。在中华茶文化的熏陶下，大学生会逐渐端正学习态度，明辨是非曲直，明确人生的价值与意义，把更多的时间用于探知与求索之中，不断丰富精神生活，发掘出中华优秀传统文化的思想精髓，树立正确的三观，全面提高人文素养。因此，在高校开设中华茶文化课程，用中华茶文化精神来陶冶性情，滋润心灵，帮助大学生养成良好的精神品格，培育出健全的人格，是高校人文教育中非常重要的一环。

三、中华茶文化在大学生人文素养培育中的作用分析

（一）有助于提升大学生群体的礼仪素养

当代大学生群体更加崇尚自由、个性张扬、思想活跃，对中华传统文化的了解知之甚少，这也是造成我国当前大学生群体整体礼仪素养呈现出下降趋势的一个重要因素。中国素称"礼仪之邦"，而受到中国礼仪文化影响的中华茶文化，也在发展过程中逐渐构建起了完善、系统的礼仪文化体系。因此，将中华茶文化融入大学生人文素养教育当中可以更好地培养大学生的礼仪素养。

茶为国饮，其早已渗透在人们生活的方方面面，不管是在招呼客人，还是在逢迎喜事，又或者是在商讨工作，都能看到茶的身影。也因此，人们在赏茶、泡茶、斟茶、奉茶等方面，逐步形成了一些约定俗成的礼仪要求。比如，为客人泡茶时要始终保持茶具及茶桌的洁净，不能拿不干净的茶具给客人泡茶，晚辈在为长辈斟茶时，晚辈需要双手给长辈斟茶，而长辈则需要等到晚辈坐下后

才能执杯共饮，这都体现出了主客、老幼之间互敬互爱的礼仪素养。另外，还有一些约定俗成的手势，敬茶的人和受茶的人通过这些约定俗成的手势动作，心照不宣的敬茶和回礼。大学生通过在中华茶文化课程中学习传统茶文化中的这些规矩和礼仪，有利于引导大学生群体对我国传统礼仪文化进行更为深入的了解与掌握，促使大学生群体在开展人际交往的过程中表现出更好的礼仪素养，继而提升大学生群体的人际交往能力，让大学生群体更好的知礼、懂礼与守礼。

（二）有助于培养和提升大学生群体的审美素养及创新能力

在文化多元化发展的背景下，大学生群体所具有的审美观也有了一定的变化，如何提升大学生群体的艺术审美修养和形成健康的审美情趣，实现大学生身心的和谐发展，是高校育人环节中的一项重要课题。对大学生进行人文素养的培育，其本质应集中在引导大学生对真善美的理解和追求上。

比如，在中华茶文化中有一项非常重要的艺术表现形式叫作"茶画"，茶画有着非常丰富且典型的美学内涵。中国的茶画从表达方式上属于传统水墨国画，它主要以山水人物为内容，同时融入饮茶活动内容，这种极具民族地域特色的茶画艺术，具有独特的文化特色。大学生在赏析茶画的过程中，思想境界将得到潜移默化的升华，使其能体会到茶画中所蕴藏的安定与平和，起到净化心灵、沉静情绪的作用。大学生通过在中华茶文化课程中研习茶文化艺术，将蕴含中华传统文化审美意蕴的中华茶文化内容融到大学生人文素养的培育中，有助于大学生群体对中华传统艺术文化所具有的艺术魅力进行更深入的认知，产生高度的认同，继而提升大学生群体的艺术审美修养和形成健康的审美情趣。中国茶道人美、茶美、水美、器美、艺美和意境美。大学生在安静幽雅的品茗环境中从事茶事活动，能体会到茶之美、器之美、艺之美、人之美。从而促进大学生通过参与茶事活动策划、茶席设计、茶词创作以及茶艺表演等，在提升大学生群体的创新思维和策划能力的同时，达到培养审美情趣和陶冶性情的目的。

（三）有助于提升大学生品德素养及塑造健全的人格品质

著名诗人但丁说过："道德常常可以填补智慧的缺陷，而智慧却永远填补不了道德的缺陷。"培养大学生良好的道德修养，塑造健全的人格品质是学校素质教育的一个重要方面。据调查目前的在校大学生以独生子女居多，不少独生子女滋生出了严重的个人主义、利己主义以及唯我独尊的思想，这十分不利于学生在社会立足。

中华茶文化与东方的儒、释、道思想融会贯通，具备的与生俱来的德育功能，将中华茶文化引入高校课程中，可借助中华茶文化的德育功能，帮助大学生群体纠正不良思想，提升大学生群体的思想品德素养。

中华茶道，很大程度上是在树立"茶德"的基础上创立的。所谓"茶德"是指对饮茶人的道德要求，是一种道德风尚。饮茶不仅是为了满足生理需要，更是在茶事活动的思想内涵中融入哲理、伦理、道德，强调茶的品饮过程，引导饮茶人完善个人的品德修养，从而达到真善美的崇高境界即"茶道"。由此可见，茶道不仅是一种饮茶方式，更是一种道德修养的仪式。在中华茶文化发展史上，人们对茶德早已确认，并崇尚备至。最早确立的茶德标准是唐朝的陆羽在《茶经·一之源》中提出的："茶之为用，味至寒，为饮最宜精行俭德之人。"说明了茶的美好品质应与品德美好之人相配，这也是中国茶道的精神所在。唐代刘贞亮在《饮茶十德》中提出："以茶可行道，以茶可雅志。"可见，将茶德融入高校大学生人文素养的培育中，能促使大学生群体在不断地自律、自省过程中端正自身的行为与信念，继而实现大学生群体品德素养的整体提升。

四、中华茶文化课程对大学生人文素养提升的实现路径

高校需要以提升学生人文素养为出发点，在合理开设中华茶文化课程、推动茶文化与校园文化建设的融合、深入挖掘中华茶文化的德育功能的基础上实现中华茶文化在高校育人环节中的渗透，从而充分发挥出中华茶文化在提升大学生人文素养方面的催化作用。

（一）合理安排中华茶文化课程，因地制宜开展茶文化教学

在运用中华茶文化提升当代大学生人文素养的过程中，设置与茶文化相关的课程是十分必要的。通过老师的讲解，让大学生们了解中华茶文化的起源，掌握茶的种类、制茶的过程、泡茶的技艺及茶叶的保健功效等。与此同时，编撰应适应绝大多数大学生的接受能力与理解能力的教材，帮助他们形成对茶文化的整体认知，积淀相关的文化储备。为保证中华茶文化课程的教学成效，高校在设置中华茶文化课程时，可根据学生的专业情况或学习能力有针对性地开设入门级及中高级等不同层次、不同类型的中华茶文化课程，课程可以由学生根据个人喜好和实际情况来自由选择，做到因地制宜、因材施教，让中华茶文化真正发挥其对学生人文素养的促进作用，而不会对学生的专业学习造成负担。

在开展茶文化教学活动时，要注重理论与实践的结合，鼓励大学生们走出课堂、走出校园，更多地去融入社会和集体当中，积极组织和开展各种与传统茶文化相关的实践活动，让学生们在实践当中去获得真知，获得实实在在的感受。关于中华茶文化实践活动，建议高校可将中华茶文化实践活动纳入第二课堂的建设中来，带领学生参观茶博会、茶文化博物馆、茶艺表演、茶叶采摘制作等；也借校园文化节在校园内营造中华茶文化氛围，开展与中华茶文化相关的文化活动，比如举办茶文化讲座、茶文化展览、茶文化知识竞赛、茶艺表演等作为丰富大学生的课余生活和考察中华茶文化课程教学成效的方法；还可以寻求校企合作，到茶企开展一系列体验活动，拓展大学生群体的文化视野，感受中华茶文化的独特魅力，重塑文化自信。

（二）推动茶文化与校园文化建设的融合，拓宽人文素养提升的路径

茶文化蕴含着丰富的思想内涵与教育功能，是在长期的实践中得以形成和发展起来的。其教学效果不是一朝一夕就能看得出的，因此，只有将中华茶文化与校园文化建设融合起来，拓宽人文素养精神提升的路径，扩大茶文化在大学生中的影响，使其真正发挥内在作用。为使学生能够在日常生活与学习中感受与体验茶文化所具有的文化魅力及氛围，建议高校在设计校园内风景以及建筑风格的时候，就应该注重对茶文化特色的强调，有效地将茶事活动的本质以景观的形式凸显出来，促进两者之间的有效融合。同时，建议设置茶文化走廊，对与茶文化相关的名人字画、名言警句等内容进行展示，当然，对茶文化的展示也可以在高校信息宣传栏、校刊、校报中开展，在丰富大学生茶文化知识的基础上对大学生进行熏陶。此外，高校还可利用校园网络媒体，通过官方网站、高校贴吧、公众微信账号以及微博账号等平台对茶文化进行传播，为高校师生提供了解茶文化、探讨茶文化的阵地，在校园里构成综合性的文化属性，多元化地呈现茶文化的特色，潜移默化地使中华茶文化的育人作用渗入高校的每个角落。

（三）深入挖掘中华茶文化的德育功能，发挥茶文化的教化作用

茶文化是中华民族集体智慧的结晶，蕴含丰富的文化内涵与处世哲学，是人们前行道路上的一盏明灯，特别是对于"三观"尚未形成的大学生而言，更能发挥其醍醐灌顶的功效[5]。茶文化中蕴含着丰富而深刻的为人处世之道，高校要注重挖掘中华茶文化的德育功能，并将其融入教材之中形成潜移默化的影响，有助于大学生树立正确健康的价值观，提高他们的思想道德修养。

五、结语

综上所述，茶文化中的茶道精神堪称中国文化中的瑰宝，其蕴含着丰富而深刻的思想内涵，是当代人树立"三观"的重要参考。在高校开设中华茶文化课不仅是对中华民族传统文化的传承与发展，更是增强大学生文化自信、促使

大学生形成健全的人生观、提升大学生群体人文素养的重要途径。

参考文献：

［1］王丽娇．大学生人文素质教育存在的问题及其优化路径［J］．湖南大众传媒职业技术学院学报，2020（3）：103-105.

［2］俞昊波，王吉祥，贾雪雯，等．试析新时代下茶文化对民办本科高校思政教育创新的启示［J］．福建茶业，2020（5）：164-165.

［3］石筠．探讨中国传统茶文化融入大学生人文素养培育的实践研究［J］．福建茶业，2020（5）：146-147.

［4］林丽．茶道精神在大学生人文素养教育中的渗透［J］．吉林广播电视大学学报，2019（1）：82-83.

［5］赵薇．茶文化对大学生精神成长教育的影响分析［J］．福建茶叶，2018（12）：176-177.

［6］张永敏．茶文化对当代大学生人文素养影响研究［J］．福建茶叶，2018（5）：182-183.

长征精神的新时代内涵与价值论析

邓海霞

摘要：长征是一部中国革命的百科全书，长征所铸就的长征精神随着时代的发展历久弥新。笔者从五个方面对长征精神的新时代内涵进行解读，并结合习近平总书记重要讲话精神探讨弘扬和发展长征精神的时代价值。

关键词：长征精神；理想信念；实事求是；时代价值

八十多年前的红军长征，惊心动魄，书写了可歌可泣的战争诗篇，创造了无比壮烈的英雄业绩，在中国革命史乃至世界历史上留下了浓墨重彩的一笔，也给党和人民留下了伟大的长征精神。长征留给我们的思考空间很大，它所铸就的长征精神也十分丰富。随着时代的不断发展，长征精神因其越来越深刻的魅力，值得更多的人去追寻、去思考、去挖掘。

一、长征精神的历史由来

20 世纪 30 年代初，近代中国内忧外患，危机四伏，中国共产党团结带领中国人民艰辛探索。1934 年 10 月至 1936 年 10 月，红军第一、二、四方面军和第二十五军先后进行长征，历时两年，纵横 14 个省，先后经历了 380 多次战役战斗，渡过了 24 条大河，越过了 18 座高山险峰，经过了 10 多个少数民族地区，长驱两万五千里。英勇无畏的红军将士在中国共产党的领导下，历尽千辛万苦，爬雪山、过草地、跨急流，突破层层封锁，开创了中国革命的新局面，实现了中国共产党和中国革命事业从挫折走向胜利的伟大转折，孕育并铸就了伟大的长征精神。

二、长征精神的内涵解读

（一）坚定信念、不懈追求理想的高尚精神

长征，是中国共产党领导红军在中国革命危难时刻用坚定的信念与崇高的

理想创造的奇迹。长征途中，他们一边打仗一边损失一边"扩红"，总数约 20 万人左右。长征胜利结束时，红军最后保留下来的兵力 3 万多人。"红军不怕远征难，万水千山只等闲。"将士们坚定对党的忠诚，坚定对理想的追求，以常人难以想象的意志力和牺牲精神，创造了一个又一个神话，将革命进行到底。

（二）实事求是、独立自主的开拓创新精神

长征是马克思主义普遍真理与中国革命具体实践相结合的一次伟大实践，是党领导红军实事求是、独立自主、开拓创新的一次伟大实践。长征途中，遵义会议挽救了中国共产党、挽救了中国工农红军、挽救了中国革命，成为中国共产党历史上生死攸关的转折点。遵义会议后，在毛泽东的正确领导下，坚持从实际出发，声东击西，避实就虚，纵横于敌重兵集团之间，先后取得了四渡赤水、威逼贵阳、兵临昆明、巧渡金沙江等作战的胜利，实现了战略任务的大转移，开创了中国革命的新局面。

（三）患难与共、艰苦奋斗的极限挑战精神

长征途中，红军始终面临两大强敌：一是国民党强大的围追堵截力量，二是艰苦恶劣的自然环境。面对敌人的层层封锁和围追堵截，面对峡谷激流、雪山草地，面对生命禁区、物资匮乏……红军将士毫不畏惧，与天争斗、与地争斗、与敌人争斗，表现出极强的革命乐观主义精神，挑战一次又一次的生命极限，用鲜血和生命开拓长征路。

（四）依靠群众、相信群众的一心为民精神

在物质条件极其匮乏、没有后方根据地依托的情况下，红军取得长征胜利，一个重要的原因就在于紧紧依靠人民群众，与当地群众生死相依。长征沿途少数民族居多，而且大多生活在偏远落后的山区，语言、风俗习惯等都有着极大的差异，再加上国民党反动派对红军的反动宣传，致使他们对红军抱有怀疑甚至敌视的态度。因此，党和红军所到之处坚决贯彻党的群众路线，依靠群众、相信群众，想群众之所想、急群众之所急，积极开展土地革命，执行正确的民族政策，保护人民群众的利益。这为红军取得革命最后的胜利奠定了良好的群众基础。

（五）顾全大局、严守纪律的团结协作精神

团结就是力量，团结就是胜利。在长征困难和危险时刻，红军将士从大局出发，团结协作，风雨同舟，生死与共。这不仅表现在红军将士之间，也表现在与广大人民群众的相处之中。长征途中，红军纪律严明，不管到了哪里，主动关心帮助群众，时刻不忘为人民服务的宗旨，得到沿途人民群众的热切拥戴，展现出红军将士顾全大局、严守纪律的高尚精神。

"坚定信念、不懈追求理想的高尚精神"是长征精神的核心和灵魂，也是长征精神最关键、最本质的东西。"实事求是、独立自主的开拓创新精神"是长征精神的精髓和根本要义，这既是长征精神核心的哲学要求，也是长征精神进一步外化的临界点。"患难与共、艰苦奋斗的极限挑战精神""依靠群众、相信群众的一心为民精神"和"顾全大局、严守纪律的团结协作精神"是长征精神的外在表现形式。长征精神的内在本质和外在表现形式是对立统一的关系，这两个层面既相互对应，又相互依存，构成了一个完整的结构。没有具体的外在表现形式，长征精神的核心和精髓就无从谈起；只讲外在的表现形式，则忽略了长征精神的重点。对长征精神的基本内涵进行如上哲学分析，有助于科学认识长征精神的价值所在。

三、弘扬和发展长征精神的价值论析

（一）坚定中国特色社会主义和共产主义理想信念

我国正处在实现"两个一百年"奋斗目标、实现中华民族伟大复兴的"新长征"时期，随着改革开放的不断深入，改革的难度和阻力会越来越大，也会出现一些不尽如人意的社会问题，但只要我们坚定理想信念，就一定能够取得改革开放的不断胜利。党的十八大以来，习近平总书记多次谈到共产党员和领导干部要坚定共产主义理想、马克思主义信仰和中国特色社会主义信念。"新长征"路上，不论遇到什么困难，不论时代如何变幻，我们都不能动摇崇高的理想信念，必须坚定中国特色社会主义信念，树立共产主义远大理想，深入、长期开展理想信念教育，自觉做中国特色社会主义共同理想的忠实实践者、共产主义远大理想的坚定信仰者。

（二）始终坚持实事求是的思想路线

中国特色社会主义道路的实践探索，没有可以借鉴的既定模式，必须遵循解放思想、实事求是的思想路线。习近平总书记明确指出："坚持实事求是，就能兴党兴国；违背实事求是，就会误党误国。"实事求是是中国革命、改革和建设实践探索的智慧结晶，是长征精神的价值体现，是党的思想路线的核心。走好新时代的长征路，必须着眼于世情、国情、党情发生的新变化，"坚持马克思主义的指导地位，坚持把马克思主义基本原理同当代中国实际和时代特点紧密结合起来，推进理论创新、实践创新，不断把马克思主义中国化推向前进"。牢固树立"四个自信"，自觉做特色道路的"信仰者"、特色理论的"践行者"、

特色制度的"捍卫者"和特色文化的"弘扬者"，为全面建成小康社会、开创中国特色社会主义事业新局面砥砺前行、矢志奋斗。

（三）激发艰苦奋斗、勤俭节约的奉献意识

党的十八大以来，从中共中央政治局带头践行"八项规定、六项禁令、反对四风"到在全党深入开展以"为民务实清廉"为主要内容的群众路线教育实践活动，展现了新一轮艰苦奋斗的新风貌。弘扬艰苦奋斗精神，就是提倡吃苦精神和奉献意识，艰苦奋斗的优良传统不能丢。党员干部要牢记党的宗旨，加强党性训练，严于律己，遏制腐败，做艰苦奋斗、清正廉洁的楷模。青年一代也要立足本职，埋头苦干，从自身做起，从点滴做起，最大限度地实现自己的人生价值，也为中国梦的实现提供持续不断的动力保障。

（四）树立依靠群众、服务群众的公仆意识

以习近平同志为核心的新一届领导集体把人民的冷暖安危装在心里，视群众利益无小事，权为民所用，利为民所谋，情为民所系。这是现阶段弘扬和发展长征精神在党内最直接的体现。当前，我们进行社会主义现代化建设，要切实贯彻执行好党的群众路线与民族政策，一切从人民群众的利益出发，充分调动好全国各族人民群众的积极性、主动性和创造性，全心全意为人民服务。

（五）增强顾全大局、团结协作的纪律意识

全面建成小康社会，实现中华民族伟大复兴的中国梦，需要一代又一代中国人团结一致，自觉承担历史使命，自觉投身社会实践。"治国必先治党，治党务必从严。管党治党，必须严字当头，把严的要求贯彻全过程，做到真管真严、敢管敢严、长管长严。全党同志要增强政治意识、大局意识、核心意识、看齐意识，切实做到对党忠诚、为党分忧、为党担责、为党尽责。"只有顾全大局，团结协作，统筹协调，才能逐渐真正实现社会的公平公正；才能实现人口生产、经济发展和生态文明良性循环发展；才能实现经济建设和国防建设融合发展；才能全面建成小康社会，使中国实现从富起来到强起来的历史飞跃，最终实现中华民族伟大复兴。

在中国特色社会主义事业建设的新长征途中，长征精神永远不会过时。进一步发掘长征精神的时代内涵和价值所在，有助于实现伟大长征精神的薪火相传。勤劳勇敢的中国人民将"以永不懈怠的精神状态和一往无前的奋斗姿态，继续朝着实现中华民族伟大复兴的宏伟目标奋勇前进"。

参考文献：

[1] 石仲泉. 红军长征和长征精神 [J] . 中共党史研究，2007（1）：57-65.

[2] 李永春，张新洲. 习近平论长征和长征精神 [J] . 遵义师范学院学报，2018（1）：1-4.

[3] 张尚初. 习近平谈坚持实事求是强调力戒官僚主义 [EB/OL] . 学习时报，2012-05-28.

[4] 崔东，程宏毅. 习近平在庆祝中国共产党成立 95 周年大会上的讲话 [EB/OL] . 人民日报，2016-07-02.

[5] 闫妍. 决胜全面建成小康社会夺取新时代中国特色社会主义伟大胜利：习近平同志代表第十八届中央委员会向大会作的报告摘登 [EB/OL] . 人民日报，2017-10-19.

第四篇

04

实践育人

红色文化融入高校思想政治理论课的应用研究

——基于"当代大学生红色文化教育现状"调查问卷和天府学院教改实践

邓海霞

摘要：红色文化是中国共产党领导中国人民在革命、建设和改革过程中形成的宝贵的精神财富。笔者结合八所高校开展的调查问卷数据分析，以天府学院思政课教改实践为例，从教学设计优化、教学模式探索、教学体系构建三方面进行红色文化融入高校思想政治理论课教学的实践探索。

关键词：红色文化；高校思政课；教学体系；教学模式

红色文化是重要的精神财富，是中国共产党引领全国人民在实现民族独立和人民解放的不同历史阶段中创造的先进文化。在我国社会不断发展的过程中，红色文化不仅是我国人民价值观念体系中的重要内容，还是凝聚国家力量、体现社会共识的精神引领，也是时下培养高校学生正确价值理念、坚定理想信念、增强文化自信的关键思想保证。"青少年阶段是人生的'拔节孕穗期'，最需要精心引导和栽培。"高校思想政治理论课是引导当代大学生"把红色资源利用好、把红色传统发扬好、把红色基因传承好"的关键课程。

一、关于"当代大学生红色文化教育现状"调查问卷简要分析

本调查通过"问卷星"发布，回收到来自八所高校的 597 份答卷。此次问卷以高校大学生作为调查对象，在所在年级中，大一占比 1.51%，大二占比 87.27%，大三占比 10.55%，大四占比 0.67%；在政治面貌中，中共党员占比 1.17%，共青团员占比 90.95%，群众占比 7.87%；在所学专业中，人文社科类占比 33.16%，自然科学类占比 0.67%，工程技术类占比 25.96%，经济管理等专业占比 40.2%。

此次调查问卷主要从大学生对红色文化的认知了解程度、所在高校红色文化教育教学现状以及校园红色社团建设三方面展开。综合数据分析，大部分学

生对红色文化有一定的认知基础，能认识到红色文化的时代价值和意义所在。在学习渠道上，仍然以大学思政课为主，但超过一半的学生认为教学内容单一、教学手段传统、教学效果一般。在学习途径上，超过一半的学生认为社会实践类或情境体验类活动最受欢迎；在传播形式上，大部分学生认为微视频、微信、微博推送的比较有影响力；在教材体系上，超过 80% 的学生认为有必要编写红色文化专门教材，根据专业需求开设必修课或选修课。

二、红色文化融入高校思政课教学的问题分析

结合如上问卷分析以及高校教学实践，思政课教师在红色文化教育教学的过程中进行了积极探索和实践，但在一定程度上也反映出一些问题。

（一）教学内容上，缺乏系统性和深入性

红色文化进课堂需要相对系统的教材或教学资源作为载体与保证。以天府学院思政课教学为例，红色文化更多以碎片化方式植入相关课程的若干章节，并未形成体系。而且，不同的思政课教师在讲授同一课程的时候，更多的是结合自己了解的红色文化进行讲解，教师之间也缺乏有效的沟通与交流，这就使得红色文化在教育过程中出现有些内容反复教，而有些内容没有讲的现象，学生对红色文化的学习不系统、不条理，更不深入。2018 版思想政治理论课教材包含有红色文化的内容，但偏重事实陈述，缺乏应有的话语体系，这些红色文化资源可能会让学生有所触动，但是能否让学生入脑入心、能否切实发挥其育人功能，还需要思政课教师深度挖掘。

（二）教学方法上，缺乏感染力和吸引力

红色文化具有时代性、多样性和生动性等特点。00 后大学生没有经历硝烟弥漫的战争年代和披荆斩棘的改革年代，对红色文化缺乏感性的认知和理性的思考，如果教育方法不创新，就会阻碍学生对红色精神的深刻理解和切身感受。当前，课堂教学对红色文化主要以理论说教和叙事说理为主，不能将红色文化和学生的实践活动有机联系起来，不能充分利用现代化教学技术和手段创设情境开展交互式教学活动。此外，一些学校受客观条件限制，体验性的红色文化教学活动较少，即使开展了一些活动也缺乏科学的指导，学生只是参观访问，难以达到文化育人的教学效果。

（三）教学环境上，缺乏渗透力和影响力

校园文化是承载红色文化的有效载体，是红色文化的"二次教育"。在实际教学过程中，对红色文化的教学更多停留在课堂教学，忽略了红色文化的环境

影响与渗透作用。此外，红色文化受到网络多元文化的冲击，低劣的网络信息影响了大学生对红色文化的认知，海量的网络信息消解了红色文化传播的影响力，参差不齐的网络文化更容易弱化红色文化的感染力、吸引力和渗透力。

三、红色文化融入高校思想政治理论课教学的实践探索

红色文化是中华民族优秀传统文化的重要组成部分，包含政治、文化、精神、历史等重要内容，为高校思想政治理论课提供了丰富的教学资源、科学的理论支撑、深刻的真理力量以及正确的价值导向。下文探讨红色文化融入思政课教学的实践探索。

（一）精心优化红色文化教学设计

教学设计是整个教学活动中最重要的一项活动。

1. 需要丰富多样的教学资源和课程资源

将我国丰富的红色文化资源有机融入高校思政课教学设计中，可以促进教学目标的实现、升华教学内容的高度、促使教学方法的合理开发，增强高校思政课教学效果，也有助于进一步做好红色文化的挖掘和传承工作。

2. 需要研究教学对象

"95 后""00 后"学生呈现出新时代新特征，教师要善于了解学生对红色文化的认知现状、特定需求、学习路径等，这样，红色文化教学设计更有针对性。

3. 需要研究教材、教法

教师要积极思考如何把教材体系转化为教学体系，如何把红色文化和课程相关内容有机衔接，如何在课程导入、讲授新课、课程作业、课程评价等教学环节巧用红色资源，从而加深学生对授课内容的理解和掌握，提高学生学习红色文化的主动性和积极性。

4. 需要研究学生学法

可以采取线上线下混合式教学模式，教师要善于利用线上红色文化资源，将线上教学和线下教学有机结合。总之，教师要根据教学目标、课程特色、学生学情精心优化红色文化教学设计。

（二）积极探索红色文化教学模式

1. 坚持理论教学与实践教学相结合

理论性与实践性相统一，是高校教育教学的宗旨和目标。为进一步实现这一指导目标，思政课教师需要充分挖掘红色资源，既要突出学生对红色文化的理论学习，更要突出学生对红色精神的深入思考，引导大学生知其然并知其所

以然，真正使其成为红色文化的传承者，从而培养学生正确的价值理念。

比如，《思想道德修养与法律基础》课程中，小组学生对"中国精神"的学习采取课后研讨与课堂展示的方式。学生在课后学习过程中，通过收集、分析和选择红色资源，加深了对中国精神内涵的学习；在课堂展示过程中，采取红色故事分享、情景剧表演、手语操等方式，增强了红色文化的情感体验。

同时，依托当地红色文化实践基地，有组织地开展实地考察教学活动，比如四川绵阳"两弹城"、北川地震遗址现场教学。同时，大学生还可以选择拜访退伍老兵、参观革命根据地、聆听抗战英雄的热血故事，感受他们的光荣事迹。这样一来，思政课教师在指导中将理论知识学习、实践能力培养充分融合，使学生在情境体验的过程中，能够进一步感受红色文化并接受，从而更好地将这些内容内化于心，成为发展自身素养的不竭动力。

2. 坚持第一课堂与第二课堂相结合

相对于第一课堂而言，第二课堂是指除了课堂教学以外的各种实践教育教学活动。天府学院先后成立了马克思主义研究学会和初心学社红色社团。这两个社团在思政课教师指导下承办了思政课第二课堂实践活动，构建起第一课堂与第二课堂相互支撑的教学体系，把思想政治教育贯穿教育教学全过程。

第二课堂活动的开展多以红色文化为主题，比如 2016 年开展的"重走长征路 传承长征魂——纪念红军长征胜利 80 周年"活动，同学们通过情景剧演绎的方式，深刻理解长征精神，启发同学们在新长征路上，勇担时代使命，不断砥砺前行；再如 2018 年开展的以"致敬改革四十年 青春献礼新时代"为主题的摄影大赛。同学们用相机记录改革开放 40 年以来家乡、祖国所发生的变化，深刻理解了以爱国主义为核心的民族精神和以改革创新为核心的时代精神。

此外，这两个社团经常组织一些文化活动，例如到红色文化遗址缅怀革命先烈活动、义务打扫校园活动、敬老院关爱老人活动、捐献爱心等志愿服务活动。类似这样的课下实践活动，有利于学生将红色精神内化于心、实践于行，有利于大学生的良好行为养成，促进学生全面发展。

3. 坚持线上教学与线下教学相结合

"00 后"大学生身处信息时代，各类移动设备层出不穷，在一定程度上影响着大学生的思想以及生活，而微信、微博等信息媒体已经成为他们生活中的一部分。

为此，思政教师可以通过网络平台，向学生传播红色文化、渗透红色经典，包括红色故事、红色小说、红色影视作品等。比如，《中国近现代史纲要》可以开展"红色家书"线上品读活动，穿越时空，引导学生感受红色精神的力量。

思政课教师还可以引导学生通过开放的大学慕课、大学公开课、学习强国等平台进行线上红色文化学习，开展线上交流、线下检测等教学活动，进一步拓展学生的学习空间，使学生可以依据自身需要随时随地学习，有效提升了教学的时效性。

4. 坚持显性教育与隐性教育相结合

良好的校园文化环境，对大学生的成长起着"隐性教育"的作用。一方面，优化校园红色文化物态建设。可以在教学楼、宿舍区、图书馆等地方添加蕴含红色文化的图片、标语等，以红色文化氛围推动大学生对红色文化的认同。比如，天府学院图书馆的红色文化墙，同学们在图书借阅的过程中可以潜移默化的增加对红色文化的了解，无形中感受到红色文化。

另一方面，渲染校园红色文化精神氛围。可以通过主题党团活动、校园广播、文艺作品等方式，有意识地开展红色文化教育活动；也可以开展红色文化专题讲座、演讲比赛等活动，营造红色文化宣传教育的良好氛围。如天府学院开展的"东方欲晓，西财君行早——弘扬红色精神"活动，把红色文化和地方文化结合起来，引导大学生在体验中感受红色文化，以情动人、以情化人，使红色精神生生不息。

（三）协同构建红色文化教学体系

立足整体角度，高校四门课程《思想道德修养与法律基础》《毛泽东思想与中国特色社会主义理论体系概论》《中国近现代史纲要》《马克思主义基本原理》与红色文化在培养正确价值理念、内容指导上存在相似之处，但每一门单独的课程，与红色文化契合起来，又是独一无二的。

为进一步落实每门课程与红色文化的有机结合，需要高校思政课教师深入各门课程具体教学内容，筛选、整理含有红色文化深刻内涵的内容，并合理引导学生。除此之外，加强教师集体备课，各门课程协同研究开发。同时，加强学校多部门合作，建设红色文化教育教学信息平台，构建一个线上线下相结合、较为系统的红色文化教学体系。

参考文献：

[1] 张慧中，高邓. 红色文化资源融入高校思政课的策略研究 [J]. 红色文化资源研究，2019（1）：99-107.

[2] 苏森森，王未强. 新时代在改进中加强红色文化融入思想政治理论课 [J]. 高校马克思主义理论研究，2019（1）：90-92.

"三全育人"视阈下高校毕业生党员
教育管理路径探析

——以西南财经大学天府学院为例

虞 飞

摘要：高校党建工作是学校管理工作的重要组成部分，坚持以党建为引领，将党建工作与大学生思想政治教育深度融合，是提升大学生思想道德素养与坚定大学生理想信念的有效举措。随着中央全面从严治党的不断深入，高校各级党组织越来越重视学生党员的教育管理，而毕业生党员由于其自身的特殊性，管理相对复杂。因此，做好毕业生党员的教育管理工作，对毕业生党员自身发展，对推进高校"两学一做"学习教育常态化、制度化以及落实高校人才培养目标有着重要的意义，不仅是基层党务工作者需要解决的新问题，更是新形势下在高校党建工作中值得认真探究的重要课题。

关键词：三全育人；毕业生党员；党建工作；教育管理机制

2017 年 2 月，中共中央、国务院印发了《关于加强和改进新形势下高校思想政治工作的意见》，在加强和改进高校思想政治工作的基本原则中提到，要坚持全员、全过程、全方位育人，把思想价值引领贯穿于教育教学全过程和各环节，形成教书育人、科研育人、实践育人、管理育人、服务育人、文化育人、组织育人长效机制。2019 年 1 月，在第二十六次全国高校党的建设工作会议上，中共中央政治局常委、中央书记处书记王沪宁表示，要推动高校思想政治工作创新发展，构建全员、全过程、全方位育人工作体系，加强教师队伍师德师风建设。可见，在高校党建工作与思想政治教育工作中，"三全育人"理念需贯穿始终。高校学生党建工作是开展思想政治教育的显著成果，只有充分发挥党建和思想政治教育的合力优势，做到党建工作与思想政治教育的深度契合，才能确保培养社会主义合格接班人。

近年来，随着高校学生党建和思想政治教育工作的不断深入和加强，学生党员在大学生中所占的比例越来越大，毕业生党员的数量也同比增长。毕业生党员面临实习、就业、升学等多种人生抉择，这给毕业生党员的常态化学习、持续性组织教育、创先争优服务、基层组织建设带来了新的挑战。目前，我校（西南财经大学天府学院）正处于转型期，毕业生党员教育管理机制尚不完善、管理模式过于单调、党员缺乏自我教育管理。同时，我校党建工作和毕业生党员管理存在一定的特殊性，诸如地跨成德绵四校区，管理难度大；毕业生党员地位重要，面临从学生到职业人的角色转换；毕业生党员毕业去向多元化，教育管理难度较大；毕业生党员面临就业压力，党性教育成效欠佳等。本文结合我校党建工作实际，试图从完善毕业生党员教育管理机制、创新毕业生党员教育管理模式、强化毕业生党员自我教育管理功能三方面，探讨我校毕业生党员教育管理路径。

一、完善毕业生党员教育管理机制

（一）健全学校组织管理机制

构建学校党委、党支部、支部领导、党员"四位一体"全员参与责任体系，各层级、各部门齐抓共管，明确责任划分，强化责任监督。校党委应强化思想认识，加强对党建工作的统一领导，科学制定并落实责任制度。建设规范化党组织，党支部书记要党性强、业务精、肯奉献。落实抓好党员思想政治教育工作，提高党性修养，培养一批优秀的党员及党务工作者。加强学生党支部规范性建设，强化毕业生党员的责任意识，保持毕业生党员队伍的先进性，充分发挥其战斗堡垒作用。通过优化组织架构，推动领导机制、工作制度的完善，从而进一步落实教育管理监督责任，为毕业生党建工作的开展提供有利的组织保障。

（二）加强党建队伍建设

党组织是学生党建和思政教育协同工作的领导核心，通过党组织统一领导，上下级党组织协力合作，学院教师、辅导员、行政管理部门围绕统一育人目标，形成全员育人格局。积极探索党建队伍专兼互融，建设一支包括党政干部、团干部、思政课程教师、辅导员、班主任、心理咨询教师等在内的业务精良的专职骨干队伍，把握好教育与服务两个维度，把毕业生党员的思想政治工作真正贯彻到教育教学的全过程。行政管理部门按照学校党委部署与要求，协同相关部门有针对性地对毕业生党员进行思想政治教育同时，立足学院特色、专业优势，开展教师党支部与学生党支部共建共享活动，充分发挥教师党员对毕业生党员的专业学习、论文指导、考研就业、心理健康等方面的指导帮扶作用。

（三）完善监督考评机制

培养与发展党员是一项非常严肃的工作，尤其是对毕业生党员，在大四年级的考察培养更应完善监督考评机制与程序，从培养考察、民主评议、群众意见等各层面进行严格把控。培养考察的内容要尽量全面，诸如政治素养、思想道德、学习成绩、社会实践、人际关系、志愿活动等，通过自评与组织互评等渠道，全面、翔实对毕业生党员进行监督与考评，强化组织纪律等全过程管理，以培养能够真正适应社会的合格党员。同时，还可设立毕业生党员激励机制，把党员考评与评教评优相结合，合理满足其物质与精神需求，引导毕业生党员在毕业就业工作中多做表率、积极作为。

（四）建立党员后续教育管理机制

加强毕业生党员后续教育管理是学生党员系统化管理扎实高效的关键一环，提高开展体验式、案例式、互动式教育模式，提高毕业生党员学习积极性。设立毕业生党员档案，强化联系机制，关注毕业生党员成长。加强与实习单位党组织的联系，强化毕业生党员的组织观念、模范意识、奉献精神等，校企共同对毕业生党员进行再教育。做好毕业生党员组织关系转接，待毕业后主动与毕业生党员所在单位党组织保持联系，保证组织关系转接质量，杜绝"口袋党员"现象。

二、创新毕业生党员教育管理模式

（一）搭建新媒体教育平台，强化思政育人效果

在新媒体时代背景下，需构建以互联网为载体的教育管理模式，加强新媒体建设，开展智慧党建，提升党建管理服务能力与水平。依托互联网载体，构建新媒体专业党建队伍、完善毕业党员成长档案、实施管理服务全程化、组织线上支部活动等，将宣传、教育、管理、服务全方位覆盖。充分利用新媒体平台，拓展学习载体，针对毕业生特点，结合学校实际，创新毕业生党员教育内容及形式，突破传统学习局限，积极组织毕业生党员运用新媒体平台进行自主学习，实现自我管理教育。通过互联网平台，积极关注并回应毕业生党员在毕业就业中的各种实际问题，及时了解毕业生党员思想动态，将思政育人落到实处。

（二）整合教育资源，构建全方位教育体系

基于毕业生党员在就业、升学等方面的特殊需求，要把思政教育与党建工

作、理论引导与实践锻炼、线上与线下、课内与课外进行有效整合，充分发挥党支部、班级、工作单位等校内外相关资源的育人功能，提升毕业生党员教育管理的时效性。诸如可联系就业专职人员对毕业生党员进行就业指导，帮助顺利就业择业；可邀请心理咨询教师对毕业生党员进行心理辅导，帮助其缓解毕业、求职压力等，在思政教育过程中融入人文关怀，将解决思想问题与实际问题有机结合。同时，构建包括理论学习、实践锻炼、志愿服务等多位一体的全方位教育体系，不断提升毕业生党员的党性修养

（三）实施分阶段全方位教育管理

为毕业生党员提供全方位的考察教育，要抓好落实毕业生党员在校学习、校外实习、毕业离校后三阶段的教育管理。对于毕业生党员的培养考察，党组织更应对其进行系统的培养与考核，教育引导学生认真开展"两学一做"主题教育，时刻牢记自己的党员身份，协助毕业班辅导员做好毕业就业工作，而不能以毕业班为由，淡化了党员意识，降低了党员责任感，甚至游离于党组织之外。毕业生党员在工作期间，具有党员和员工的双重身份，需建立学校与用人单位双向管理机制，接受党组织与用人单位的双重教育管理。毕业生党员是学校未来发展的宝贵资源，在对党员毕业后的跟踪调查中，有必要建立党员数据库，关注党员工作后的表现与存在的问题，并有效反馈至党组织进行反思与总结，为毕业生党员教育管理提供有价值的参考。

（四）开创校企结对共建管理模式

毕业生党员自带学生党员、职业人等双重身份，要应对学校、企业双项事务，必然要接受来自学校、企业的双重管理，因此积极探索校企结对共建管理模式，是推进毕业生党员实践教育长效化的必要途径。通过组织开展具有专业特色的实践教育，培养毕业生党员的技能才干，引导其积极投身基层，用自己的实际行动更好更广泛地奉献社会、服务人民。加强校企支部合作，形成双向考察反馈机制，针对学生存在的问题进行及时沟通，有针对性地对毕业生党员进行培养教育。

三、强化毕业生党员自我教育管理功能

（一）树立典型，充分发挥毕业生党员的先锋模范作用

榜样就是力量，树立典型、表彰先进，是开展思政教育行之有效之法，通过典型人物、事迹，将党员先进性落实到实际工作中，充分发挥优秀毕业生党员的榜样引领作用，带动"群众"学生向先进看齐，共同进步。建立党员帮扶

机制，根据学习、工作实际，合理分配帮扶对象，积极组织主题活动，通过谈心谈话、事迹分享、风采展示等形式，发挥毕业生党员在毕业就业中的模范带头作用，形成良好的学习工作氛围，以实际行动展现党员魅力，努力影响更多的同学。

（二）提升毕业生党员的服务意识，构建党—团—班"三位一体"协同共进机制

对毕业生党员进行后续教育时，应着力提升党员的服务意识，保持党员先进性教育。要增强毕业党员的社会责任感，强调为人民服务的宗旨和奉献精神。毕业党员在忙于个人事务的同时，还应积极做好校内、党内、班级内工作，党建、团建、班级建设是一个不可分割、协同共进的整体，党组织、团组织要不断加强自身建设，并有效覆盖到班级每一位成员，充分发挥广大党员和团员的模范带头作用，不断增强组织的凝聚力和战斗力。

（三）拓展育人阵地，充分发挥毕业生党员在就业工作中的作用

在当今严峻的就业形势下，毕业生就业工作紧紧依靠就业管理部门、辅导员的力量是不够的，积极探索毕业生党员在就业工作中发挥作用显得尤为重要。目前，毕业生中"慢就业""懒就业""不就业"现象十分严重，这时就可以充分发挥优秀毕业生党员的先锋模范作用，通过实际行动，对这部分学生群体进行动员与帮扶，带动学生积极就业，营造良好的就业氛围。搭建信息服务平台，将毕业生党员工作与校友联系服务工作有机结合起来。

毕业生党员是高校学生中的一个特殊群体，在对其培养教育的过程中，需全员参与，积极调动校内外各方面力量，从党建、组织、宣传到毕业生党员思想、教育实践等各方面协同作战、齐抓共管，以机制建设为突破口，以体系结构为着力点，抓好过程管理、制度保障，多维度创新教育方法，拓展工作路径，增强育人效果的说服力和示范力，形成强大的智育、德育合力，将"三全育人"教育管理模式真正落到实处。

参考文献：

［1］孙若梅."三全育人"视域下高校党委主体责任的实践路径［J］.当代教育实践与教学研究，2019（2）：138-139.

［2］武姣娜，王栋，刘佰龙，等."三全育人"视域下以学生党建推动学生管理工作模式探究［J］.青年与社会，2019（27）：65-66.

［3］段文凝.基于"三全育人"视角下的学生党支部组织育人功能研究

[J] . 青年与社会, 2019 (20): 285-286.

[4] 左盼盼. 高校党建工作与思想政治教育协同育人模式研究: 以"三全育人"机制为构建模式 [J] . 科技经济导刊, 2018 (21): 152-153.

[5] 肖丽, 魏科. 大学生党员全程教育管理工作的反思与探索 [J] . 卫生职业教育, 2016 (19): 9-10.

[6] 宋珧君, 于波. 大学生党员全程教育规划构建初探 [J] . 思想教育研究, 2011 (2): 43-45.

[7] 冼季夏, 梁庆周. 对新媒体环境下大学生党员全程化教育工程的思考 [J] . 学校党建与思想教育, 2011 (11): 44-46.

[8] 台秀珍, 刘振斌, 付斌. 构建发展大学生党员的全程教育与管理机制 [J] . 河北建筑科技学院学报 (社科版), 2006 (6): 29-30.

[9] 贺煜星. 新时期加强高校毕业生党员教育管理的路径研究 [J] . 才智, 2019 (35): 10.

[10] 吕梦醒. 高校毕业生党员在就业工作中的引领作用研究 [J] . 中国大学生就业, 2019 (12): 39-43.

[11] 侯欣羽. 高校毕业生党员再教育可行性研究 [J] . 焦作大学学报, 2018 (4): 111-113.

[12] 张育叶. "三全育人"视域下高专毕业班党员教育管理路径探析 [J] . 江西电力职业技术学院学报, 2019 (12): 143-144.

[13] 袁晓聪, 陈晓雪. 高校毕业生党员管理路径创新探析 [J] . 长江丛刊, 2020 (20): 195-196.

[14] 黄寂然, 房艳丽. 新时代高校毕业生党员发挥先锋模范作用长效机制研究 [J] . 江苏理工学院学报, 2020 (3): 107-113.

基于社工督导的"双导师"育人模式在大学生心理健康教育中的路径探索

宋亚荣

摘要：当前，我国高校大学生心理健康教育面临着一些现实困境：课程开设和教育活动不规范、业务能力不足、教育合力不强等困局。为摆脱困境、创新大学生心理健康教育模式，引入学校社会工作站的概念，在遵循学生发展需求和育人规律的基础上，提出社工督导的"双导师"育人模式，运用该模式，积极探索其在心理健康教育中的运用路径，即：以平等待人和助人自助的理念，构建"双导师"协同育人团队，运用社会工作三大方法解决大学生面临的心理困局，充分发挥协同效应，注重 PDCA 循环，实现立德树人的根本目标。

关键词：社工督导；双导师；大学生心理健康教育

一、高校大学生心理健康教育的现实困境

大学生群体是国家未来发展的中坚力量，但随着社会开放程度的加深，文化与多元价值的冲击，大学生的心理健康问题变得越来越突出，传统的心理健康教育工作面临着课程开设和教育活动不规范、师资队伍不能满足工作需要、心理教育的合力不强、在应对学生心理困境时预判不足、无法适应新时代背景下大学生的心理需求等诸多困境。

二、社工督导的"双导师"育人模式介入大学生心理健康教育的可行性

为进一步提高心理健康教育工作的针对性和有效性，教育部办公厅《关于加强学生心理健康管理工作的通知》中强调要增强学校—家庭教育合力，强化日常预警防控，健全完善"学校—院系—班级—宿舍/个人"四级预警网络，辅导员、班主任每月要遍访所有学生寝室，院系要定期召开学生心理异常情况研判会，对出现高危倾向苗头的学生及时给予干预帮扶。因此新时期新问题新要求的产生，为社工督导的"双导师"育人工作发展带来了契机。

社工督导的"双导师"育人模式引入学校社会工作站的概念，采用社会工作督导制的工作方式，由辅导员和班导师组成"双导师"育人团队，充分发挥协同效应。社工督导的"双导师"育人模式在解决大学生心理健康问题上是具有一定潜力的。首先，社工督导的"双导师"育人理念是助人自助，以尊重和接纳为基本价值，更容易为大学生所接受；其次，社工督导的"双导师"育人方法更具有针对性，能够适应解决特殊场景、特定问题的需要；最后，社工督导的"双导师"育人强调分类分层，及早干预、及时补位与资源整合，能够在学生心理问题集中爆发期，如新生入校、考试前后、实习前后、毕业前后等阶段充分发挥协同效应。

经过 1 年的摸索与尝试，K 学院也积累了一些经验，这些经验有助于为日益复杂化、多元化、棘手化的学生心理健康问题提供新的解决思路，为大学生心理健康教育工作开辟新途径。

三、社工督导的"双导师"育人模式遵循的价值理念

（一）工作理念

社会工作是在一定价值理念指导下的助人活动，这些理念与人道主义有着密切的关联。人道主义坚持以人为本的思想，将人置于社会的中心，强调人的尊严、人的需要、人的价值和人的地位。以人为本的思想在学校社会工作价值中，主要体现为两种基础价值：

一是平等待人。学校社会工作要求社会工作者以平等的态度对待每一个工作对象，而不论其性别、民族、种族、年龄、智力水平、经济状况、健康状况等个人的特征是什么，或者其面临的问题的性质如何。平等待人的价值观要求，无论工作对象身上存在着多少问题和缺点，都必须尊重他们本身的人格尊严、情感和能力。因此，服务对象与社会工作者在人格上是平等的。这一理念是学校社会工作者提供专业服务的前提。

二是助人自助。学校社会工作强调"助人自助"，认为每个人都有内在的能力和动力，都有潜在地发挥自己的优势、实现自己价值的能力，因此，关键在于如何协助服务对象挖掘个体的潜能，改变并调整自身与社会之间的不适应状态，最终改善其处境。社会工作者立足于服务对象当下的实际问题，充分利用服务对象及其所生活的社会环境等多方面的资源，提供必要的物质、机会、生活条件、良好的社会环境、生活范式和社会关系等社会资源，激发服务对象内在的潜能，帮助服务对象自己面对问题并解决问题，促使服务对象走出困境，

实现自我发展。

可以看出，不论是平等待人还是助人自助，都体现了学校社会工作相信人有独特的个性，坚持人有自我改变、成长和不断进步的能力。在这个意义上，学校社会工作的价值理念与传统的学生心理健康教育的信念是一致的，实现学生的健康成长，实现人的全面发展。

（二）社工督导的"双导师"育人模式

社会工作督导是专业训练的一种方法，它是由资深的工作者对新员工、一线人员、实习生及志愿者，通过定期持续的监督、指导、传授专业技术，以增进其专业技巧，进而促进其成长并确保服务质量的活动。基于社工督导思想，K学院以学校社会工作站为依托，建立三级服务机制，充分调动学生干部团队、教师团队与专家团队资源，形成校内心理健康教育合力。

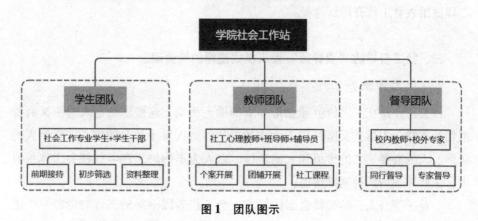

图 1　团队图示

（三）育人团队基本任务分工

1. 发展学生团队，增强学生管理效率

针对问题学生早排查、早发现、早干预。学生团队分为管理团队与专业服务团队。学生管理团队的筹备以辅导员所管理各班级为单位，深入至班委、寝室长、小组长等，具体参照辅导员管理。学生服务团队在社会工作专业、老年服务与管理专业中进行招募或推荐，采用学长制、助教制等形式建立学生团队，主要负责前期的需求调研、问题初步筛选工作以及资料整理等接案前的接待工作。

2. 协同教师团队，形成助力

主要由两部分组成，一是社会工作及心理专业老师与每个班级配备的班导师；二是辅导员老师。在具体开展过程中，辅导员与班导师互相联动，辅导员与班导师负责前期的发掘以及后期的跟进工作。专业老师主要是采用个案或者小组的工作方法为有需要的学生提供服务，或者通过开设社工课堂等形式开展工作。

3. 搭建督导团队，提升工作成效

督导团队来自校内或校外的专家。校内选择有实战经验的专业老师进行督导，校外可以邀请有合作关系的社工机构的督导老师进行督导。督导可以采用同行督导和专家督导两种进行，同行督导可以定时举行，专家督导可以采用项目的形式，针对某一个案或小组进行督导。

四、"双导师"育人模式针对学生心理健康教育的路径

K学院"双导师"育人工作的开展是以学生需求为导向、学生—教师互助团体为平台、社会工作价值为引领、三大专业方法为支撑的服务。将学生问题进行归类与分级，针对不同的需求联动不同的团队开展干预服务。具体开展方式见图2。

（一）服务对象

社工督导的"双导师"育人将服务对象的外延进行适当拓展，其主要服务对象是学生，但也包括教师和学校社区。具体而言，基本的服务对象应该包括：其一，在学习、生活、人际关系和自我意识等方面面临心理失衡问题的学生。通过阶段性的心理普查发现后，按照严重程度由辅导员进行第一步干预，后续充分调动班级预警网络、专业教师团队等进行过程跟进指导与问题解决；其二，班主任、专业教师。通过社工督导机制，不断提升教师团队的业务能力；其三，学生生活的社区。学校社工可以争取社区的资源为学生提供服务，协助学生参加社区活动的同时，促进社区的发展。

（二）服务内容

1. 学生层面

（1）新生心理适应问题

从中学阶段到大学阶段，学生面临着"心理断乳"，需要独立处理各种问题，这在一定程度上会给学生带来巨大的心理压力，从而产生心理不适应等问题，因此在学期初学校需进行心理测评，从源头筛选出心理不适应的学生，针对这一部分学生通过辅导员、班导师谈话详细了解情况并针对症状较轻的同学提出建议和意见，由学生团队进行持续跟进。

（2）学业困境问题

学业困境是指学生的学业成绩没有达到学习上应该达到的标准，经常出现

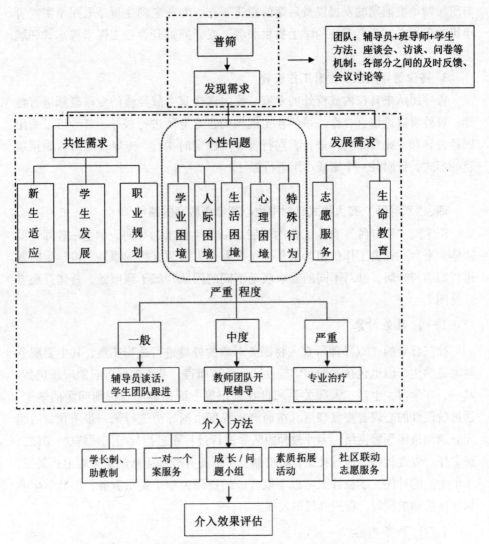

图 2　双导师育人模式在学生心理健康教育的路径

挂科、补考、重修，甚至降级的情况。在学校中，遭遇学业困境的学生往往容易衍生出情绪、行为偏差和社会适应不良等问题。针对这种情况，我们应首先分析产生学业困境的原因，然后针对性地制定适合的计划帮助学生。

（3）人际关系困境问题

人际关系困境主要是指那些渴望与人沟通、渴望得到别人理解却因为种种原因难以实现的一种状态。学生的人际关系困境主要有以下几种类型：沉默寡言型、遭人排挤型、行为偏激型、专横霸道型。我们将会对这些学生的人际关系进行评估，分析学生个性特征，发掘问题背后的深层次原因，然后再进行个性化辅导。

（4）心理状况困境问题

在学校里，学生常见的心理困境有沮丧、压抑、抑郁、冷漠、嫉妒、焦虑、孤独和浮躁。针对这种情况，学校社会工作者采取具体问题具体分析的思路进行个别化处理。

（5）特殊行为群体

这里指的特殊行为的学生，是指有暴力倾向、网络成瘾或者违法违纪的学生。针对这些学生，学校社会工作主要采取正向引导的方式。

（6）志愿服务与生命教育

充分发挥劳动教育以及校园文化等多元化育人作用，全方位促进学生心理健康发展。依托学校实践基地和校园社团开展丰富的校内外实践活动，鼓励学生积极参加，增强学生的责任感和使命感。同时开设《生命教育》公共课程或者以第二课堂选修课的形式开展相关育人活动，培养学生珍视生命、热爱生活的心理品质。

2. 学校层面

（1）专业教师和班主任

响应国家号召，青年教师积极担任班主任，参与三全育人工作。但是班主任在处理学生心理问题时缺乏实战经验和应对技巧，通过校内外专家督导，能够提升班主任的问题解决能力，而专业教师在社工站平台上开展社会工作专业服务，本身就是一种专业实践。

（2）学校社区

携手学校积极建立应急管理机制，在应对突发事件时，起到积极的预防作用。同时构建良好的校园文化和校园氛围，由学校社会工作者运用社区工作的方法介入微型社区，打破专业的界线，以社区为单位开展活动，达到减少问题发生、适应集体生活、帮助弱势学生的目的，同时为解决"一校多区"格局带来的各种问题提供新的方案和视角。

（三）评价机制

1. 建立信息上报机制，加强过程管理

建立"学生—辅导员—工作小组—学院四级"信息汇报机制，完善"双导师"协同机制，针对学生心理健康问题，快速响应、协同解决，注重过程管理。同时，定期召开工作小组会议，研讨学生心理异常情况，总结经验，形成工作思路，提升双导师的业务能力。

2. 注重工作成效，加强结果评价

针对心理健康工作开展情况，以班级为依托，以班级建设为核心，将心理班会、心理情景剧大赛、525 心理健康节活动列为评价指标，采用问卷或访谈的形式对心理健康工作进行有效评估与质量监控，从而形成育人工作的 PDCA 循环，不断优化工作办法。

五、结语

大学生心理健康教育是高校辅导员工作的重中之重，高校学生工作一般是以思想政治教育为引领，采用条块结合的教育管理模式，但存在学生数量多、难以兼顾的困局，社工督导的"双导师"育人模式以社会工作的价值理念为指导，采用扁平化的直接服务，充分发挥支持、协同、资源整合的作用。两种工作模式在服务对象与目标上趋于一致。经过 1 年的实践，K 院已经基本搭建起工作团队，明确了双导师的工作职责和工作边界，在学生心理健康教育中优势互补，充分发挥育人合力。

参考文献：

[1] 张萍萍，左斌峰，周秀华."社会工作+思政教育"：大学生思想政治教育模式创新研究 [J]．铜陵职业技术学院学报，2021（2）：6-10，14.

[2] 许娓，王思斌，罗观翠，等. 发展学校社会工作，服务价值、体制模式优劣在哪里：上 [J]．中国社会工作，2021（7）：17-19.

[3] 师东杰. 学校社会工作理论方法在大学生思想政治教育中的应用研究 [J]．青年与社会，2020（18）：89-90.

[5] 苏荧. 浅析学校社会工作在高校辅导员学业帮扶工作中的运用 [J]．科学咨询（教育科研），2020（1）：29-30.

[6] 徐雷. 高校心理健康教育中学校社会工作理念与方法的介入 [J]．好家长，2019（79）：72.

[7] 徐永明. 学校社会工作在高校辅导员思想政治教育工作的实践研究：基于 G 大学学生实践为例 [J]．山西青年，2019（12）：151.

小组工作介入民办高校护理学专升本新生适应性问题的实务运用

李思禹

教育部于 2021 年 8 月 27 日公布《2020 年全国教育事业发展统计公报》明确指出：2020 年高等教育普通本专科招生 967.45 万人，比上年增加 52.55 万人，增长率为 5.74%，其中专科起点本科招生 61.79 万人。国务院办公厅转发国家发展改革委《关于推动生活性服务业补短板上水平提高人民生活品质若干意见的通知》提到：加强本科层次人才培养，支持护理、康复、家政、育幼等相关专业高职毕业生提升学历。到 2025 年，力争全国护理、康复、家政、育幼等生活性服务业相关专业本科在校生规模比 2020 年增加 10 万人。

在后疫情时代，国家愈发注重基层服务行业的就业与发展，通过高校专升本扩招，可延缓部分行业的就业压力，维护社会稳定。由于西南财经大学天府学院为四川省唯——所具备护理学本科资质的民办高校，为响应国家号召，2020 年招收护理学专升本新生 2071 人，成为四川省护理学专升本学生吸纳人数最多的学校。

一、护理学专升本学生适应性问题现状

本文以西南财经大学天府学院护理学专升本 2071 名新生为例，通过入校初期辅导员的观察、谈话及学生的自我披露，发现护理学专升本新生出现了以下较难适应的问题，如沟通交流障碍、难以融入集体等，有的新生产生了厌学、自闭、焦虑、压抑等不良情绪，甚至引发心理疾病。

（一）难以结交新朋友，疲于应付新的人际关系

专升本新生在专科阶段的学校已形成固有的社交圈子，当原有同学一起进入新的本科阶段校园时，新生依旧倾向于维持原有的圈子，不愿意结交新的朋友，不愿意应对新的人际关系，导致入校两周后存在大多数班级学生之间互相

不认识、不熟悉、不接触的情况。

（二）自我认知不清晰，存在好高骛远的现象

护理学专升本新生在专科阶段已经完成了三年的护理专业课学习，并完成了至少 8 个月的临床实习，部分学生已经在专科阶段考取了护士执业资格证书。与普通护理学本科学生相比，专升本的学生临床经验更为丰富，因此会认为自身并不需要再进行过多提升。但通过新生入学测验发现，大多数专升本新生专业理论知识存在很大的欠缺，知识点掌握得并不牢固。通过与多位学生谈话后发现，专升本学生对自身认知不够清晰，无法正确分析自身优势与劣势，导致大多数专升本新生盲目定下偏离实际情况的过高过远的目标。

（三）班级融入感低，无法找到集体归属感

护理学专升本新生来自四川省各个高职院校，在新组成班级后，面对新的校园、新的辅导员、新的同学，难以融入新的班集体。学生本身个人意识浓厚，在班级中无法找到归属感，导致班级凝聚力较低、集体荣誉感较差、班委干部开展班级建设工作较为困难，不利于集体评奖评优、共同进步。

二、小组工作介入民办高校护理学专升本新生适应性问题的实务过程

（一）小组基本情况

小组工作的对象为护理学专升本的一个班级（班级人数大致为 50 人），基于以上适应性问题，笔者采用社会工作专业的小组工作方法，将护理学专升本班级作为小组对象，组成 8 人团队，针对护理学专升本 40 个班级开展 1 次初期阶段的小组工作，将小组活动取名为"新朋友、新起点、新征程"小组。具有社会工作专业背景的 8 位专业教师及 16 位社会工作专业的学生作为小组带领者，以树立正确的自我认知作为关键，帮助护理学专升本新生提高适应能力，建立融洽的人际关系，营造团结的班级氛围，顺利度过专升本阶段的"适应期"。

（二）实务过程

1. 新朋友——破冰游戏

小组工作的第一阶段以破冰为目的，将班级 50 名学生以报数的方式随机分为 5~6 组，保证每一组人数大致在 10 人左右，要求小组成员围绕成一个圈，以任意同学开始进行简短的自我介绍，包括姓名、爱好、特长等，第二位同学依次进行介绍说出"我是 XX 右边的 XX"，第三位同学说出"我是 XX 右边的 XX 右边的 XX"，依次向下进行。由于组队是通过报数随机组成的，坐在一起的最熟悉的新生同学之间被强制分开，与完全不熟悉、不认识的同学组成一组，小

组最初还较为尴尬，但在介绍的过程中，小组内会涌现出一位引导者，帮助成员互相记住成员之间的名字。在讲到特长、爱好时，出现成员之间因为有共同的爱好而进行单独交流、相约一起做某项运动或观看某个电视剧的情况。第一阶段的小组工作促进了班级成员之间互相认识了解，小组活动的氛围明显得到提升。

2. 新起点——告别过去

小组工作的第二阶段以"告别过去"作为切入点，要求新生给自己写一封信，仔细考量自己在过去的专科三年期间取得了哪些成就？还有哪些方面是自己的不足？想对过去的自己说什么？进入新的阶段，2 年后想成为什么样的人？为了能成为那样的人准备怎么做？该阶段的新生都安静下来，分析自己目前所处阶段的优势与劣势，并在纸上写下对自己的期望。在写好信件后，小组带领者及时介入，引导学生意识到人外有人、天外有天，需要在本科阶段沉淀、及时发现并面对自己存在的不足，并在本科阶段采取行动去弥补不足，达到知识、能力、素质三方面的显著提升，使自己更有竞争力。部分学生在撰写后主动提出想要分享自己所写的内容，有的学生提出想要提升自己的综合素质能力（如写作、团队合作能力），有的学生提出自己想要考护理学研究生，希望有志同道合的伙伴可以一起备考，还有的学生提出自己的英文水平不足，想要在 2 年内通过大学英语四级，因此要开始利用课余时间认真学习。小组带领者及时进行鼓励，并适当基于方法引导，有助于新生既认识到自身不足，也能明确弥补不足的正确方法。

3. 新征程——同舟共济

小组工作的第三阶段是利用"同舟共济"游戏，引导新生相互合作，共同完成任务。以随机分组的小组作为一队，每队分派 1 张报纸，将报纸铺在地上，所有成员在最短时间内把脚放到报纸范围内，且任何一只脚不得触碰报纸以外的区域。成功后将报纸撕去一角，重复上面的游戏规则，以此类推，直至所有组内的每一位成员都不能完全站立在报纸上时，则该游戏结束。该游戏需要新生之间发生肢体接触，互相搀扶才能达到胜利。有的学生甚至采取一背一的方式完成任务，将活动的氛围推向最高潮。

4. 活动总结

小组工作三个阶段结束后，小组带领者邀请新生分享自己参与活动后的感受。学生 A："感谢三位老师和同学，本来大家都不认识，现在基本上我能知道班里大多数人的名字，大家很熟悉了"；学生 B："进入校园后，我也很迷茫，不知道自己该做什么，总觉得自己有临床经验是优势就骄傲自满，通过今天的活动，我知道我可以有什么目标，也该如何去达到目标"；学生 C："同舟共济的游戏让我们知道互相合作、互相帮助的重要性，我们 50 人之后会共同学习 2 年，我们互相帮助、共同努力一定可以得更多的奖，评更多的优秀，大家一起加油奋斗"。小组带领者从人际交往、学习目标、班级建设三方面进行总结，引导学生认识到良好的人际关系的重要性及解决人际矛盾的方法；帮助学生意识到自身劣势，树立本科阶段的学习目标并付诸行动；强调个人利益与集体利益的相关性，加强学生的集体荣誉感，共同助力班级建设。

三、小组工作介入民办高校护理学专升本新生适应性问题的结论

小组工作是社会工作的基本方法之一，在社会工作者的策划与带领下，通过小组流程达成组员之间的互动和经验分享，帮助组员改善其社会功能，促进其转变和成长，以达到预防和解决有关问题的目标。

利用小组工作方法开展专业活动是高校开展新生入学教育的创新形式，取得的教育效果是非常明显的。小组工作中使用的破冰游戏、系列游戏有利于新生放松心情，放下戒备投入游戏当中，帮助新生之间建立联系。新生们需要合作完成游戏，在团结合作中体会到团队的重要性，能够提升新生对班级的归属感，增强班级的凝聚力，帮助新生更好地适应新的校园，也有助于辅导员和班委团队后期开展班级建设的相关工作。

本次小组工作仅是一次初步的尝试，按照小组工作开展的要求，至少还需要开展 3 次小组工作，才能达到最终的小组目的，更深入地解决小组成员出现的共同问题。因此，在本次尝试的经验基础上进行总结，针对专升本新生的适应性问题，可采取以下方式开展入学教育：

第一，在入学教育最初开展小组工作，做好学生之间的破冰工作。通过小组的召开，能够有效拉近新生与新生之间、教师与学生之间的距离，帮助学生互相熟悉和了解，为建立和谐的班级氛围、校园文化氛围奠定基础。

第二，三方联动设立成长教育小组，解决学生的专业发展问题。护理学专升本新生进入本科阶段，人生进入新的篇章，新生会逐渐分化为两类：一类新生会出现自满现象，认为自身能力够足，仅提升学历即可；另一类新生会出现迷茫现象，认为自身能力缺失，害怕进入新的阶段也像过去一样无目标地浪费度过。高校可联动辅导员、专业导师和行业专家一同为学生的专业成长做出努力，从护理学就业所必备的知识、能力、素质目标出发，选取不同主题，如"专业认知""这才是真实的护理工作""护患沟通的重要性""医护团队建设""护理学的未来"等开展一系列的专业小组，引导学生主动了解护理学专业的培

养目标，发挥学生的自主能动性，以提高学生学习的动力。同时，还可邀请行业专家、前辈讲述工作经历和经验，在分享的过程中既能帮助学生掌握专业方法，明确护理专业要求，也能帮助学生树立对护理学专业的信心。

第三，设立支持小组，为学生提供经济与情感支持。辅导员联动班委干部设立支持小组，小组成员之间提供信息、建议、鼓励和情感支持，可达到解决某一问题和组员改变的效果。护理学专业的学生大多数较为贫困，家庭环境较差，再加上民办学校学费贵，家庭负担重。在支持小组中，最重要的是小组组员的关系建构、相互交流和相互支持，支持不仅是经济上的，也包括情感上的支持。有相同家庭背景和经历的小组成员组合在一起可以避免自卑情绪，成员之间可以更加自在地分享自己的感受，互相提供支持和鼓励，甚至可以一起共享兼职的信息解决部分经济问题，在生活和学习上互相支持、共同进步。

参考文献：

［1］中华人民共和国教育部. 2020 年全国教育事业发展统计公报［EB/OL］. 教育部，2021-08-27.

［2］中华人民共和国发展与改革委员会. 关于推动生活性服务业补短板上水平提高人民生活品质若干意见的通知［EB/OL］. 北京市人民政府网，2021-10-13.

［3］杨雄，马昭文，于成文. 高校新生教育小组工作方法的运用［J］. 学校党建与思想教育，2020（2）：84-86.

［4］童慧丹. 小组工作方法在高校新生入学教育中的运用［J］. 湖南科技学院学报，2016（4）：95-97.

［5］高秀婷. 小组工作介入东莞民办高校新生适应问题的实务探析［J］. 教育观察，2021（1）：133-136.

面向大学生能力培养的志愿服务活动研究

——以西南财经大学天府学院图书馆为例

沈德存

摘要：高校志愿服务活动是实施全面育人的重要形式，在大学生的能力培养方面有着重要意义。本文以西南财经大学天府学院图书馆志愿服务活动为例，通过对活动形式进行梳理以形成特有的能力培养结构，围绕面向大学生能力培养的多样性进行理论和实践探究。

关键词：高校图书馆；志愿服务；能力培养

一、引言

中国在 20 世纪 80 年代后期开始出现自己的志愿活动和志愿者。20 世纪 90 年代初期，作为全国志愿者队伍中的一支主要力量的中国青年志愿者队伍逐渐形成，并产生了全国性志愿者组织。中国高校志愿服务始于 1988 年，至今已有 20 多年的历史，2017 年 12 月 1 日，《志愿服务条例》开始施行[1]。在此过程中，志愿服务逐渐成为全国各高校广泛倡导并开展的活动形式。

高校图书馆是大学生参加志愿服务活动的重要基地，图书馆志愿服务活动的开展对促进和谐校园建设、促进大学生志愿者个人的进步和发展及促进社会主义精神文明建设等方面都有着积极的意义[2]。但同时，也存在能力培养体系不够系统和可操作性、可实施性不强等方面的问题[3]。针对以上问题，本文以西南财经大学天府学院图书馆所开展的各项志愿服务活动为基础，在对图书馆志愿服务活动形式和能力培养结构梳理的基础上，实现了在高校图书馆环境下的大学生能力多样化培养。

二、图书馆志愿服务活动形式

在图书馆特定的环境下，志愿服务活动也需要具有针对性[4]。通过进一步对活动按不同的依据进行分类，可以发现其活动形式具有种类的丰富性和层次的多样性等特点，不同类别的活动也有着各自不同的活动要求和特点。

表1 图书馆志愿服务活动分类

分类标准	活动分类	活动特点	活动要求	活动举例
依据活动持续时长	长期类活动	持续活动	坚持	图书整理、上报协助
	临时类活动	单次活动	灵活	图书打包、新书拆包
依据活动组织形式	团体类活动	团队活动	协作	读书活动、阅读推广活动
	个人类活动	个人活动	独立	资料整理、表格制作
依据活动复杂程度	综合类活动	较复杂综合	全面协调	流通工作台协助
	单一类活动	相对单一	认真专心	清洁维护、书签发放
依据活动专业程度	专业类活动	有一定的专业要求	专业	编目统计、公众号维护
	一般类活动	专业要求较少	细致	图书加工

志愿服务活动的分类也并不是一成不变的，各类别活动是彼此联系、相互交错的。如流通工作台协助活动，既属较复杂的综合类，也具有长期连续性的特点；在图书加工活动中，既有贴标签、贴条码等一般类活动，也会涉及编目学、图书分类等专业内容。

通过对近三年来志愿服务活动进行整理，为我校学生参与图书馆开展的志愿服务活动积累数据。据统计，2016年至2018年，每年有大量同学参与图书馆开展的各类志愿服务活动，活动时长达10000小时。

通过志愿服务数据来看，上表中的服务活动分类能够满足图书馆志愿者管理过程中上体工作的需求。依据志愿者反馈可以看出，这些活动的安排可实现不同程度的能力提升。

三、图书馆志愿服务活动的能力培养结构

志愿服务是劳动实践活动，也是一种育人活动。在志愿服务活动过程中，大学生既是活动的参与者，也是活动的服务对象。通过活动参与，不仅可以培养大学生坚强、耐心、自信、奉献等优秀的品质，拼搏向上、勇于挑战的坚强毅力及爱国、爱校、忠于团队的集体主义精神等，同时，志愿服务活动也可以培养大学生的通识能力和专业能力等，本文研究的志愿服务活动对大学生的能力培养主要体现在如下几个方面：

图1　2016—2018 年各学期图书馆志愿服务活动统计

（一）基础自处能力

图书馆志愿者服务可培养大学生自律、自信、自学的习惯，也可培养其基础的自处能力，主要表现在良好自我认知、自我管理及自主学习能力。具有这些能力才能更好地发挥个人的潜能和社会功能。

1. 自我认知能力

图书馆志愿服务活动对大学生自我认知能力的培养主要体现在兴趣认知、性格认知及价值观认知等方面。如在活动中，针对馆内开展的不同活动，大学生会根据自我兴趣、自我能力判定等选择不同类别。

2. 自我管理能力

图书馆志愿服务活动对大学生自我管理能力的培养主要体现在目标管理能力、时间管理能力和情绪管理能力等方面。

3. 自主学习能力

图书馆志愿服务活动对大学生自主学习能力的培养主要体现在思维能力、敏锐观察能力、快速反应能力、灵活处置能力等方面。

（二）协同共处能力

图书馆志愿服务活动是培养大学生协同共处能力的重要实践基地，这一能力的培养不仅表现在大学生通过积极参与活动，可以学会关心、分享、合作，学习服务他人、理解他人、积极倾听、懂得尊重等。同时，也表现在沟通交流能力、组织协调能力、管理能力、领导能力的培养和处理矛盾、解决冲突及与他人、与社会和谐共处能力的提升。

（三）创新应用能力

图书馆志愿服务活动是大学生实践能力的体现。同时，作为"第二课堂"活动也对培养学生创新思维和创新应用能力具有显著效力。[5]

1. 分析总结能力

图书馆志愿服务活动对大学生分析总结能力的培养主要体现在总结、分析问题、提出对策能力和验证方案、改进计划的能力等方面。

2. 创新思维和创新能力

图书馆志愿服务活动对大学生创新能力的培养主要体现在开拓思维、创新意识及创新能力培养等，如在过刊加工过程中，通过对刊名录入存在问题的总结、分析，并结合所学选择开发出更适合的录入方式，提升效率，也锻炼能力。

四、图书馆志愿服务活动的能力多样化培养途径

在图书馆志愿服务活动中，一方面要积极丰富活动内容及形式，梳理其能力培养体系，努力将图书馆打造成为实践活动的主阵地，让更多的大学生可以在服务中能力得到锻炼，在实践中能力得到提高。同时，也要积极从不同角度探究其能力的多样化培养途径。

（一）尝试体验到坚持不懈：由临时到长期

按活动持续时长，图书馆志愿服务活动分的临时单次和长期连续两类，不同的活动特点形成了不同的类别，不同类别的活动对大学生的能力培养方面各有侧重；但其能力培养也具有多样结合的特点。单次临时类活动形式更灵活，活动内容更丰富，对大学生的能力培养具有多样化的优势；而长期类活动虽在一定程度上限制了可参与人数，但由于其持续时间长，活动要求相对较高，这就对大学生自我管理、分析改进等能力的培养更有益。

（二）独立实践到团队协作：由个人到团队

按活动组织形式，图书馆志愿服务活动有个人参与和团队组织两种形式。两种形式的活动对大学生能力培养是有区分的。个人参与类活动，是对大学生的自我认知、自我管理、自主学习等方面的能力有侧重的培养。而在团队组织的志愿服务活动中，团队协作与合作精神是活动成功与否的关键；共处能力、团队协作能力与合作精神是前提；组织协调能力和沟通交流能力是基础；另外，也可培养一定的管理能力、领导能力和学习如何处理矛盾、解决冲突等。

例如，图书馆的晚班清洁维护志愿服务活动，由三个团队相互合作、共同负责完成。首先，各团队之间要合理分配活动时段和内容；其次，在活动开始前，各团队要做好活动招募和初步培训，各团队负责同学要做好活动分工、跟进等；最后，为保证活动的质量和效果，在活动结束及开展的过程中，图书馆值班老师也会对活动进行不定时跟进、指导及参与后续的评定等级环节，团队志愿服务活动的等级评价是由值班老师记录、团队负责人评价、队员互评与自评等三方面综合确定的。在活动的不同阶段，都需要团队负责同学具备良好的组织协调能力、管理能力和领导能力等，既要保证活动的高质量完成也要避免矛盾冲突；既要取得真实有效的评价数据，也要做好各方面的沟通交流。

（三）积极参与到自我挑战：由单一到综合，由一般到专业

图书馆志愿服务活动内容的复杂程度及专业程度不同，不同层次的活动对大学生的能力培养也是多样结合的：如清洁维护、图书加工等活动内容较单一的一般类志愿服务活动，经过管理员老师简单的指导，大部分志愿者都可以完成；而步骤稍复杂的工作，如图书上架、过刊加工等，需要经过反复的熟悉和练习，志愿者方能基本胜任；流通工作台协助、活动团队管理、数据整理分析、编目统计、读书会、分享会等 较复杂或对专业要求较高的活动，则需要一定的专业知识，也要求活动者具备灵活处理突发状况的能力、较强的语言表达和沟通交流能力及协调管理等综合能力。

对于新加入的活动成员，主要以参与简单的清洁维护、图书整理等较单一的一般类活动为主。同时，大学生通过对图书馆志愿服务活动的参与、了解，在对活动要求有初步了解并可以完成自我目标设定管理的基础上，又结合自身专业和馆内老师的指导和鼓励，也会对自我提出更高的要求和挑战。大部分同学会逐渐拓展至综合性、专业类实践活动的尝试，这样既可提高志愿活动的完成质量，又能提升志愿者能力，让学生感受自我挑战和收获的喜悦。

五、结语

志愿服务作为大学生实践活动的重要形式和重要的教育环节及高校经常性的教育形式，应该成为规范化、制度化的教育形式，以有效发挥其在大学生能力培养方面的积极作用[6]。而图书馆志愿服务作为大学生的"第二课堂"活动，是活动的重要基地，其对大学生的能力培养，也是常规课堂不可替代的。然而，当前，高校图书馆志愿服务能力培养结构的建立和多样化培养途径有待完善，需要学校和图书馆在整体设计上进行有效规划和引导，以切实推动高校图书馆

大学生志愿服务健康长效发展，更好地发挥高校图书馆育人功能，使学生得到多方面、多途径的能力培养，全面推动学生发展。

参考文献：

[1] 张晓红. 正确解读大学生志愿服务 [J]. 人民论坛，2018（19）：98-99.

[2] 白兴勇. 关于图书馆志愿者的理论分析 [J]. 图书馆杂志，2015（2）：37-42.

[3] 董梅香，朱紫阳. 高校图书馆大学生志愿服务的现状、问题及对策 [J]. 农业图书情报学刊，2018（4）：160-163.

[4] 胥文娟. 基于服务学习理论的公共图书馆志愿者服务研究 [D]. 哈尔滨：黑龙江大学，2018.

浅谈民办高校辅导员大学生心理健康
教育工作提升策略

邹　琴

摘要：高校辅导员是大学生健康成长的指导者和引路人，在高校心理健康教育工作中发挥着重要作用。本文从民办高校辅导员心理工作角度，探讨辅导员大学生心理健康教育中的优势、重要作用，提出了辅导员开展大学生心理健康教育工作的实效性工作策略。

关键词：民办高校；辅导员；心理健康教育；提升策略

大学生这群特殊群体，面临着各类心理困扰，容易诱发心理疾病。民办高校学生因其特殊性，各类学习、生活、就业等心理压力更甚。民办高校心理育人资源相对薄弱，充分挖掘、整合各类心理育人资源，发挥民办高校心理育人特色，服务学生心理健康成长，对民办高校心理健康教育工作具有重要意义。

《关于加强高等学校辅导员班主任队伍建设的意见》中指出辅导员是大学生健康成长的指导者和引路人。辅导员作为学生工作的一线工作者，是高校开展大学生心理健康教育工作的重要力量[1]。研究民办高校辅导员老师日常心理健康教育工作的有效开展，充分挖掘、调动辅导员心理工作积极性，对于民办高校心理健康教育工作的完善十分重要。

一、民办高校辅导员老师开展心理健康工作的优势

（一）辅导员了解学生信息渠道多，易于发现和了解学生心理健康问题

辅导员老师被称为离学生学习生活最近的人。一方面，辅导员日常工作与学生学习生活息息相关，需要深入教室、宿舍、学生活动等场合开展工作，易于获得学生心理状况的一手信息；另一方面，辅导员日常班级管理中培养学生

干部，如班委、心理委员、社团干部等，是辅导员有效了解学生情况的渠道，有利于学生心理健康问题的发现和对特殊学生的关注。

（二）辅导员与学生朋辈关系近、日常交流多，便于学生心理健康问题的反馈与沟通

高校辅导员年龄结构普遍年轻化，与学生年纪相仿，易沟通。辅导员离学生近，与学生交流多，容易获得学生的信任，有利于了解学生的各类思想、情绪、情感状况。通过谈心谈话学生更容易吐露心声，表达遇到的困难和问题。这是辅导员在帮助学生处理心理健康问题中的独特优势。

（三）辅导员心理健康日常教育引导多，利于预防心理健康问题

辅导员日常开展心理健康教育内容丰富、形式多样，教育引导已日常化。一方面，辅导员在心理健康教育工作中，通过开展心理班会、团体辅导、心理沙龙等活动，引导学生树立正确的心理问题应对观念；另一方面，辅导员可在日常学生教育引导中植入心理健康教育内容，引导学生形成良好的世界观、人生观、价值观，在抵御心理健康问题中起到积极的作用。

（四）辅导员学生工作范围广，易于整合协调学生心理服务资源

辅导员学生管理工作涉及学生在校生活的方方面面，涉及奖勤助贷、思想政治教育、教学工作、心理健康、学生第二课堂活动等，与学校各部门联系紧密，能够有效地从各部门了解到心理问题学生的具体情况，有效汇聚学生家庭、学校心理育人资源、专业医疗卫生机构等，协助心理问题学生就医就诊、康复进程，助力学生成长。

二、民办高校辅导员在心理健康教育中的作用

（一）日常心理健康宣传、教育与引导

高校大学生心理健康教育的重点在宣传教育、普遍预防和引导。辅导员可把学生心理健康教育工作融入学生日常管理工作之中，根据学生实际情况有针对性地开展环境适应、自我管理、学业困惑、情绪管理、职业指导等方面的心理活动。丰富的心理健康教育内容及形式，有利于学生在心理宣教中植入强大的心理健康素质，使学生能够全面健康的发展[2]。

（二）班级学生管理中，重点学生群体的关心与关注

辅导员工作中三类学生群体：家庭经济困难群体、学业困难群体、特殊情况反馈群体，常常受到重点关心与关注。同时与学校相关部门（如咨询中心）、

学生家长等共同做好学生心理健康教育与引导工作。

第一类家庭经济困难群体，大多生活环境较差，或因突发变故造成家庭经济困难。这类学生群体在个人价值观及消费模式上与其他同学可能会存在差异，容易产生自卑、人际孤僻等心理。应对这类学生群体做好关注与引导，鼓励他们自立自强、勤奋学习，协助解决学生困难、帮助学生树立自信心。

第二类学业困难学生群体，应做好谈心谈话，了解学生学业困难的原因，如学习习惯、学习方法、沉迷游戏等；针对性地指导学生做好学业管理，鼓励这类学生做好学业改进计划，提升学业成绩。

第三类特殊情况反馈群体，主要是辅导员日常工作中相关部门反馈的特殊学生群体，如心理普查异常、他人反馈（老师、同学、家长等）、主动上报老师、家庭变故、辅导员观察到的特殊学生群体等。在班级日常管理工作中，辅导员老师在谈心谈话中应做好排查与连续性的跟进。

（三）辅导员与学生、家长的沟通及反馈作用

辅导员要及时与学生本人沟通，研判学生心理问题严重程度。可通过引导改善的要进行心理疏导并持续跟进；针对问题比较严重的心理问题的学生，要及时将学生情况反馈给学校心理中心，或是转介专业心理咨询治疗机构；同时应与学生家长联系，如实反馈学生在校状况，便于就诊及家校共同关注，以便学生心理状况的有效治疗。

三、民办高校辅导员大学生心理健康教育工作提升策略

（一）辅导员要注重自身素质能力的提高

辅导员要想做好大学生心理健康教育，心理知识、工作技能、个人心理素养都必不可少。一方面辅导员要不断加强心理知识学习，提升心理健康工作技能，有利于班级心理健康活动的指导；另一方面，面对心理健康突发事件，辅导员需要不断提高心理适应技巧和处理突发心理状况的能力。

（二）辅导员要关注班级的特殊群体

心理健康危机事件突发性，特殊学生群体往往是学生心理问题的高发群体，辅导员学生工作要有预见性。辅导员在班级日常管理工作中，应加强对特殊学生群体的关注。特殊学生群体应包含但不限于心理筛查问题学生、经济困难生、家庭变故生、性格内向生、学困生等。辅导员对学生特殊群体要着重关注，及时更新和完善学生心理工作记录，及时跟进学生状况。日常管理工作和谈心谈话要更有针对性，尽量把一些心理问题扼杀在萌芽阶段，通过初期疏导，以免

心理问题引起严重后果。

（三）辅导员应积极学习掌握心理健康教育的方式方法

好的教育方式方法可以使心理健康教育工作更容易开展和被学生所接受。首先，班级心理健康活动形式可丰富多样，如鼓励学生积极参与心理情景剧、团体辅导、心理讲座等，组织班级开展心理主题班会等；其次，利用好学生朋辈互助学习方式，激发学生的主体性和能动性，发挥自我教育与朋辈教育优势，挖掘学生朋辈辅导的心理效能[3]。在学生出现问题初期，通过朋辈心理互助、引导，使学生的心理困惑及时消化[4]；最后，积极配合学校心理中心、学院心理辅导站工作，形成多级心理健康预防网络。通力合作，共同做好大学生心理健康教育工作。

（四）辅导员心理健康教育需要赢得家长的支持与配合

家庭教育、家庭关系对学生心理健康有很重要的影响，良好的家校沟通有助于学生心理健康教育工作的完善。一方面，良好的家校沟通，可以及时掌握学生家庭特殊情况，在心理教育及引导上更有侧重点，工作能够得到家长的支持、配合；另一方面，特殊学生辅导员应及时清楚地向家长反馈学生在校的实际情况，有利于互通学生病情，及时就医。总之，对于难以解决的学生心理问题，实行家校结合，获得父母的支持与配合，通过家长与学校共同引导，通力合作，共同解决，以达到最优效果[5]。

（五）整合心理健康育人资源，服务心理问题学生

严重心理问题学生的跟进，应积极整合学校社会心理资源，及时有效地给予支持，促进学生成长。积极汇聚学生家庭、学校心理育人资源（心理咨询中心、任课教师、辅导员、学生干部、寝室成员）、社会专业医疗卫生机构等相关人员的力量，协助心理问题学生就医就诊、康复进程。对于需要重点关注的学生，辅导员应安排室友或班干部密切关注其动态，如遇异常情况应及时上报，在辅导员谈心谈话中应鼓励学生当事人积极建立社会支持力量。

（六）及时总结、梳理心理问题学生工作记录

辅导员工作及时跟进心理问题学生心理动态状况，做好特殊学生相关工作记录及总结。严重心理问题学生辅导员老师应做到心中有数，给予其必要的帮助。同时，按照学校相关要求做好工作各类资料记录，根据学生心理问题等级及时上报，及时总结工作经验，提升辅导员学生心理工作技能。

四、结语

高校心理健康工作需要广大心理工作者、辅导员、学生家长和社会相关机构的通力合作，共同完成。高校学生辅导员是学生心理健康教育的主力军，要提升心理健康工作实效，辅导员在日常工作中应不断加强自身的学习和实践，总结和累积工作经验，切实加强大学生心理健康教育，维护学生的心理健康，真正成为学生成长成才道路上的人生导师和知心朋友[6]。

参考文献：

[1] 陈志娜. 辅导员开展心理健康教育的途径研究以集美大学为例 [D]. 福州：福建师范大学，2013.

[2] 陈珊. 浅议辅导员队伍在大学生心理健康教育工作中的地位 [J]. 才智，2015 (3)：165.

[3] 邓选梅. 高等院校辅导员开展心理健康教育工作存在的问题及改进措施 [J]. 校园心理，2013 (2)：117-119.

[4] 林静. 朋辈心理咨询在大学生心理危机干预中作用的探讨 [J]. 国家教育行政学院学报，2007 (8)：26-28.

[5] 陈明. 浅析高校辅导员如何做好大学生心理健康教育工作 [J]. 科教文汇（下旬刊），2020 (2)：173-174.

[6] 张婷婷. 辅导员在大学生心理健康教育中的作用 [J]. 现代交际，2019 (5)：110-111.

云教学时代高校"三全育人"实施路径研究

——以西南财经大学天府学院为例

郭红庆

摘要：云教学时代，高校育人工作迎来了新的机遇和挑战，本文以西南财经大学天府学院为例，探讨云教学时代"三全育人"工作思路、实施路径及具体举措。

关键词：云教学；三全育人；实施路径

云教学时代，信息技术和教育在深度和广度上高度融合，给高校教育教学工作带来了前所未有的变革和挑战。为提升高校思想政治工作质量，全力落实"立德树人"根本任务，西南财经大学天府学院充分融合"三全育人"与云教学新时代背景，展开全面部署和系统规划，探索一系列适合学校实际的实施路径。[1]

一、云教学时代"三全育人"工作思路

教育部于2018年4月13日发布《教育信息化2.0行动计划》，标志着我国教育信息化进入新时代、新阶段。随着移动互联网、云计算、大数据、人工智能与教育教学的深度融合，中国的课堂教学模式正在发生着根本性变革。

高校教育要真正实现全员育人、全程育人、全方位育人，必须适应云教学时代的变革，认清教育教学环境及发展趋势，及时调整教育理念和方法。按照《普通高等学校院（系）"三全育人"综合改革试点建设标准（试行）》，西南财经大学天府学院以立德树人为根本，全面贯彻党的教育方针，紧紧围绕学校办学目标，结合学校工作特色和学科特点，围绕课程育人、科研育人、实践育人、文化育人、心理育人、网络育人、管理育人、服务育人、资助育人、组织育人等十项内容，紧扣"育人"主题，明确长期、近期、远期目标和方向，高质量构建"三全育人"体系。

二、云教学时代"三全育人"实施路径

（一）加强组织领导，形成长效机制

成立由学校党委书记和校长任组长、班子成员任成员的学校"三全育人"领导小组，聚焦研究"三全育人"综合改革重点难点问题，统一安排协调推进"三全育人"综合改革。成立由各党支部书记和辅导员组成的学院"三全育人"工作组，制定学院"三全育人"联席会制度，建立"三全育人"任务清单、责任清单，形成长效机制，推动"三全育人"工作开展。

（二）制定工作计划，明确工作职责

坚持以"学生职业发展为目标，知识学习为载体，综合能力提升为主线"的人才培养指导思想，将"三全育人"工作推进列入学校年度工作重点，明确各部门工作职责。全校教职工都是育人工作的主体，要做好"三全育人"工作的组织者和推进者，创新人才培养模式，改进教学和管理方式方法，深入开展构建"三全育人"工作体系调研，不断创新理念思路、内容形式、方式手段，保障"三全育人"工作的顺利开展。

（三）搭建多种平台，全面推进工作

通过教学恳谈会搭建学生反馈平台，坚持"学生为主体、教师为主导"的教学理念，把握"三全育人"工作开展情况；搭建"易班"学生工作站，使之成为信息发布与反馈、增进师生感情、提升管理效率、便利学生生活的重要载体；搭建辅导员、班导师、辅导员助理"三位一体"平台，全面落实"双导师制"育人机制；搭建辅导员与专业课教师协同育人平台，探索"思政课堂+课程思政"双思政育人体系，形成全员、全过程、全方位的"三全育人"模式。

（四）定期专题研讨，加强学习交流

根据工作需要，定期或不定期进行"三全育人"工作专题调研，包括开展课题研究、实地调研、召开座谈会等，对"三全育人"工作开展以来取得的成绩、存在的问题及下一步工作思路进行交流研讨，不断理清工作思路。选送优秀教师参加在绵高校思想政治理论课建设及教学改革研讨会、四川省高校教师思政与教师发展研讨会等，加强交流学习，提升"三全育人"工作能力。

三、云教学时代"三全育人"具体举措

（一）构建协同机制，实现全员育人

建立与学生工作部、教务处、校办、后勤、图书馆、校医院、保卫处等多部门沟通联动机制，实现人人参与育人工作，配合做好服务学生工作，落实育人要求。结合教学通、SPOC 教学平台的广泛应用，通过课程教学竞赛、说课比赛、教学研讨会、教研项目立项、精品资源共享课程建设等形式，深入推进雅典式教学改革，促进教学质量整体提升。

推进辅导员、班导师、辅导员助理"三位一体"模式，全面落实"双导师制"育人机制。制订《班级导师制工作实施方案》，由班导师对学生的专业知识学习和职业生涯规划进行指导和帮助，同时积极配合辅导员工作，加强与学生的交流和沟通，及时了解和掌握学生的思想动态及学习、生活现状，予以正确的指导和帮助，形成协同机制，共同促进班级工作得到提升。[2]

（二）推进"课程思政"改革和人才培养方案改革，实现全过程育人

推进"课程思政"改革，紧紧围绕学生成长成才的目标，强调所有课程都要在立德树人、铸魂育人中发挥作用，所有教师都要承担育人职责，所有课堂都要成为育人主渠道，每一名老师在讲授每一门课程、传授每一门知识的过程中，都要探索知识传播与价值传播的路径，凸显出价值的引领和导向作用，挖掘各类课程的思政教育资源，发挥全部课程的思政作用，从而形成"教书"和"育人"为一体的课程观。

推进人才培养方案改革，坚持育人工作全过程、精致化，分学院、分年级、分专业、分层次、分需求，根据不同学生的特点进行人才培养方案的制定和完善，并通过教学恳谈会的方式深入了解学生对于课程的满意度及需求，保证育人工作的质量与效果。大一年级侧重开展大学生适应性教育和专业意识教育，大二年级侧重专业学习指导和学术科研指导，大三年级侧重分需求开展就业、出国、考研指导，大四年级侧重就业服务和毕业生教育，形成有坡度的、全过程的育人机制。[3]

（三）推进"2+N"协同育人培养体系，实现全方位育人

将第一课堂和第二课堂进行有机融合，同时补充多维度、多层次的学习空间，将育人贯穿到教育教学的方方面面，课上课下、网上网下、校内校外相结合，实现处处育人。通过第一课堂，夯实学生的专业知识；通过社团活动、讲座论坛、社会实践、学术科研、志愿服务等第二课堂各类活动，全面提升学生的素质和能力。[4]

对照团中央、教育部《关于在高校实施共青团第二课堂成绩单制度的意见》的通知要求，完成第二课堂系统建设工作，建成融合"课程项目体系、记录评价体系、数据信息体系、动态评价体系、价值应用体系"的第二课堂成绩单制

度；健全第二课堂学分制度；推动第二课堂育人活动标准化、系统化、制度化建设；制定完善的学生综合测评考核办法，全方位考查学生。

将移动互联网、智能感知、大数据、VR、AI 等先进信息技术充分运用于教学环节中，积极推动基于云教学的混合式教学模式，自主规划、逐步打造适应学生自主学习、自主管理、自助服务需求的智慧课堂和智慧实验室，实现全方位多维度育人。

（四）推动教师信息素养提升和角色转换

在云教学的教育背景和教学模式下，教师的角色发生了变化，教师作为知识传授者的权威角色被颠覆，教师的角色更加多元化、专业化。在学生对教学资源有多样化需求的当下，原有的 PPT、视频、图片等传统形式的教学资源已经不能满足学生的需求。因此，在"三全育人"实施中，教师首先要提高自身媒介信息素养，要在掌握知识体系结构和实践应用的基础上，学习各种教学资源制作软件和技术，熟练掌握云教学 App 的各项功能，并结合教学内容和目标制作符合课程需要的个性化教学资源。[5]

同时，教师应该明确自己教学工作中的角色转变，从教学者开始转向引导者，让学生成为学习活动的中心和主动者，教师只是起到引导、协助和辅导的作用，这要求教师不仅要在课前充分准备好内容，更要备好方案，根据教学内容的特点和学生的特点，设计灵活多样、参与性强、辐射面广、合理可行的教学活动，从而提高学习活动的参与度，丰富课堂学习氛围。

（五）加强各类平台建设，拓宽师生交流渠道

全面推进智慧校园建设，推进以"应用服务""业务整合"为核心的智慧校园建设；通过"天府云平台"、QQ、微信等建立师生互动交流平台，只要有网络和智能设备，老师可以随时随地发布学习任务、答疑解惑，学生则可以自由安排学习时间，不受地域和时间的限制，师生的沟通渠道保持实时畅通。

搭建校企合作平台，深化省级实验教学示范中心和大学生校外实践教育基地的建设，加快搭建高层次、高水平的实践教学平台，拓展合作企业实践育人基地，组织开展多样的专业社会实践活动，注重用突出的专业实践活动提升学生社会实践的专业性水平，形成学校社会实践精品项目。将面对面的线下教学模式扩展为线下和线上相融合的实践形式。

参考文献：

[1] 王兰. 云教学时代教师信息素养提升和角色转换研究 [J]. 无线互联

科技，2019（15）：85.

　　[2] 王丽萍. "三全育人"视域下新时代高校思想政治教育问题及对策研究[J]. 现代交际，2019（9）：136-137.

　　[3] 梁浩. 高校思想政治教育工作"三全育人"体系的探索与实践[J]. 淮北职业技术学院学报，2018（4）：28-30.

　　[4] 贾如. 探析高校构建"三全育人"机制的具体实施路径[J]. 和田师范专科学校学报，2018（5）：58-61.

　　[5] 周婧，赵晓娇. 教育信息化2.0时代高校思政课教师面临的挑战与机遇[J]. 科学大众，2019（5）：138.

高校图书馆非物质文化遗产传承
保护的实践与探究

——以西南财经大学天府学院为例

封秋子

摘要：高校图书馆与非物质文化遗产的相关研究对于促进非遗保护具有积极的意义。在介绍绵阳非物质文化遗产项目以及传承人概况的基础上，分析了绵阳非物质文化遗产传承保护现状。以西南财经大学天府学院图书馆为例，介绍其在非遗传承保护和发展创新的实践经验，提出高校图书馆参与非遗传承保护的实现途径，地方高校图书馆应结合自身条件及特点，通过建立非遗数字化平台，开展非遗主题活动与讲座等路径传承与保护非物质文化遗产。

关键词：非物质文化遗产；高校图书馆；传承与保护

《中华人民共和国非物质文化遗产法》将图书馆列入非物质文化遗产保护机构，明确规定图书馆对非物质文化遗产展开保护活动。理论上，图书馆需要非物质文化遗产，实践上非物质文化遗产的抢救、保护、弘扬需要图书馆参与[1]。2015年新修订的《普通高校图书馆规程》中明确指出："图书馆应充分发挥在学校人才培养、科学研究、社会服务和文化传承创新中的作用"[2]，它指明高校图书馆在文化传承与文化育人方面的职责和使命。高校图书馆应积极承担宣传、发展地方传统文化的责任，尤其是对非物质文化遗产的教育传承。

一、绵阳非物质文化遗产项目以及传承人概况

绵阳有着2200多年历史，文化积淀深厚。绵阳非遗项目类别有：传统音乐、传统舞蹈、传统戏剧、曲艺、传统体育、传统技艺、传统医药、传统美术、民间文学及民俗。

（一）绵阳非物质文化遗产项目

绵阳非遗项目种类涵盖十大类，截至2019年底，绵阳共有各级各类非遗项

目 293 项，其中国家级非物质文化遗产代表性项目名录和扩展项目名录 7 项、省级非遗项目 36 项、市级非遗项目 153 项，区/县级非遗项目 97 项。

从数量来看，传统技艺、民俗、民间文学的项目数量位列前三位，各占非遗项目总数的 18.4%、16.4% 以及 12.6%，这三项合计占非遗项目总数的 47.4%，传统体育、游艺与杂技以及传统医药项目数量最少，分别为 12 项和 11 项，占非遗项目总数的 4% 和 3.7%（见表 1）。

表 1 绵阳市非物质文化遗产项目统计

非遗项目	国家级	省级	市级	区/县级	合计
民间文学	1	2	14	20	37
传统音乐	2	2	21	6	31
传统舞蹈	1	9	19	7	36
传统戏剧	0	2	9	4	15
曲艺	0	0	13	4	17
传统体育、游艺与杂技	0	1	7	4	12
传统美术	0	5	20	7	32
传统技艺	1	9	24	20	54
传统医药	0	0	6	5	11
民俗	2	6	20	20	48

资料来源：绵阳市非物质文化遗产保护中心。

（二）绵阳非物质文化遗产代表性传承人

2019 年，何秀芬、王官才等 4 名来自绵阳的非遗传承人入选第五批国家级非物质文化遗产代表性项目代表性传承人名单[3]，至此，绵阳市共有国家级非遗项目代表性传承人 7 人，有省级非遗项目代表性传承人 39 人（见表 2）。

表 2 绵阳市国家级、省级非物质文化遗产代表性项目代表性传承人统计

级别	项目类别	人数
国家级	传统音乐	2
	传统舞蹈	1
	民俗	4

续表

级别	项目类别	人数
省级	民间文学	2
	传统音乐	4
	传统舞蹈	7
	传统戏剧	4
	曲艺	0
	传统体育、游艺与杂技	1
	传统美术	6
	传统技艺	8
	传统医药	1
	民俗	6

资料来源：绵阳市非物质文化遗产保护中心。

如表 2 所示，绵阳市只有民间文学、传统音乐和传统舞蹈类别有国家级非遗传承人，其他非遗类别均无国家级传承人，数量较少。省级非遗项目除曲艺类之外，其他项目类别均拥有传承人，其中传统技艺、传统舞蹈的传承人数量排名前两名，传统体育、游艺与杂技与传统医药的传承人各自只有 1 名。由此可见，绵阳市部分非遗项目类别的传承保护工作中还存在较大缺失，非遗传承与保护工作十分紧迫。

二、绵阳非物质文化遗产传承保护现状

（一）政府文化和旅游部门对非物质文化遗产的宣传保护

2005 年绵阳市正式启动非物质文化遗产保护工程，2012 年 6 月 29 日成立绵阳市非物质文化遗产保护中心。绵阳根据本地特点，大力宣传与推动绵阳非物质文化遗产的传承与保护。

（1）积极对外宣传普及，开展形式多样、丰富多彩的非遗项目展示、展演活动，举办非遗互动体验、非遗研讨会、非遗讲座等向广大学子与市民普及非遗文化。并开设绵阳市非物质文化遗产保护中心网站。

（2）成立非遗保护基地对非遗进行传承与保护。绵阳先后建成了"羌文化保护基地""非物质文化遗产传习所""非物质文化遗产传习基地"和"非物质文化遗产生产性保护示范基地"。通过成立非遗保护基地，对正在遭受毁坏和濒临消亡的非物质文化遗产进行抢救，对非物质文化遗产进行生产性保护。此外，绵阳还成立5个"四川省非物质文化遗产项目体验基地"，并举办了非遗传承人研修研习培训班及其他非遗培训等活动。

（二）绵阳高校图书馆参与非物质文化遗产传承与保护实践案例

就非遗产生的历史渊源来说，往往具有鲜明的地域特征，是地域文化的精华所在，因此，作为地方高校图书馆，传承、保护和发展非遗不仅仅是责任，也有着独特优势与重要意义[4]。绵阳有10所高等院校，大部分高校图书馆都不同程度地参与了非遗保护与传承工作，此文以西南财经大学天府学院图书馆对非遗传承保护的所做实践为例进行介绍。

1. 开展大型"非遗天府校园行"活动

这一活动整合了四川省内及绵阳市具有代表性的传统手工技艺、传统美术和传统戏剧等10项非遗项目，特邀10位省级和市级非遗传承人走进校园，有玉龙化石雕刻、古羌水磨漆艺、江油烙画、蜀绣、川剧变脸的等传承人。各位非遗传承人详细介绍各自非遗项目的发展历程与传承情况，进行非遗项目展示展演活动，让学校师生直接感受到巴蜀文化的独特魅力以及非遗传承人的非凡技艺与工匠精神，更进一步地了解非遗。

2. 开展"地方文化系列讲座（非遗系列）"

西南财经大学天府学院图书馆举办了多次非遗讲座，邀请多位非遗传承人来校开讲。已邀请绵阳市级非遗项目"平武剪纸"传承人谢成飞举办讲座；举办绵阳市级非遗项目"李白民间故事"之《李白与江油》文化讲座，邀请82岁高龄的李白文化研究专家丁稚鸿老先生主讲；邀请绵阳市级非遗项目"涪城拓片"传承人王永俊、"北川羌族草编"非遗传承人黄强到校举办讲座。

通过举办"地方文化系列讲座（非遗系列）"，进一步传播非遗文化，使大学生充分感受到非遗文化的魅力，提升大学生对非遗的感知度和认同感。

3. 创立"织绣唐卡文创中心"，开设选修课程

西南财经大学天府学院图书馆馆员参与"织绣唐卡文创中心"的筹建及日常工作，邀请著名唐卡、佛像绘画家多吉巴桑先生进校举办唐卡文化讲座，对大型珠绣唐卡项目进行宣讲，该项目实际运作后有利于宣传唐卡文化价值及实现地区性的特殊经济效益。此外，织绣唐卡文创中心还开设有唐卡珠绣选修课，并多次组织学生去非遗传习所观摩学习。

4. 开展丰富多彩的非遗实践活动

图书馆派代表参加"绵阳市文广旅非遗进景区——走进中坝酱油第四届中

国酱文化节"，参观并了解了中坝口蘑酱油传统酿造技艺；2019 年 "4.23 世界读书日"期间，图书馆联合绵阳市民间文艺家协会、涪城区美术馆，邀请绵阳市非遗项目"涪城拓片"传承人王永俊在图书馆举行"涪城拓片"技艺展演；在 2018 第九届全国大学生电子商务"创新、创意及创业"挑战赛中，图书馆老师指导、带领学生以绵阳市级非遗项目"鑫田粮食画"作为创新创业项目参加比赛，取得了优异成绩。

三、绵阳高校图书馆参与非遗传承保护的路径探究

高校图书馆可从以下五个方面参与非遗传承与保护工作。

（一）建立校内非遗博物馆

在图书馆内划出一片区域作为非遗博物馆，对绵阳地区及省内部分非遗项目做详细介绍，展出非遗作品、图片、馆藏地域文献等，供师生及校外读者参观，既可激发读者的"非遗"情怀，又能丰富馆藏地方文献资源，将对非遗的传承、保护和发展起到积极的推动作用。

（二）定期开展非遗主题活动与讲座

高校图书馆可加强与各学生社团、学工处等部门合作，开展各类以非遗为主题的活动，对学校师生进行非遗和传统文化教育，丰富校园文化生活。高校图书馆可以邀请非遗项目传承人走入校园，定期为学校师生开展非遗讲座，由非遗传承者现场讲述、演示，指导学生亲自动手实践。

（三）建立非遗数字化平台

非遗传承人相当于"活的宝藏"，目前一些非遗项目随着传承人的后继无人而逐渐失传。现有研究表明，地方高校图书馆对于非遗数据库的建设有自身优势，可为非遗数据库的建设提供设施、资源以及人员的保障[5]。高校图书馆可根据不同类型非遗项目的特点，有针对性地建立非遗数据库。如四川文化艺术学院图书馆可以建立"文昌洞经古乐"数据库。文昌洞经古乐是祭祀文昌帝君时演奏的一种民间音乐，洞经古乐数据库可涵盖古乐的视频、音频以及纸质资料，可以对文昌洞经古乐的历史、代表作品等进行纪录、展示。

（四）丰富宣传手段与方式

高校图书馆都拥有自己的微信公众号向学生推送馆藏资源、通知消息等。首先，可以利用图书馆微信公众号、移动图书馆推送非遗活动或讲座的信息；其次，可以录制绵阳非遗项目的宣传视频、非遗项目制作或表演的短视频进行推送；最后，可将本馆搜集保存的能反映非遗文化的馆藏特色资源进行定期

推送。

（五）开发非遗创新项目

高校图书馆可多参与非遗项目相关课题研究，以对非遗的传承与保护为基础，培养学生的创新创业能力，利用非遗开发新的创业项目，增加学生创业实践经验，扩大学生就业范围，增加就业机会。

四、结语

随着举办非遗讲座、建立非遗数字化平台等项目的不断开展，非遗传承人或许会从"受邀进校园"转变为"主动进校园"，而高校图书馆在非物质文化遗产的传承与保护方面也必将发挥更大作用，贡献出更大的力量。

参考文献：

［1］方允璋. 图书馆与非物质文化遗产［M］. 北京：国家图书馆出版社，2006.

［2］燕今伟，朱强.《普通高等学校图书馆规程》修订述要［J］. 大学图书馆学报，2016（2）：9-13.

［3］绵阳市文化广播电视和旅游局. 关于公布第五批市级非物质文化遗产项目代表性传承人的通知［EB/OL］. 绵阳市非物质文化遗产保护中心，2019-06-13.

［4］周慧. 高职院校图书馆非遗特色资源建设实践与探索：以盘锦职业技术学院图书馆为例［J］. 图书馆学刊，2019（14）：67-70.

［5］李沂濛. 高校图书馆参与非物质文化遗产传承与保护的途径：以天津高校为例［J］. 图书馆学刊，2019（7）：44-49.

高校图书馆传承优秀传统文化的实践与思考

——以西南财经大学天府学院图书馆为例

刘 玮 王 丽

摘要：经济全球化，文化多元化给我国人民的思想意识、文化认同带来极大冲击，继承和弘扬中华优秀传统文化，是面向世界、面向未来的新民族文化的重要内容，也是当代大学生的重要历史使命。文章回顾了近年来西南财经大学天府学院图书馆在开展优秀传统文化传承的实践探索，并对高校如何开展优秀传统文化传承提出了思考。

关键词：高校图书馆；传统文化传承；实践思考

一、继承和弘扬传统文化是实现中国梦的重要内容

一方水土养一方人，一方人造就一方文。在长期的生产、生活实践中，人类不仅创造了物质财富，也创造了丰富的精神财富。在历史演变中，中华优秀传统文化形成了独特的传统美德和核心价值理念，经过转化和创新完全可能成为社会主义核心价值观的思想源泉和丰厚养料[1]。但随着时代的发展和进步，新生产工具的出现及生产方式的运用，西方文化的流入，加之一段时期，我国忽视对优秀传统文化的宣传教育，造成年轻一代对传统文化缺乏兴趣，不愿继承和发扬传统文化。为使优秀传统文化得到很好的传承，急需提升人们保护优秀传统文化的意识，特别是增强年轻一代对中华民族传统文化的认知和继承。为此，中共中央办公厅、国务院办公厅在 2017 年 1 月发布并实施《关于实施中华优秀传统文化传承发展工程的意见》，为建设社会主义文化强国，增强国家文化软实力，实现中华民族伟大复兴的中国梦作出部署和要求[2]。习近平总书记在 2018 年全国教育大会上强调，要增强学生的中国特色社会主义道路自信、理论自信、制度自信、文化自信，立志肩负起民族复兴的时代重任。因此，对于高校来说，做好传统文化的宣传教育，引导当代大学生立德树人，树立社会主义核心价值观，将中华优秀传统文化继承下来，并得到发扬光大，应是高校教

育工作的重要内容。

二、传承优秀传统文化是高校图书馆的责任与担当

高校是教书育人的场所，也是文化传承的主要阵地。大量有知识、有理想的大学生，是中国传统文化发扬和交流最好的载体。习近平总书记说过，大学对青年成长成才发挥着重要作用。高校只有抓住培养社会主义建设者和接班人这个根本才能办好大学，办出中国特色的世界一流大学。随着科学技术的不断进步，地球村出现，特别是受到西方文化的影响，一段时间以来，我国不少大学生盲目崇拜外国文化，推崇外国的政治制度，崇拜外国的明星，热衷于过外国的节日。比如圣诞节在西方人的地位相当于我国的春节，可是我国不少年轻人对待春节，却没有对待圣诞节那么有激情；又如，情人节等一些西方的洋节在我国更是日趋流行，极大地影响着年轻一代，而我国的端午节、中秋节等一批中国传统节日却年渐暗淡，不为年轻人所记忆。有着几千年历史的我国传统节日大有被西方节日代替之势，当别人都在为自己的传统文化申遗或自豪宣传时，我们却在附和着他们，甚至贬低中华民族 5000 多年的灿烂文化。这不能不引起我们的深思。高校图书馆作为文化的汇聚与发散地、社会主义文化传播的重要窗口，有着丰富的纸质文献和数字资源，这些资源蕴含着中华民族优秀的传统文化。同时，图书馆员作为知识信息的导航员应当肩负起引导大学生深入学习我国优秀传统文化，传承优秀传统文化，增强民族自信心和自豪感，为我国的可持续发展提供有力的文化保障。

三、传承优秀传统文化我校图书馆的实践探索

为使我国优秀传统文化得到有效的继承和发扬，立德树人，培养青年一代热爱祖国，树立文化自信，西南财经大学天府学院图书馆近年来进行了积极的实践探索。

（一）加强馆藏优秀传统文化资源建设

西南财经大学天府学院是 2002 年建立的民办高校，建校以来，学校十分重视文献资源建设，图书馆拥有纸质图书 128 万余册，电子图书 119 万余册，数据库十余个。近年来加大了地方文献的收集力度，希冀建立地方文献特色馆藏，积极服务地方文化和经济建设，助力学校转型发展。为把优秀传统文化的精髓融入读者服务工作中去，图书馆在做好学校开设专业所需文献建设的同时，十分注重优秀传统文化资源的建设，学校领导特批专款购置了影印版文津阁《四

库全书》。特别设立中华经典图书专区，多渠道推荐，引导学生借阅，还通过深入推进专题特色资源库建设，加强对地方特色资源、优秀传统文化资源的挖掘整理，充分利用图书馆馆藏资源优势积极推广传播优秀传统文化。丰富的馆藏资源和完善的文献服务能力，为中国传统文化的传承与服务创新提供了充足的资源保障，为师生们学习、继承和弘扬我国优秀传统文化创造了文献条件。

（二）举办非物质文化遗产进校园活动

优秀的民族文化需要一代又一代人的不断继承和发扬，学生是优秀传统文化未来的保护人和传承人，要让大学生传承传统文化，必须先让他们了解、认知传统文化，增强文化自信。对此，我校图书馆在第 23 个世界读书日期间举办了绵阳非遗文化天府学院校园行活动，邀请了 10 位四川省级、绵阳市级非物质文化遗产项目传承人走进天府学院，展示展演"脱手变脸""玉龙化石雕刻""江油烙画""古羌水磨漆艺""刺绣"等民间工艺。让民间草根精英登上大学讲堂，向师生们讲述各自传承的非遗项目特色和技艺，并展出了非遗作品 150 余件。通过活动让师生深刻体会到我国民间文化中精湛的传统技艺和艰辛的文化传承，真正做到大众传承、普及传承，增强师生对我国"非物质文化遗产"的自豪感、荣誉感，为中华优秀文化的传承播下"种子"。

（三）举办展览宣传传统文化

传承我国优秀传统文化是一项系统工程，需要多形式进行。近年来，我校图书馆举办了"绵阳特色地方文献展览"，共展出绵阳地方特色文献 300 余种，让师生了解了历史悠久、文化底蕴深厚的绵阳。还持续开展了传统文化创意书签征集、设计与制作活动。去年，我们以"庆祝中华人民共和国成立 70 周年"为主题，将征集的书法、书画作品与创意书签征集活动结合，举办了"书墨颂祖国"活动，吸引了大批师生踊跃参加。作品不仅在图书馆展出，还被制作成书签面向全校师生发送。举办了"涪城拓片展"，30 多副拓片作品在图书馆顺利展出。一张张精美的拓片，令师生们眼界大开，赞叹不已。并邀请传承人王永俊老师进行现场拓艺演示，吸引了众多师生的围观并参与体验。展览活动直观地展现了我国优秀的传统文化，让师生们欣赏到优秀传统文化的灿烂，感受到了我国文化的无穷魅力。

（四）开办优秀地方文化系列讲座

大学办讲座是普遍的事情，但一般是以思想政治教育和专业学术为主。天府学院图书馆在开展文献信息服务中大胆开展创新服务探索，为让传统文化传承具有系统性、连续性，它专门以传承优秀传统文化为主题举办地方文化系列讲座已历经 2 年多的时间，先后邀请当地专家推出了《欧阳修与绵州》《平武剪纸》《李白与江油》《涪城拓片》《北川羌族草编》等地方优秀文化传承普及系列活动，累计参与师生上千人，是四川高校系统中率先开展地方文化系列活动的院校。通过举办地方文化系列讲座，大大增强了师生对非遗文化、历史文化、名人文化的了解，极大地拓展了师生的文化素养，不仅丰富了校园文化生活，更有效地传承普及了优秀的地方文化。

（五）开设传统文化选修课

传统文化传承普及仅仅表现在举办展览、讲座，开展活动方面是不够的。我校图书馆还在传统文化进课堂方面进行了探索。图书馆馆员自觉担当起责任，开设文化素质选修课《吟诵与人文修养》《吟咏学概论》《诗经诠译》等课程。让传统文化走上了大学的讲台，为当代大学生深入学习传统文化，提升文化素养，弘扬中华优秀传统文化精神，树立文化自信创造了条件。

四、对高校图书馆传承优秀传统文化的思考

高校是培养社会主义的建设者和接班人的摇篮，而图书馆是知识的殿堂。充分利用大学图书馆传承我国的优秀传统文化是一项有效举措，但却不是一蹴而就的，需要坚持不懈、持之以恒地开展，才能将传统文化得到有效传播，从西财天府学院的实践探索中引发了许多思考。

（一）传承优秀传统文化要成系列、成体系

大学开展传承优秀传统文化活动，目的在于普及优秀传统文化知识，使更多的学生认识、了解我国的优秀传统文化，感受中华民族优秀文化的博大精深、无穷魅力和鲜明的民族特色。在近年开展的传承优秀文化活动中我们发现，现代大学生兴趣广泛，参与活动的积极性很高，但在校就读时间较短，学校开展的各类活动多，学生的选择性大。绝大多数学生对我国传统文化缺乏真正了解，加之受到洋文化的影响，愿意深入了解传统文化的不多，能够持续参与优秀传统文化学习的同学就更少。因此，对大学生传承传统文化必须形成系列的活动，增强感染力，打造出品牌特色，要加强同学校有关部门的配合，并采取行之有效的措施，不断地给学生灌输优秀传统文化的知识，使其在不断参与中慢慢感受到优秀传统文化的魅力，树立我国文化自信。

（二）需要建立优秀传统文化体验中心

传承传统文化不仅需要通过举办讲座、展览等形式来开展，对于当代大学生来说，从小受到的是应试教育，对传统文化缺乏亲身体验，一般停留在表象的认知上。在丰富多彩的大学校园生活中，相对于学术类活动，学生普遍更热衷于参加歌舞类、自我表现类活动。据调研反馈的情况来看，学术性活动不如动手体验类活动更具吸引力。因此，图书馆应利用好学校的文化设施和教育资源，设立传统文化体验中心，定期开展项目体验，邀请专业大师现场教学、传授技艺，理论联系实践，让学生在动手体验中真正感受到优秀传统文化遗产的独特魅力，领略到其中的奥妙精髓，在书本和课堂之外，学习一技之长。对其中的优秀作品进行展出，组织参加各类比赛，丰富校园生活，将传统文化深深扎根于青年一代。

（三）要让优秀传统文化进入课堂

习近平总书记多次强调，文化教育是一项长期任务，要让优秀传统文化入学校、入课堂。这是站在实现中华民族伟大复兴的中国梦的高度提出的战略决策，不仅从幼儿园到义务教育阶段要开展我国优秀传统文化教育，在大学中，无论是文科院校还是理工科院校，应择校而定，开设优秀传统文化的相关课程，并与思想政治教育课程相结合，通过课程教学，让大学生了解中国历史，深切认知中华优秀传统文化。还可以在体育课程中加入我国民俗运动，如打陀螺、抖空竹、踢毽子等。将传统运动融入现代体育教学中，以喜闻乐见的方式在寓教于乐中进行弘扬和传承，充分调动学生的积极性[3]。加强学校第二课堂建设，积极鼓励学生参加优秀传统文化的社团活动和相关比赛，将中华优秀传统文化的传承在学校教育中形成课程体系并列入必修课程。

（四）校地结合传承优秀传统文化

传承我国优秀传统文化，不仅需要学校高度重视，还需要社会力量全方位参与，形成社会氛围。深度挖掘社会资源在优秀传统文化传承中的作用，弥补学校教育教学资源的不足[4]。应加强高校图书馆之间的合作，加强与当地公共图书馆之间的馆际交流，充分利用图书馆资源，实现共享。可以加强与地方文化传习所的合作，共同打造大学生的传承体验中心或优秀传统文化传承基地建设。加强同其他文化机构、社会团体的合作，形成文化共同体，发挥各自优势，联合开展各种形式的传承活动。比如为学生举办古典成人礼"冠礼"，学生加衣、加冠、接受庭训，让学生们现场感悟中华优秀传统文化的氛围和魅力。

五、结语

中国传统文化在悠久的历史发展进程中，积淀和形成了自己独特而伟大的民族性格和民族精神，是国家文化软实力的核心。如今，面对传统文化的日渐式微，国家、政府采取了有效措施进行积极抢救，《中国诗词大会》《经典咏流传》等节目在央视陆续播出，重新掀起了传统文化学习和尊崇之风。因此，全面认识中国传统文化，坚定传承优秀传统文化的决心和信念，实现文化强国是全国人民，特别是当代大学生的重要历史使命。

参考文献：

［1］［1］孙睿，刘骁，李姝，等. 图书馆传承中华优秀传统文化实践研究：以东北大学"真人图书馆"为例［J］. 图书馆学刊，2019（7）：95-99，104.

［2］中共中央办公厅，国务院办公厅. 中共中央办公厅 国务院办公厅印发《关于实施中华优秀传统文化传承发展工程的意见》［EB/OL］. 中华人民共和国中央人民政府网站，2017-01-25.

［3］张岩. 中国优秀传统文化在高校图书馆的传承与创新［J］. 文化创新比较研究，2017（18）：96-98.

［4］段超，李秀林. 新时代民族高校加强中华优秀传统文化传承的思考：以国家民委所属高校为例［J］. 中南民族大学学报（人文社会科学版），2019（6）：44-49.

承吟诵薪火，育时代新人

——大思政格局下中华优秀传统文化育人模式构建与实践

王晓峰　柳小晗　李美佳

内容介绍：中华吟诵推广与传承是学校"以文化人、以文育人"的重要内容之一，学校以吟诵为载体的文化育人模式已形成特色品牌，在校内外具有一定影响力，为弘扬中华优秀传统文化做出贡献。文稿从该文化育人项目的实践情况、特色、育人实效、推广价值、重点举措等方面，对学校构建的以吟诵为核心的中华优秀传统文化育人模式进行了阐述和概括。

一、实践情况

学校秉承"崇文尚武、敏思践行"的校训，落实立德树人根本任务，提倡赏识教育，坚持学生为主、教师为辅的"雅典式"教学改革，营造"小社会、大课堂"的育人环境。学校以"崇文"为肇始，发挥民办高校灵活性、多元性、动态性的优势，以思政课程和课程思政同向同行为抓手，以校园文化艺术节、社团文化等学生系列文化活动为平台，挖掘各类课程和校园文化建设中蕴含的思想政治教育资源，从而实现全员全程全方位育人。以吟诵（中华传统读书法）为核心的中华优秀传统文化育人模式，正是学校"以文化人、以文育人"的重要内容之一，形成了学校的文化育人特色品牌。

中华吟诵项目由校领导总牵头，马克思主义学院总负责，是在马克思主义学院组织指导和各部门密切配合下设立的文化育人机制。项目以"承吟诵薪火，育时代新人"为宗旨，秉持"从思政课程到课程思政""从课上到课下""从校内到校外"的原则，是学校思政育人工作体系建设中的精品项目。学校马克思主义学院建设方案中明确指出，要搞好文化建设，做好文化育人工作。大力推进优秀传统文化教育和爱国主义教育，继续开设优秀传统文化选修课（论语、诗经、国学概论）和通识核心课（逻辑与批判性思维），培养科学精神和人文精神。2015 年 12 月，学校成立了西南地区高校首个中华吟诵推广中心，积极开展论坛讲座、公益授课和中华优秀传统美德教育实践活动。2019 年 10 月，"绵阳市非物质文化遗产——吟诵（绵州吟诵）"在学校挂牌，以进一步致力于吟诵的传承推广，完善学校文化育人体系。

中华吟诵项目实施以来，不仅在校内师生群体中产生热烈反响，也将吟诵所承载的中华传统文化精神辐射到学校周边乃至其他城市的中小学、机关单位、社区、企业当中，将文化育人与课程育人、实践育人、网络育人、心理育人、服务育人、组织育人等相结合，主要从以下五个方面开展工作：

（一）吟诵走进课堂教学

学校坚持推进文化育人与课程育人相结合。一方面，在思政课教学实践中，我们指导学生开展"传承中华传统文化""传承中华民族优良传统，践行社会文明礼仪知识竞赛"等课堂展示活动，让传统文化浸润学生的心灵，让思政教育真正入脑入心；另一方面，为引导在校大学生学习中华优秀传统文化、对仁、义、礼、智、信等优秀传统文化精神有更正确的认识和身体力行的决心，学校开设了多门传承优秀传统文化的选修课，主要有：《中华传统读书法——吟诵》《吟诵——中国式读书法》《吟诵与人文修养》《国学概要》《诗经》《吟咏学概论》《论语》《孙子兵法》等近 20 门课程。这些课程一部分由中华吟诵学会理事、绵阳市吟诵学会会长、四川省吟诵学会会长、华调吟诵传承人、四川省吟诵专家王传闻先生担任主讲，一部分由在传闻先生的帮助和熏陶下成长起来的教师担任教学骨干。依靠团队的力量，以吟诵为载体，学校大学生提升了文化素养，感受到中华优秀传统文化独一无二的理念、智慧、气度和神韵，激发了他们内心深处的自信心和自豪感，增添了强烈的爱国主义情怀，坚定了他们为实现中华民族伟大复兴的中国梦而奋斗的决心和信心。

（二）吟诵走进幼儿园、中小学和各大中专院校

吟诵要从娃娃抓起，这是大家的共识。从 2014 年起，学校每周都会组织吟诵骨干老师和大学生志愿者到市内外的幼儿园进行公益授课，把中华优秀传统文化的种子播种在未来。

吟诵要走进小学课堂，刻不容缓。学校或主动争取或受邀，走进省内的成都市、绵阳市、乐山市、宜宾市、内江市、江油市、广元市及山东省各中小学校，为中小学生传授吟诵和国学知识。目前，接受并已成为吟诵教学传承基地的学校有：绵阳市园艺小学、高新区火炬实验小学、绵阳中学等，受益学生数 10 万人次。学校还受绵阳市教育部门邀请，对中小学师资开展了传统文化培训，参与培训的中小学教师近千名。中心还与各大中专院校和培训机构开展合作交流，如：赴绵阳财经学校为绵财国学班的同学开展"传播千年之音——典雅吟

诵"的讲座，赴成都正能量教育集团圣贤书院教授《孝经》《诗经》等文章，赴四川职业技术学院作"传统读书法——吟诵"专题讲座。2019 年 7 月，在甘孜县支教的三下乡团队，为学校对口扶贫地区的藏族小学生教习吟诵课。通过优美、具有感染力的吟诵曲调，学生们对古诗词产生了浓厚兴趣。

（三）吟诵走进四川省各社会机关团体

在学校特聘客座研究员王传闻先生的带领下，学校走进四川省武警消防总队、德阳市检察院、德阳市教育局、绵阳市教育局、绵阳市图书馆、绵阳市海关、绵阳市司法局、绵阳市妇联等二十余家单位，义务开展传统文化专题授课，受众 6 万余人次。学校将文化育人与实践育人相结合，让吟诵走进敬老院，弘扬百善孝为先的中华民族传统美德。

（四）吟诵走进社区

学校以中华传统节日为契机，以吟诵的方式将中华优秀传统文化精髓深入到绵阳甚至省内各大社区。在春节、元宵、清明、端午、七夕、中秋、重阳节等重大传统节日间，结合吟诵的独特方式，积极开展"我们的节日"主题活动，形成新的节日习俗和特色。目前，已经在绵阳市华奥社区、绵阳大众国学堂、阳光妈妈学院、上马社区、科虹社区、卡地亚阳光社区、杨家镇卫生院，以及遂宁、乐山等多个社区多次举办，获得一致好评。

（五）吟诵走进大众

学校积极参与各类文化艺术活动，展演吟诵魅力，让吟诵走进大众，提升社会文化品位。2019 年 7 月，在甘孜县"脱贫奔康·携手同行"系列活动文艺汇演上，学校三下乡团队呈现的吟诵节目《将进酒》展现了中华传统文化的魅力，获得在场观众的好评。2019 年 5 月，在第三届中华吟诵（非遗）展演晚会，学校表演了《沁园春·雪》，带观众们一同畅游吟诵的海洋，领略吟诵文化的魅力。学校还开展了 4 次"市民夜校"公益吟诵课程，让市民们近距离感受并且切实参与到吟诵中来。

此外，学校还积极开展中华吟诵的抢救、传承和推广工作，与全省、全国以及海外汉文化吟诵圈进行交流与合作；倡导绵州方言吟诵与雅言吟诵结合的艺术美学，不断推出具有强烈艺术感染力的吟诵作品，极大地繁荣了吟诵传承、普及了吟诵方法，促进吟诵走向大众，丰富了民众文化生活，提升了整个社会的文化品位。

学校现有绵阳、成都、德阳三大校区，四川得天独厚的人文资源为我们推广中华吟诵增加了深厚的文化底蕴，更有利于我们建设文化育人品牌项目，坚守中华文化立场、传承中华文化基因，汲取中国智慧、弘扬中国精神、传播中国价值，不断增强中华优秀传统文化的生命力和影响力，创造中华文化新辉煌。

二、项目特色

中华吟诵，是中国几千年流传下来的一种读书方式。《周礼》记载：保氏"以乐语教国子，兴、道、讽、诵、言、语"。即从周朝开始，中国人的学习就是伴随着吟诵开始的。古人留下的不仅仅是文字，还有声音。叶嘉莹先生曾说："中国古典诗歌之生命，原是伴随着吟诵之传统而成长起来的"，可以看出，吟诵自古以来就是集我国诗乐为一体之传统。吟诵既是一种读书方式，也是作者创作、推敲诗文的重要手段；是读者欣赏、领会其精神内涵和审美韵味的最佳途径，更是修身育人、传承文明、弘扬中华优秀传统文化的重要载体。

中华吟诵在西南财经大学天府学院文化育人工作中独树一帜、焕发出勃勃生机，在本地本校的文化传承、精神文明建设中发挥了引领作用，是学校思想政治工作体系的重要组成部分。我们主动挖掘传统文化的时代价值，贴合当代学生实际，创新吟诵的传播形式，使思想政治教育真正实现显性教育和隐性教育相统一、统一性和多样性相统一，涵养学生的家国情怀，培育文化自信。中华吟诵品牌项目开展的特色和创新之处主要有：

（一）课上与课下相协同

一方面，在思政课教学实践中，我们依托专题知识点融入中华传统文化知识，运用贴合学生实际、受学生喜爱的方式，传承传统文化精神，丰富思政课内涵。首先，学校打造吟诵讲坛，从2015年开始就开设了有关吟诵的各种系列文化素质课程供大学生选修，以吟诵为载体，引导学生阅读中华优秀古典典籍，学习中华优秀传统文化。其次，马克思主义学院以教育部《高等学校课程思政建设指导纲要》、四川省教育厅《关于全面推进高校"课程思政"建设，落实立德树人根本任务的实施意见》、学校《"课程思政"建设实施方案》为指导，与学校各二级学院（教研中心）多次开展交流合作，进行课程思政教学研究。其中，探索和挖掘中华传统文化中蕴含的育人资源是课程思政建设的重要一环。例如，建筑与工程学院教师在讲述"石灰的特性"这一专题知识点时，就将明代于谦的《石灰吟》作为重要的引入元素；艺术设计学院教师则在书籍装帧设计课程中专门开展《书籍中的中国传统文化思想——"天人合一"与书籍的版式》专题教学。

另一方面，马克思主义学院成立了两个学生理论社团：马克思主义研究学会、初心社。社团由学院优秀教师担任社团指导教师，多次组织举办以吟诵和中华传统文化为主题的校园文化活动，对学生身心发展有着重要的陶冶作用。吟诵作为一项区别于其他学科的情感表达，更具中国特色，将吟诵传入大学校园并开展相应活动，是丰富学生日常活动和陶冶高尚情操的重要渠道。

学校还精心选拔吟诵爱好者，成立了一支强有力的师生中华吟诵推广团队，在校园内开展吟诵文化系列活动，积极参加省、市、校级各类展演和比赛，积极营造文化育人的浓厚氛围。

（二）线下与线上相结合

线下，学校每周举办"天府论坛"，先后邀请了著名吟诵专家、中华吟诵学会副会长华锋教授来校讲授《国学教育与吟诵》，上海大学教授赵彦春来校讲授《国语新境界，文化须复兴》，清华大学教授孙明君来校讲授《传统文化与古典诗词》，中国传媒大学教授周月亮来校讲授《王阳明的心学智慧》，北京师范大学教授汪高鑫来校讲授《中华传统文化何以自信》，北京大学教授傅刚来校讲授《〈尚书〉是什么书》等。"天府论坛"中举办的以中国传统文化为主题的讲座有 30 余场。学校还开展了"李白与江油""四川非遗项目——平武剪纸"等地方文化系列讲座，定期举办校园文化艺术节、各种社团文化，如"吟诵雅集""你我共读，吟诵经典""中国节气""诵中华经典，传文化薪火""述吟诵之事，品吟诵之韵""诗书立业，孝悌做人""以史为诗，谱诗为曲"等学生文化系列活动，举办教职工子女吟诵启蒙班，促进全体师生在活泼欢乐、儒雅优美的活动氛围中感受吟诵魅力。

线上，学校利用当今发达的网络信息化优势，选用各类媒体平台，如微博、微信群、QQ 群会议、钉钉、腾讯会议等，在平台上组建吟诵学习兴趣群，开展吟诵直播教学。新冠疫情防控期间，为了丰富学生的居家学习生活，缓解学生长期居家的负面情绪，陶冶情操，吟诵中心通过线上直播方式进行吟诵教学，开展了"述吟诵之事，品吟诵之韵""讲吟诵历史，传中华文化""传承千年精粹，为往圣继绝学""学习优美诗词，传承中华文化""诵读经典，翰墨传情" 5 场云讲堂活动，帮助学生们能够在居家学习期间感悟中国传统文化，学习和诵读经典。

（三）引进来与走出去相促进

一方面，学校不仅面向师生开展吟诵讲座，还将中国传统文化的宣传推广面向外籍人士。在 2016 年 5 月至 7 月期间，学校中华吟诵推广中心为绵阳外籍教师开展了中华传统文化系列讲座。讲座通过吟诵、书法、国画和扎染技法等多方面彰显了中华传统文化的魅力，让外籍友人在活动过程中了解了源远流长、博大精深的中华传统文化。

另一方面，学校还对出国留学的学生进行中华优秀传统文化培训，以提升他们的民族文化自信心，增强他们的民族道路认同感，并促使他们在国外学习期间进一步把中华优秀传统文化推向世界。

（四）传统精神与红色教育相融合

习近平总书记强调，要把红色资源利用好、把红色传统发扬好、把红色基因传承好。红色文化以中华民族优秀传统文化为思想来源，是与中华传统文化一脉相承的先进文化。学校创新吟诵表达形态，吟诵红色经典，在新时代背景下将传承传统文化与弘扬红色精神相融合。

例如，新冠疫情防控期间，吟诵中心在线上举行了"以经典致敬抗疫战士——'诵读经典，翰墨传情'有感征集"活动，学生们积极参与，不仅创作了诗词、书法、绘画等作品，还通过吟诵《七律二首·送瘟神》《七律·颂李时珍》等经典诗词，表达了同学们的抗疫之情和祝福之意，激发起学生的社会责任感和时代使命感。我们还在 B 站的"西财天府吟诵推广中心"宣传平台上传"抗疫剪辑"视频，通过吟诵经典致敬所有抗疫战士，已累计有 730 余人次点击观看。2019 年清明节，学生第二党支部在绵阳市烈士陵园开展以"铭记历史，红色传承"为主题的扫墓活动。活动中，吟诵推广中心为烈士吟诵，歌颂革命先烈们浴血奋战的光荣事迹。

（五）马克思主义学院和各部门相连动

吟诵项目由马克思主义学院总负责，通过与党委工作部、党委学生工作部、图书馆、后勤服务中心等部门密切合作，配合联动，为思政工作拓展出新的文化育人协同机制。首先，邀请和选拔其他院系或部门在吟诵文化或中国传统文化方面具有一定知识储备、独到见解，愿意为中国传统文化推广助力的专业课教师、辅导员或行政人员加入吟诵团队，激活育人活力；其次，有效整合学校各方力量，发挥教师个人专长和其所在学院（部门）的资源优势，与马克思主义学院共同谋划项目方案，共同承担文化育人工作，共同成为文化育人活动的策划者和执行者；最后，马克思主义学院联合学校团委和学生素质拓展中心，把学生在吟诵项目中的表现纳入综合测评的考核中。最终形成学校多部门参与思想政治教育全程，实现全员育人、全方位育人的大思政格局。

三、育人实效

学校中华吟诵项目启动推广以来，不仅引起师生的热烈反响和广泛参与，而且通过各级各类社会展演活动，已经成为具有一定知名度和影响力的文化育人品牌，并以此为契机，营造校园浓郁的中华传统文化学习氛围。

（一）推广实效

学校从以传统读书法推进中华优秀传统文化育人实践活动至今，取得了丰硕成果。学校不仅是西南地区首个成立中华吟诵推广中心的高校，也是绵阳市吟诵协会的所在地，"绵阳市非物质文化遗产——吟诵（绵州吟诵）"也在学校挂牌。目前，学校已经培养师资人数10名，主办校内外吟诵推广活动80余场，举行海外推广活动3场，为企事业单位举办培训讲座60余场。所有活动开展覆盖成都、绵阳、遂宁、眉山、甘孜等多个地市州，在校学生共有10000余人次参与吟诵学习，校外人群学习受众达到5000人次，以润物无声的方式筑牢师生精神文化，构建和谐育人环境。

（二）育人成果

第一，促进教师综合素养的提升。吟诵项目的实施，对教师提出了更高的要求，不仅要求教师在课堂上设计合理、科学的教学融入，还需要教师在课下指导学生参与传统文化学习，并且学校将教师参加传统文化活动荣誉与指导学生所获荣誉与职称评审和职位晋升相挂钩，以此形成倒逼机制，促进教师主动提升自己的传统文化素养，提高综合教学能力，改变了过去单一枯燥的教学模式，让课堂更丰富，更受学生喜欢。

第二，促进了大学生家国情怀的培养。以吟诵为代表的中华优秀传统文化蕴含着丰厚的爱国主义教育元素。吟诵项目的推广实施，让学生对我们的民族、我们的国家增加了更深刻的理解，培育了更深厚的感情，这些情感经过几千年的孕育已经深深根植于我们的血液，是我们民族精神的重要组成部分，从而增加了学生的文化自信心和自豪感。

第三，促进了大学生健康人格的塑造。通过吟诵的方式来推动现代中国人阅读中国古典典籍，可以帮助我们接触真正的中华优秀传统文化精髓，聆听纯净、美好的声音，感受母语文化的魅力，荡涤乖戾之气，养成君子之风。中国传统文化中仁爱、包容、诚信、正心、尚义、崇礼等优秀的思想精髓能够浸润学生的人格，促进学生们树立正确的人生态度，不断追求高尚的精神情趣。

第四，促进了整个社会文化品位的提升。通过吟诵进学校、社区、社会团体、参与展演等形式，我们履行高校的社会服务功能，让大众有更多渠道接触和了解传统文化，喜欢上传统文化，从而丰富了民众文化生活，提升了整个社会的文化品位。在我们的推动下，并通过人与人之间"滚雪球"式的相互影响，以及参与吟诵活动的在校学生对家长的影响，由点及面，使越来越多的人开始认识吟诵，并主动加入吟诵团队，参加吟诵活动。目前，吟诵文化在绵阳市和四川省内都有一批忠实的爱好者，成立了绵阳市吟诵学会、四川省吟诵学会等吟诵团体，为推广吟诵文化、推动中华优秀传统文化发展积极努力。

（三）媒体报道

2020 年 9 月 22 日，绵阳晚报、绵阳广播电视台分别以《绵阳 13 位非遗传承人走进高校当老师》《非遗+高校一起寻找年轻的"传承者"》为题，报道了学校"地方优秀传统文化传承体验中心"建设。

2020 年 9 月 21 日，"学习强国"推送了学校报的新闻稿《西南财经大学天府学院：思政小课堂融入家国大情怀》，报道了学校多渠道、多形式创新思政课教学模式，提炼专题知识中的爱国主义内涵，让思政教育接地气、有温度、有高度，培育学生的家国情怀。

2019 年 9 月 14 日，中国青年网以《"情暖敬老院，共庆中秋节"文艺活动》为题，报道了学校吟诵推广中心参与的在绵阳市博爱敬老院组织中秋活动。活动中吟诵的《诗经·陈风·月出》和《望月怀远》，烘托了浓烈的节日气氛。

2018 年 9 月 17 日，绵阳日报报道了在学校举办的第二届绵州诗词会暨第九届中华经典诵读活动初赛的比赛过程，绵阳文明网、搜狐网等网络媒体进行了转发报道。

2017 年 5 月 31 日，中国教育报用半版篇幅《以吟诵之情呈中华之美——西南财经大学天府学院以传统读书法推进中华优秀传统文化育人实践》专题报道学校吟诵成果。报道指出，中华传统读书法——吟诵已经成为贯彻落实国家领导人"关于继承弘扬中华优秀传统文化"重要讲话精神的具体举措。该报道被宁夏财经职业技术学院等高校转载，作为文化育人的先进经验进行推荐。

2016 年 3 月 22 日，四川省教育网报道了学校中华吟诵推广中心赴遂宁宣扬吟诵文化的开展情况。另外，绵阳文化报等地方媒体对学校的吟诵开展情况也作了相应报道。

（四）获奖荣誉

2020 年，在第四届全国书法、硬笔书法网络大赛中，学校彭巧玲、黄佳玲等八位同学荣获二等奖，杨丽春、谢婷、唐静等 22 位同学荣获三等奖，共有 29 位同学获得优秀奖。

2019 年，在"四川省 2019 年中华经典诵写讲演系列活动"中，学校选送的作品荣获 1 个二等奖、2 个优秀奖。

2018 年，第二届绵阳诗词大会暨绵阳市第九届中华经典诵读活动决赛中，学校学子张海舟凭借深厚的古文功底获得了比赛的第二名。

2018 年，邓海霞老师在绵阳市第二届中华吟诵（非遗）展演中，荣获杰出展演奖。

以上媒体报道和获奖荣誉表明，学校构建的以吟诵为核心的中华优秀传统文化育人模式已初见成效，呈现出积极的育人效果。

四、推广价值

（一）中华传统文化的时代内涵

党和国家十分重视中华优秀传统文化的历史传承和创新发展。习近平总书记在十九大报告中指出，文化自信是一个国家、一个民族发展中更基本、更深沉、更持久的力量。坚定文化自信，就是坚持中国特色社会主义的发展道路。中共中央《关于培育和践行社会主义核心价值观的意见》强调，发挥精神文化产品育人化人的重要功能，加大对优秀文化产品的推广力度，让不同类型文化产品都成为弘扬社会主流价值的生动载体。2020 年 10 月，党的第十九届五中全会公报提出的"十四五"规划中指出，繁荣发展文化事业和文化产业，围绕举旗帜、聚民心、育新人、兴文化、展形象的使命任务，促进满足人民文化需求和增强人民精神力量相统一，推进社会主义文化强国建设。

习近平总书记强调，中国特色社会主义必须善待中华民族固有的文化基因。只有坚持从历史走向未来，从延续民族文化血脉中开拓前进，我们才能做好今天的事业。中华优秀传统文化是治国理政的重要思想资源，是加深民族记忆、培育中华民族的集体认同感、彰显文化自信的源头活水。因此，中华优秀传统文化作为中国经久不衰并区别于他国的独特印记，其传承与弘扬当是每一个时代发展之课题。

（二）吟诵传承与推广的现实意义

首先，1915 年新文化运动以后，西方的朗诵方式随话剧进入中国，汉语朗诵定型并取代吟诵。吟诵这一传统文化的表达方式逐渐走向衰微，老一代吟诵学者日渐稀少，而青年一代又大多处于不懂、不解的状态，传统吟诵正走向后继无人的境地。吟诵作为中华优秀传统文化瑰宝之一，是一项迫切需要保护、抢救和传承的重要项目内容。

其次，吟诵作为汉诗文的重要表达方式，也是修身育人、传承文明、提升社会文化品位，弘扬中华优秀传统文化的重要载体。通过吟诵的方式来推动现代中国人阅读中国古典典籍，可以帮助我们更好地理解古诗文，激发人们的学习兴趣，促进记忆，接触真正的中华优秀传统文化精髓，聆听纯净、美好的声音，感受母语文化的魅力，荡涤乖戾之气，养成君子之风。

最后，高校作为培养当代大学生社会主义核心价值观的主阵地，以吟诵这一有丰富感染力、艺术性的传统文化形式为契机和出发点，以点带面、以小见大，让大学生在接触吟诵的同时又能吸收优秀传统文化，弘扬传统美德，从这一层面上也体现了吟诵对大学生价值观教育的重要性。

（三）以吟诵为平台践行高校的社会服务功能

学校成立中华吟诵推广中心以来，利用中心优秀的师资力量和丰富的课程资源，在绵阳市九州智能幼儿园、少年宫、科艺小学、外国语学校、绵阳中学英才学校、高新区火炬实验小学、博雅小学、园艺小学等多所中小学校建立了优秀传统文化教育长效机制，积极开展吟诵系列主题活动和现场教学体验活动，取得了良好效果。

此外，学校还以传统节日为契机和载体，秉承着优秀传统文化深入社区的理念，在绵阳市华奥社区、绵阳大众国学堂、阳光妈妈学院、卡地亚阳光社区、杨家镇卫生院等处举办公益吟诵推广讲座，深入开展"我们的节日"系列主题活动，实施中国传统节日振兴工程，丰富春节、元宵、清明、端午、七夕、中秋、重阳等传统节日文化内涵，结合吟诵的独特方式，形成新的节日习俗和特色。这不仅丰富了社区文化建设，还增加了他们对中华优秀传统文化的认同感、对自己社区的归属感和幸福感，并在日常生活中践行优秀文化精神，积极承担社会责任！

五、重点举措

（一）社团建设

为全面复兴中华优秀传统文化，努力营造浓郁的书香校园文化氛围，践行"从课上到课下"的原则，学校计划在各二级学院建设吟诵魅力社团、吟诵爱好者俱乐部、吟诵志愿者联盟、古韵汉文化社等社团，尤其是关注德阳新校区和对大一新生的吟诵文化推广以及中华传统文化社团建设。通过开展丰富多彩、形式多样、内涵丰富的实践活动，促进在校大学生进一步感受吟诵的魅力，推进学校校园文化建设。

（二）课程思政建设

2020 年，教育部《高等学校课程思政建设指导纲要》指出，课程思政建设是全面提高人才培养质量的重要任务，要教育引导学生深刻理解中华优秀传统文化中讲仁爱、重民本、守诚信、崇正义、尚和合、求大同的思想精华和时代价值，教育引导学生传承中华文脉，富有中国心、饱含中国情、充满中国味。由此可见，吟诵所承载的中华传统美德和气质精神是课程思政重要的灵感和源泉，具有广阔的开发潜力。今后，马克思主义学院课程思政教学研究中心将结合校级优秀课程思政示范课评选、省级课程思政示范课申报和省级一流课程申报，按学科门类（人文类、理工类、思政类）挖掘和整合中华传统文化中蕴含的课程思政元素，拓展"三全育人"思路和渠道。

（三）科学研究

推进文化育人与科研育人相结合是学校今后的一项重点工作。学校坚持"深入研究，传承吟诵"的原则，不断做好吟诵内容丰富和完善工作、吟诵方法研习和推广工作及吟诵精神传承与领悟工作。进一步加强中华文化研究阐释工作，深入研究阐释中华文化的历史渊源、发展脉络、基本走向，深刻阐明中华优秀传统文化是发展当代中国马克思主义的丰厚滋养；深刻阐明传承发展中华优秀传统文化是建设中国特色社会主义事业的实践之需；深刻阐明丰富多彩的多民族文化是中华文化的基本构成；深刻阐明中华文明是在与其他文明不断交流互鉴中丰富发展的。同时，让科研育人促进课程育人，用学术成果丰富课程内容，逐步摆脱课程理论宣讲流于抽象概念层面、学生理解产生思维障碍、课堂参与积极性不高的现实困境。

（四）辐射带动

传承发展中华优秀传统文化是全体中华儿女的共同责任，作为新时代的高等院校，更要有高度责任感积极努力地践行。马克思主义学院将积极履行社会服务功能，坚持"从校内到校外"的原则，辐射带动周边学校、企业、社区、机关等基层组织，把中华优秀传统文化传承发展的各项任务落实。

（五）文字音像资料档案管理

资料归档主要是指在传承中华优秀传统文化的过程中形成的有保存价值的历史记录，包括所有的音频、视频、照片、活动策划书和新闻稿等文字说明。这些资源具有珍贵的历史和时代价值，我们计划安排专门老师负责搜集和整理，并妥善、及时、规范地进行归档和保管。

高校学生云教学中自我管理能力的培养研究

赵映菊

摘要：本文将从学生在云教学前后自我管理方面的能力做对比分析，探索云教学中如何培养学生自我管理能力，强化学生的主体意识，探索提高高校学生管理工作效率的方法对策。

关键词：高校；云教学；自我管理

在高校学生管理过程中，培养高校学生的自主管理能力是提高高校管理工作水平的关键，是高校学生管理工作及时有效进行的重要内容。2020 年，受新冠疫情的影响，所有高校开展了云教学，在云教学期间，学生在学习方式、学习习惯方面都有很大的变化，而在疫情防控期间探索学生在云教学中的自我管理能力的培养意义重大。本文将从学生在云教学前后自我管理方面的能力做对比分析，探索云教学中如何培养学生自我管理能力，强化学生的主体意识，探索提高高校学生管理工作效率的方法对策。

一、云教学前后学生自我管理能力对比概述

（一）自我管理的主观能动性差别较大

在云教学前，学生主动活动区域均在校园中，校园中有良好的学习和生活氛围，容易产生群体驱动力。一般而言，受到环境的影响，大部分学生会主动自我管理。在校园中，有老师、同学的驱动，一些没有目标或者目标缺失的学生可以通过观察周围同学的举动来调试自己的行为，但是，云教学对于主观能动性要求较高，个人学习生活均需要独立安排，缺少了周围同学的参照，部分学生开始迷茫，不知所措。

（二）监督方式发生变化

在教室内课堂的教学，任课老师会就学生遇到的问题、困难以及学生的学

习当面进行监督。云教学期间，各个高校出台了很多相关措施来督促学生完成线上的各类学习和考核，这些方式均是在线上进行的，这与之前传统的教育方式有很大的差别。但是，云教学符合时代发展的需求，也是未来教育发展的趋势，任何高校在这样的大环境中也必须与时俱进。

（三）自我管理的效果差异较大

培养大学生自我管理能力能够尽快帮助大学生适应社会发展，为将来发展奠定良好的基础，帮助大学生充分释放自我意识、健康发展，这是大学生自身发展的需求，也是社会进步的要求。各个高校对学生自我管理方式在校期间是多样的、可监督的，但是在云教学期间，学生自我管理能力的培养以及展示受到一定的限制，效果较差。

二、云教学中学生自我管理能力现状

（一）对加强学生自我管理的认识不足

高校因为发展较为迅速，学生基数膨胀剧烈，为了实现更好的管理效果，往往在学生管理过程中以学校管理为主、学工部门为指导、辅导员老师为主导、学生管理制度为依据，辅助以相应的思想政治与安全教育等配套手段。而在思政教育方面，以辅导员老师为主导，过度地依赖个体引导，导致辅导员自身在思政方面的认识及准备不足，效果良莠不齐，间接影响到了学校学生管理的效果等等。

（二）学生自我管理仅限于学生干部对学生的管理

高校重视班干部及团学组织职能的发挥，在组建学生管理队伍上，较严谨重视，往往挑选比较精干、素质较高的学生充实到学生干部队伍。虽然学生干部的选拔条件很严格，但是对所选拔学生干部的个人素养很难有固定的标准加以把控，难以避免参与学生管理的学生干部在管理过程中出现的不公平不公正的现象。而且，学生自我管理仅限于学生干部对学生的管理也有局限性，没有实现真正的共管共治、人人参与的学生自我管理模式。云教学期间，所有学生工作均在线上举行，容易导致沟通不畅，引起学生问题。

（三）学生大学生活目标性不强

大学学习生活更多的是发挥个体的能动性，也就是更多的是向学生自我管理过度，对自制力、目标感不强的学生容易造成迷茫。由于大学学习生活是以发挥学生自身主观能动性为主，对自制力差、学习方向不明确、理想信念不坚定的学生缺乏持续有效的引导。即使引导，手段也比较单一，引导方式不够新颖，效果较差，导致大学生在校学习生活目标不明确，随波逐流，人云亦云。

三、云教学期间培养大学生自我管理能力的路径

对大学生而言，随着年龄的增长以及知识、经验的不断积累，一方面其认识问题、分析问题和解决问题的能力得到了很大的提高，自主意识也在不断增强，必定会逐步脱离对家庭和学校的依赖，在生活、学习、工作等各个方面谋求自身的独立和发展；另一方面，在竞争越来越激烈的社会中，知识信息的不断更新，科技的高速发展，要求竞争者必须具备独立学习、独立思考、独立探索、独立创新等能力，这对大学生掌握新知识的能力提出了更高的要求和挑战。

（一）净化网络环境，加强网络监管

从国家层面，需要在网络科技发展进步的同时针对不同人群配套相应的规范制度，以达到对网络信息传播的科学控制，将网络的正面作用充分利用，逐渐减小网络对网民群体的负面影响。大学生思维活跃，容易受到各类思潮的影响，价值观正处于初步形成时期，判断力和辨识力缺乏，对于自己的言行缺乏合理的管理，通过外部环境的监管，可以让学生树立正确的世界观、人生观和价值观。在云教学期间，使用网络的机会和频率较高，更加需要加强对网络环境的监管。

（二）创新学生教育和管理方式

从学校层面，应不断创新教育和管理方式，在云教学期间，无论是教师还是学校管理人员对于学生的各类管理和服务均是在线上进行的，这就对学生管理部门提出了更高的要求。在教学的监管以及学生的日常管理中，不仅仅需要在云教学中对学生工作提出要求和监管方式，还需要随时关注学生的网络心理，开展弘扬社会主义正能量的活动，不断更新教育理念和校园文化开展方式。

（三）学生自身加强自我管理

从学生自身方面，要增强自我约束、自我督促、自我教育的意识，以辩证的态度认识网络所产生的作用，切实在成长过程中做到自我认识、自我监控，实施自我管理。云教学中，对于学生自主学习的意识要求很高，学生要通过对加强自我主观意识的培养和监督，提高个人综合能力。学生管理组织要尽量开展形式多样、内容丰富的活动，以此进行学生的自我教育。学生管理组织要对学校的各种职能部门进行辅助，对校园活动、学生生活学习进行关注，建设有利于学生互动、交流、学习的平台，为学生提供他们所需的各种信息，同时收集学生对学校的各种建议和意见，及时反馈和处理。

无论云教学开展与否都需要学生加强自我管理的能力，云教学只是一个再次引起大家关注学生自我管理的契机。高校学生自我管理教育的有效开展需要教师和学生的共同努力，高校教育工作者要以引导者的身份让学生建立正确的世界观、人生观、价值观，让学生在学校中通过自我管理和教育，养成良好的行为习惯，提升综合素养。同时，高校学生要充分地认识到对自我进行管理和教育的意义，加强对自身的约束，进而实现个人素养的全面提升。

参考文献：

[1] 张丽琼. 浅谈高校学生自我管理能力的培养 [J]. 市场周刊，2020（1）：77.

[2] 高雨雨. 浅析新时代背景下网络对高校学生自我管理的冲击 [J]. 产业与科技论坛，2019（23）：270-271.

[3] 刘利君. 高校学生管理工作中如何培养学生自主管理能力 [J]. 学周刊，2019（34）：6.

[4] 刘艺. 基于云教学的高校教学模式研究 [J]. 教育信息化论坛，2021（10）：126-128.

"情""境""人"：
云教育中学生自主学习能力的培养

常　荣

摘要：云教育是云计算、互联网以及教育事业融合发展的产物，对传统的教育理念和教育模式产生了巨大影响和冲击，云教育具有自身的特点和优势，对教育产业未来的发展起着关键性的引导作用。当下，新冠疫情更是推动了云教育的发展与改革，在此过程中，如何提高学生自主学习能力成为当下亟待解决的核心问题。现从"情""境""人"三个维度就云教育过程中学生自主学习能力培养的内涵和过程进行分析，以西南财经大学天府学院为例，融入"云教育"理念与模式，探索建构"学习共同体"中的情感认同、创设"学习环境"中的情境空间、培养"全人理念"中的学生能力，在疫情之下，以及未来教育发展中，旨在提升学生自主学习能力，培养德智体美劳全面发展的应用型人才。

关键词：云教育；自主学习；能力培养

在新冠疫情这个特殊时期，云教育学习模式在当前教育行进路程中成为学校、家庭、社会"三位一体"共同学习的选择模式，孟卫东、佟林杰在《我国云教育发展的挑战与策略研究》中谈道，"云教育＝云+教育，云的核心内容指的是云计算和云服务，通过云平台的建设将教育教学信息和资源进行集中管理、调配和共享，并最终以云服务的形式提供给需求者"[1]。温玉芳在《培养学生自主学习能力的实践与思考》中指出，"自主学习，即学生在教师指导下，有目的、有计划、大胆地、主动地去学习，让学生在学习中积极思考、主动探究，发现问题、分析问题和解决问题"[2]。国内外研究学者对"云教育"和"学生自主学习"均进行了深入研究，但将二者结合起来的研究甚少，本文以西南财经大学天府学院为例，在信息技术与教育深度融合的云教育背景下，云教育的方式优化了教师的教法、学生的学法。在云教育的过程中倡导学生自主学习，培养学生的自处能力和共处能力。笔者具体从"情""境""人"三个维度以学生自主学习能力培养内涵过程为主轴进行探索与思考，培养云教育中学生的自主学习能力。

一、"情"：建构"学习共同体"中的情感认同

从"情"着眼，主要指的是在云教育的组织、实施和评价过程中，不同角色在"学习共同体"中的情感认同，对施教者（教师）、学习者（学生）和辅助者（教辅人员）的尊重、赏识。首先，作为施教者的领导者——教师，在云教育的过程中，并不是为了用技术而用技术，也不是为了录课而录课，重在挖掘信息技术的优势，在云课堂教学设计的过程中，始终以学生的自主合作、个性化学习为核心，创新地、详略得当地应用信息技术的功能优化教学[3]。因此，在云教育过程中，既要尊重施教者自身教育的初心，又要尊重学习者的学习价值取向的内驱力。其次，作为学习者的主体——学生，在云教育的过程中，需要尊重自己的内心价值取向，树立终身学习的理念，把学习作为内心驱动力，在领导者和辅助者的引导下，积极主动学习，培养自己独立的思考能力，利用信息技术学会寻找必要的学习资源，通过重构形成自己的能力体系。最后，作为辅助者给施教者和学习者建立交互关系，构建学习场景，为情感交流的认同打好基础，协助学习者对学习资源、学习过程和结果的反馈予以支持。

在云教育的过程中，不同角色者在给予彼此学习内驱力的尊重，予以情感上的认同后，重在引导学生自主学习能力培养的方法，教师把舞台真正让给学生，让学生成为舞台的主角，如"雅典式"教学模式在教书育人的各个环节中，既体现了知识与方法的结合，又实现了情感态度与价值取向的融合，激发学生的潜能，促进学生的全面发展，在获得知识与技能的同时掌握了"学会学习"的能力。根据各课程的特点、各学生的个性，引导学生主动参与、亲身实践、独立思考、合作讨论，提高学生搜集和处理信息的能力、获取新知识的能力、分析能力、交流合作能力，使每一位学生都能得到充分的发展，自处能力和共处能力都得以培养。

二、"境"：创设"学习环境"中的情境空间

从"境"着眼，主要指"情境"，学习环境中的情境必须有利于学生对所学内容的意义建构。云教育学习过程中创设的学习空间和时间，正是创设和提供的学习"情境"。建构主义认为，知识不是通过教师传授得到，而是学习者在一定的情境即社会文化背景下，借助其他人（包括教师和学习伙伴）的帮助，利用必要的学习资料，通过意义建构的方式而获得的。由于学习是在一定的情

境即社会文化背景下，借助其他人的帮助即通过人际间的协作活动而实现的意义建构过程。因此，在云教育的过程中，学生的学习空间和时间要因地制宜，因时而立，根据学生所处的空间环境而展开，无论是第一课堂还是第二课堂的学习，都需要施教者依托学生"此时此地"所具有的条件展开学习，学习者也要树立因地制宜的学习意识，根据学习的方式和内容而做出环境、条件改变的思想。如有的学生仅有一部智能手机作为学习工具，在学习网络不够支持的条件下，作为施教者中的教师角色需要设计可操作性、可接受性的学习任务，学生角色需要调整好心理状态，下定决心，无论在什么环境下都可以自学、主动学，辅助者帮助学生树立自信心、答疑解惑、排除万难。

在云教育的学习过程中，首先，创设情境，创设学习时空为"狩猎场"，视"教师"为"猎手队长"，"学生"为"猎手学员"，提供"捕猎的方法"。"猎手队长"教"猎手学员"在"狩猎场"学习捕猎技巧，并运用所学技巧主动去捕猎，学会与其他的猎人进行合作，努力成为一名优秀的猎人。其次，注重引导，在目前学习者"停课不停学""居家未返校""此时此地"的学习情境中，作为学习主体的学生，更有赖于教师的指导和帮助，因此要提供交互性强、情境性贴切、反馈性及时的远程学习模式，充分结合实时和非实时、自媒体和电子文本，最大限度为学习者提供可以捕获的资源，满足云技术符合学习需求服务的价值取向。最后，坚持以学生自主学习为主，以学生的有效学习为本，用信息技术延伸教育，突破时空界限，用爱与智慧创造学习能力这笔财富。

三、"人"：培养"全人理念"中的学生能力

从"人"着眼，主要指的是"全人"，培养完整的人。全人教育理念的提出者之一雅斯贝尔斯认为：教师要适应儿童的天性和能力，因材施教；教学既要使学生掌握知识，更要培养学生的学习主动性和发展学生的理解力、思考力等多种能力；真正的教育是自我教育，教育者的使命是把受教育者引到自我教育的道路上去[4]。因此，在全人理念下培养的学生，学生能力的形成应是全面的，拥有一流的专业素养和健全独立的人格、懂得尊重与爱、树立终身学习意识、激励每个学生成为最好的自己。在云教育的过程中，给予学习者心灵和精神发展的尊重，创设学习情境，整合学习核心，建立交互关系，体现在不同施教者、学习者的共同体中学习，本身也是"人"的能力培养形成的过程和结果。

在"情"和"境"过程中，对"人"，即学生，在云教育过程中创设和提供了更全面的学习空间，特别是学生可以结合亲身经历的学习情境和学习资源，产生了师生分离的远程学习体验，营造了学生自主学习的环境，为教师提供了

更多思考如何提升学生有效性学习和针对性学习的空间，实现"停课不停教、停课不停学"的云教育，培养学生的自主学习能力。在情感交流认同的基础上，学校、老师、家庭、家长和学生都可以相互配合、相互支持，在这个学习共同体中，学生得以实现自我主动学习的目标[5]。

四、结语

在这特殊时期，作为教育行进路上的奋斗者，需要充分应用信息技术，深度融合到教育教学中，担任"停课不停学"的使命，创新性地实现"停课不停教"，让学习主体——学生利用信息化技术随时随地地有效学习，同时鼓励在云学习中分享学习成果，在分享成果中再次学习，形成学习的有效链条。教师重点聚焦于甄别学生学习目标能力的达成上，给予其更多的引导。总之，在情感上认同尊重、环境上创设无限制的时空，全面培养学生成为德智体美劳全面发展的社会有用之才。

参考文献：

[1] 孟卫东，佟林杰. 我国云教育发展的挑战与策略研究 [J]. 保定学院学报，2014（1）：93-97.

[2] 温玉芳. 培养学生自主学习能力的实践与思考 [J]. 甘肃教育，2013（6）：33.

[3] 王淑英. 未来教育场景：现实课堂如何与虚拟课堂结合 [EB/OL]. 腾讯网，2020-2-21.

[4] 杨东平. 再谈何为"全人教育"[EB/OL]. 21世纪教育研究院，2019-12-13.

[5] 王珠珠. 在线学习促教学模式改革 [EB/OL]. 中国教育报，2020-2-21.

第五篇 **05**

人物榜样

回归高校，关注教育

——省级优秀教师隋国辉

从 1994 年任职华北电力设计院的项目经理到 1998 年成都正明电子有限公司的副总经理，隋国辉先生生活稳定，前途一片光明。而如今他却身在教师的岗位上，到底是什么让隋国辉先生放弃现有的优越条件回到大学任教？又是什么让他在教育的岗位上坚持了八年？在天府学院八年的时光里，隋国辉老师兢兢业业、勤勤恳恳，为教育事业贡献了无数汗水，其教学成果更是惠及数代天府人。奋战七八载，舍弃浮华，只为桃李遍地。育人近十年，思索教学，心系天府人。

大学教育，他，思考了什么

人们常会在茶余饭后谈论一个问题——"大学是什么？"有人说大学除了文凭没什么用，有人说读大学完全是浪费时间。可无论人们怎么评论大学，大学的建设者们都在用实际行动告诉社会大学存在的必要性和重要性。隋国辉老师无疑也是大学建设队伍中的一员，多年来，他围绕"什么才是真正意义上的大学教育"这一主题，进行了长期的、卓有成效的探索。他用他的研究结果向社会证明：大学是有用的。同时也向我们解释了"什么才是真正意义上的大学教育"。古语有云："授人以鱼，不如授人以渔。"隋国辉老师对教育进行深入研究后认为："教学的艺术不在于传授的本领，而在于激励、唤醒、鼓舞。"传授的本领本身是一种"鱼"而不是"渔"。随着社会的不断发展，被开发出来的职业、技能越来越多，"渔"这个角色也发生着转变，让学生学会如何获取本领比教会学生掌握这些本领要更加重要。

大学之"大"在于高等教育，高等教育之"高等"在于知识高等和教学方式的自由、多样。到底什么才是真正意义上的大学教育？隋国辉老师的课堂给了我们一个答案。大学教育就是通过丰富的教学方式激励学生，唤醒他们的潜力，鼓舞学生的士气，给予学生自由。大学给予了学生自由发展的空间，但又

237

不能任凭学生肆无忌惮，必要时需要给学生一定的引导。隋国辉老师认为大学教育的主体是"人"，大学教育是以人为本的教育，是顺应社会不断改革创新的教育。

注重学生，他，创新教育

在天府学院近8年的教学中，隋国辉老师先后承担了《软件工程》《系统架构与设计》《软件测试》《创业指导》《论文写作指导》《社会调查与统计》《客户关系管理》课程的教学工作。他始终坚持教育的核心是对人的教育，不仅仅是要求对不同的学生个体因材施教，还应该针对不同的课程定制不同教学方法，做到因课施教。紧紧围绕人的发展这一核心的隋国辉老师采取了多种教学方法，教授《创业指导》《社会调查与统计》《客户关系管理》这类课程时，他会让学生去体验工作流程，以此来培养学生对于理论知识的实际应用能力；教授《论文写作指导》这种课程时，隋国辉老师会让学生用讨论式的方法相互交流学习，从而以提高学生参与度的方式来提升学生的学习兴趣；讲授理论知识时，隋国辉老师为了方便学生们记住知识点，便用现实生活中实际存在的案例来讲解。丰富多样的教学方式给学生留下了深刻的印象，隋国辉老师的学生纷纷表示："喜欢老师的教学方式，认为老师所讲的、所教的都十分实用，在隋国辉老师的课堂上有很大收获。"学生们喜欢，能真正地有所收获才代表着这种教育方式是真正意义的以"人"为核心的教育。

隋国辉老师大力推动创新教育，自发在学院创立学生自我学习型组织——创新俱乐部，创新俱乐部成立至今的七年时间里，他坚持以认真负责的态度为学生们义务指导，培养学生的创新意识，帮助学生创新创业。经过多年的努力，在隋国辉老师的帮助下，西南财经大学天府学院已经初步形成了以创新俱乐部为基地的一套初成体系的创新人才培养机制。依托创新人才培养机制，创新俱乐部的同时也向社会贡献了大量的创新型人才。至今，创新俱乐部已有四届学生成功进入理想的工作岗位，所有学生均在较短的时间里从所在岗位中脱颖而出，成为同辈甚至行业中的佼佼者。

十年天府，他，功不可没

除了教学上的突出贡献，隋国辉老师在天府学院十年建设中还付出了无数的辛劳。借鉴"助人自助"的社工理念，隋国辉老师亲自策划推动建成国内第一个高等教育学生社会工作站。高校的社会工作站是为了帮助学生开展社区活动的，为大学生提供志愿者服务的机会和一些扶贫项目等社会性福利。同时，社会工作站还为入校的大一新生提供大学生活适应性问题的心理健康咨询和指导，帮助大一新生快速适应大学生活。隋国辉老师说："有很多学生刚入校时，非常迷茫，高中时期有家长管教，有老师帮忙建立短期目标，到了大学，这些学生的各种问题便开始暴露。比如，与室友容易产生矛盾、没有规划清楚的目标等大小问题，如果不加以疏导，就会导致严重的后果。特别是他们到了大二时期，其中的负面影响就会暴露出来。"大学生虽然是成年人，相比未成年人更加成熟，但是大学生毕竟是刚刚踏入社会，正值青春年少，热血方刚，往往自尊心较强，没有忍耐心，加上心智不够成熟，容易发火、与他人起冲突。为了避免各类不可控的情况发生，对大学生的心理教育应该采用"旁敲侧击"的办法，不能直接伤害大学生的自尊心，可以从侧面提醒学生，引导学生。这就是为什么隋国辉老师提出"教学的艺术不在于传授的本领，而在于激励、唤醒、鼓舞"。隋国辉老师推动建立社工站的目的也正是如此。

除此以外，帮助社会培养更多的实用型人才，帮助更多人提升创新思维也是隋国辉老师的希冀，不仅主导、参与、推动数十个校外人才实训基地建设，还成立了个人理财规划工作室。更是在前期社会工作站的基础上，运用之前的经验，牵头成立了成都老龄事业发展研究中心，进一步推动社区工作的开展。围绕生产、学习、研究一体化目标，突破创新人才培养的障碍，推进学科交叉集成，成都老龄事业发展研究中心还在养老助老上进行大量的学术研究，取得了丰硕的成果。隋国辉老师推动建立的成都老龄事业发展研究中心为西南财经大学天府学院的学术研究方向上的发展等众多方面做出了不可磨灭的贡献。

后记

服务社会、服务人民、服务师生，这是隋老师曾经的誓言。扎根教师岗位七八载换来的不仅有"弟子三千"，还有为创新教育留下来的宝贵财富。他，果断舍弃优越的生活环境，回到高校重拾书本，投身于教育改革的浪潮之中；思索数年，提出教育要回归学生，为实现教育创新，坚持实践多年终成完整体系。对教育事业的突出贡献和他在工作中认真负责的态度，既是一个优秀党员为人民所做的，也是一个人民教师呕心沥血为学生所做的。

德高为范，学高为师

——省级优秀教师徐鸿雁

师先于人，故师能授人。自古以来，老师便有着神圣不可侵犯的地位。每个时代乃至每个人对于尊师重教都有着不同的理解和各式各样的表达方式，优秀教师的称号虽然看似不算什么，但是这个形式也许就是现在社会中对于老师最好的认同。学生能认可老师的教导，就是老师心目中最大的慰藉。

德高为范

为师者，德之先行。教书且育人，师德是教师最重要的素质之一，教书者必先学为人师，育人者必先行为范，可谓教师之灵魂。教师是每一名身在学府之人最先接触到的直接榜样，这就要求教师要具有一定水平的思想政治修养和深厚的文化底蕴。身为教师要善于运用自己的德行去教化、感化学生，而高尚德行的养成并非一蹴而就，它是一个缓慢积累、持续累加的过程，再于日常生活和学习中予以沉淀和升华。当然，老师并不一定是德行最高的人，但一定是要能够坚持不懈提高自己的人。德行的培养不在于一系列墨守成规的教学方法，而应该与时俱进、不断更新。古语曰：流水不腐，户枢不蠹，成长不只学生需要，老师也不能例外。

徐鸿雁老师是我校一位资深教师。在徐老师的眼中，当老师就必须学会不断地摸索和研究。对于"如何在教学中深厚自己的底蕴""如何在教育中实现自身的再提升"这些老生常谈的话题，徐老师用自己的见解和行为丰富了该话题的内涵。徐老师一直强调师德内涵是作为教师的前提，为了实现这一目标，徐老师结合自身七年来的教学经验，加上对师风师德政策文件的学习，对教师职业的时代性与创造性有了深刻理解。在平时的部门管理和课堂教学中，徐老师更是严格要求自己和同事们坚持守好政治、法律和道德底线，确保自己管理的课堂风清气正。

徐老师还严格要求自己做到言行一致。课堂上需要学生学习的知识自己先精通，做好表率，从自身的角度来保证学生对于知识的掌握程度；要求学生崇尚的行为自己先行之，以身作则，用自身的切实行动来教化学生。不管是课堂内外，徐老师都坚持尊重学生、以人为本，关心学生各方面的发展，积极为学生解决实际问题。从尊重学生的人格开始，用平等的、负责任的教育观点完成教育教学活动。为了深入了解学生，2011—2015 年，除正常工作时间外，徐老师平均每天还额外用不少于 3 小时来指导学生（包括周末），坚持身体力行，用态度影响学生，使学生感受到作为大学生应有的学习和人生态度。认真诚恳、恪守职责、热爱学生、热爱教育的徐鸿雁老师深受学生的爱戴，徐老师分别于 2012 年、2014 年获得学校"优秀教师"荣誉，并于 2012 年荣获绵阳市教育局"优秀教师"称号，2015 年荣获"四川省优秀教师"称号。

学高为师

徐老师在注意自身德行培养之时，也将自身的本职工作精益求精。为了适应现代社会日新月异的信息化需求，徐老师先后参与了 ORACLE 中间件融合、物联网技术、用友 ERP 等技术和业务培训。不仅如此，徐老师还对一些学校计算机课程没有涉及的新领域发起了挑战，先后主持研究了多个实用项目，比如 2010 年主研"基于 MOODLE 的教学平台"研发项目，2013 年参研"天府学院校园信息系统单点登录"项目，2014 年负责"天府学院校讯通"项目服务器架构和数据库运维，2015 年主研"天府学院网络考试系统"项目并负责"天府学院三维 GIS 校园应用展示系统"项目等。

同时，徐老师根据学生的兴趣点，通过课下短期培训，日常指导，以兴趣小组的形式完成针对专项技术领域的演练，并指导学生参加了各级比赛。其指导的团队分别获得了 2014 年计算机设计大赛四川区赛二等奖、2015 年计算机设计大赛四川区赛三等奖、2015 年省大学生挑战杯大赛二等奖、2015 年第三届发现杯全国大学生互联网软件设计大奖一等奖，受训的学生每年就业率和就业质量都名列学校前茅。为了建成规模化、科学化人才培养机制，让更多的大学生体会到信息管理在社会发展和就业中的作用，并从中受益。2011 年，和学校领导一起提出并实施"信息+管理复合型人才培养"的辅修模式，着力提升学生信息技术水平，先后培养信息管理辅修专业学生 1000 余人，大批学子实现高质量就业。

在此过程中，徐老师不断集中零散资源、梳理流程、总结经验。在 2013 年学院攻关项目"企业管理信息化协同创新平台"中，徐老师带领攻关团队攻克重重难关，取得了优秀的成果。为了达到新时代的人才培养目标，徐老师带领教师团队深入研究信息化平台，以"打破学习的时空限制，满足新时期大学生学习特点"为目标，于 2010 年着手一系列信息化为主题的研究。在此之后，校级项目《基于 moodle 的开放学习平台建设》、《课堂教学改革中课程信息化设计的研究》、教育厅项目《高校教育信息化平台技术研究》均顺利完成并反哺到教学中，实现研学结合，有效巩固了其建设的企业管理信息化协同创新平台。

实践先行，理论支撑

在日常的教学活动中，徐老师发现，学生在课堂上听老师讲解，所以大多数人对书本上的理论知识掌握得不错，但是实际操作能力却普遍不太理想。经过调查研究，徐老师发现，这种情况的出现是基于很多学生在课下不会自己动手去进行演练，而课堂上又没有演练时间导致的。为了使信息管理和人才培养更科学有效，徐鸿雁老师学习并实践社会建构主义教育理论和探究式学习理论，2013 年对实践类较强的科目进行教学方式的改革，实施自主学习策略。

在这种学习策略下，学生可以自由地相互学习、相互请教，用一种轻松的方式来实现"课下知识巩固"的目标，相较于以前的课堂教学模式，这样新颖的方式更受同学们青睐，大大提升了学生的实际动手操作能力和学习效率。结合"项目驱动式"教学模式，采用不同教学策略，从不同侧面提升了同学们的学习积极性。在学校的大力支持、先进的理论指导、合理的创新平台、有效的信息化手段和符合大学生特点的学习模式相结合的机制下，最终形成了西南财经大学天府学院管理信息化特色专业人才培养基地，并在社会上具备较深的影响力。

后记

鼠标的拖拽，为学子描绘的是一幅幅未来的蓝图；键盘的击打，每一键都承载着拳拳希望。三尺见方的讲台之上，永远挺立着不辞辛苦的徐老师。因为他深知，教师是受人崇尚的职业，教育是一生的事业。借助于已有的基础和成绩，徐老师不断提升自我、不断育人教书，始终以饱满的热情、昂扬的姿态投入天府学院教书育人的事业当中。他在尽心尽力地培养着一树桃花，一地芬芳。不为其他，只为大江南北一片片花团锦簇，一树树李白桃红！

展巾帼风采，做教育实事

——省民办高校优秀教师典雅萍

师德为先，以德育人

《左传》曰"太上有立德，其次有立功，其次有立言"，立德是三不朽中之最先。德育是教育的根基，能帮助学生在人生关键阶段树立正确的人生观、价值观和世界观，在教育教学过程中有着举足轻重的作用。

作为一名共产党员，典雅萍坚持做好立德树人工作。她认为，做好师德垂范必须乐教勤业。自从教以来，她一直坚持认真学习符合学生特点的教育教学理论，积极投身于教学和业务工作，积极推行学校"雅典式"翻转课堂互动教学和"项目驱动式"实践教学改革，大胆进行现代教育技术与设计类学科教学整合的教改，以培养学生的自主学习能力。她始终坚持给自己的专业能力充电续航，不断更新，以尽可能拥有更丰富的专业知识储备，在课堂上能将最前沿的专业案例传达教授给学生。

无论是课上还是课余，典雅萍始终能够与学生保持良师益友的关系。在教学中，她热爱学生，善于走进学生的情感世界，把学生当作朋友，去感受学生的喜怒哀乐。在课堂中既充分尊重学生又严格要求学生，做到严中有爱、严中有章、严中有信、严中有度。从教以来，她主动申请担任专业班主任，定时召开主题班会，加强学生的德育教育，并就学生们在大学生活学习中出现的问题进行讨论和分析，帮助其解决实际困难。她经常联系不同层次的学生谈心，努力进入每个学生的内心世界，了解他们的真正需求。同时，她从学生实际出发，对不同类型、不同个性的学生，有针对性地进行思想交流，对其不良习惯帮助纠正。

她用自己的热情温暖了学生，以自己的德行感染了学生，在教育事业的道路上，教会学生做事、做人，在学生中树立了良好形象。2019年，在学校组织的"不忘初心、立德树人"师德演讲比赛中，获得一等奖。

教研引领，以"教"抗疫

在学校各项科研建设中，典雅萍一直保持着教育教学的热情，在自己擅长的专业方向里积极加强课程建设。近五年，她承担了《住宅小区规划》《地景园林》《城市公共空间》等十多门专业课程，同时担任多门专业课的负责人，带领课程组老师深入探索新形势下的创新型教学思想和教学方式，开展线上线下混合教学活动。其中，《住宅小区规划》课程获得校级应用型示范课程建设项目、"课程思政"示范课程建设项目立项、省级应用型示范课程建设项目。2019 年，典雅萍组织专业教学团队录制并建设《住宅小区规划》课程，经过严格审核，成功上线具有全国影响力的"学银在线"平台。目前，已完成 3 期对外开放课程，累计选课学生人数 1397 人，覆盖国内 88 所高校。2020 年初，典雅萍负责承担的《住宅小区规划》课程视频以其完整的教学内容、丰富的题库、精美的制作，登上"学习强国"平台。这有助于促进设计类专业线上课程的发展。

2020 年初，面对疫情防控的严峻形势，典雅萍积极响应教育部提出的"停课不停教、停课不停学"号召，主动带领学校环境设计专业教师团队在"学银在线"平台上建设和运行《住宅小区规划》及《室内空间设计》两门专业课程。疫情防控期间，无偿开放给国内受疫情影响的高校，为其开展"云教学"活动，促进优质教学资源共享。目前，《住宅小区规划》课程被国内 11 所高校选用。截至 11 月 14 日，浏览量为 426586 次，选课人数 1397 人；《室内空间设计》课程被国内 15 所高校选用，浏览量为 183997 次，选课人数 1128 人。同时，典雅萍带领的云教学授课团队在与各高校合作教学期间，不断加强交流和沟通，为受疫情影响的高校师生提供帮助支持，为身处疫情中的高校渡过难关尽了自己的一份微薄力量。鉴于典雅萍在疫情防控期间积极响应党和政府的号召，在专业领域内以教育的力量参与抗"疫"，支援国内多所高校教育教学的优秀表现，2020 年，她被成都市建筑装饰协会评为成都市建筑装饰行业"三八巾帼标兵"。

潜心教学，采获硕果

教学过程中，典雅萍积极推行学校的"雅典式"教学理念和"项目驱动式"教学改革，坚持带领学生参加各类设计比赛。她认为，学科竞赛是把专业理论知识具体化、形象化的较好方式，可以督促学生学习和提高团队实践创新能力，培养学生自主学习能力。近年来，她带领学生参加国家级、省部级等各类设计比赛，获得了丰硕成果。2015 年，指导学生参加第七届四川省高校学生环境艺术设计大赛获得二等奖；2016 年，指导学生参加第八届四川省高校学生环境艺术设计大赛获得作品二等奖、大赛团体一等奖；2017 年，指导学生参加第五届全国高校数字艺术作品大赛（四川赛区）获得一等奖；2019 年，指导学生参加第九届四川省高校环境艺术设计大展获得三等奖。

典雅萍始终认为，实践是专业能力培养的重要过程。因此，在设计类专业的教学授课过程中，她经常带领学生参与各项教学实践，如前往成都太古里、宜家家居、城区社区等开展实地调研，指导学生完成调研测绘和专业调研报告，通过调研指导学生对自己的作品反复推敲，帮助他们创作出了许多优秀的学生作品。

回归初心，服务学生

——"最美驻村干部"刘强

弃商从教，只为成为学生成长引路人

入职西南财经大学天府学院之前，刘强的经历可谓丰富多彩。1994年，他大学本科毕业后，进入成都市重点中学担任数学教师。6年后，"不安分"的他，总梦想着能改变周而复始的"单调"生活，做出了一个让很多人不敢相信的决定——辞职。后来陆续做过销售、开过餐馆、办过培训学校。用他的话说："那段时间表面上看起来风光，但每到深夜，一个人静下来的时候，总觉得少了什么，不知道自己到底适合做什么，自己的未来在哪里。"为了找到心中的答案，2002年，他毅然决然地关掉了开办起来的培训学校和餐馆，重新捡起丢了近10年的英语，并自学本科计算机专业课程，积极参加研究生招生考试，最终被四川大学计算机软件与理论专业录取。研究生毕业后，从软件开发工程师到项目经理，再历任两家公司技术总监，他参与、主持了100余个大中型项目的开发和管理，团队人员陆续成为其他公司的CTO、上市公司技术总监、软件外包公司技术负责人等等。后来他组建科技公司，任总经理、CEO，带领团队从事软件开发和网络营销管理咨询服务。

2008年，受汶川大地震及经济大环境影响，业务压力陡增。一个偶然的机会，听说西南财经大学天府学院在招聘教师，他突然醒悟过来，明白自己真正追求的，其实是想当一名教师。带着对教师这份职业的敬畏，同时也希望把近10年的软件开发和项目管理经验分享给更多的学子，他走进了学校，成为一名普通的计算机课程教师。在近期采访时，他再次提到那次"回归"，临近不惑之年，终于发现，最初选择做教师，就是最好的选择。人生曲曲折折，真有一种"蓦然回首，那人却在灯火阑珊处"的感觉。

探索创新，只为提升学生职业发展竞争力

为了帮助学生积累开发经验，2011 年起，刘强精心设计软件项目，组建了开发团队，以现实工作要求学生扮好相应角色。"在教学过程中，我既是一个公司总经理，也是一个项目经理，更是一个软件开发工程师。我以总经理身份给出目标，指定团队负责人，要求所有团队需要完成的任务；以项目经理身份将任务分配到每个团队和成员身上，帮助他们找到实现的路径和方法；以软件开发工程师的身份参与团队开发过程，指导、带领学生完成任务。"通过这种方式，最大限度地激发了学生学习的兴趣，帮助学生学会团队协作和探索自身定位。他说："人最大的缺点，就是不了解自己能做什么，擅长做什么。通过项目分工合作，仿真项目开发和管理过程，能帮助学生认识自己的长项、短板；并在不断摸索、试错的过程中，提高学生的实践能力，明确自己定位，避免在未来职场中少走弯路，这是体现老师成为学生引路人的价值所在。"在这样的教学模式下，刘强所教授的学生熟悉软件开发全过程管理，代码数量、设计和开发技能、文档管理能力都有了很大程度的提升。很多学生还没有真正毕业，就早早地被用人单位预定。

2012 年，刘强通过多渠道联络行业和企业，全力推动校企合作，探索更加丰富的育人模式。如举办职业规划讲座、带领学生参加技术沙龙、引进企业讲师走进课堂、带领学生团队开展商业项目运营、学生自建团队建立实验室等。2013 年，刘强全程参与，带领学生团队成功开发校内优惠团购网，后将平台全权交与学生运营和管理，在校内引起了极大反响。

2012 级一位学生在刚开始接触软件技术专业时，学习积极性并不高。刘强便主动找他谈心，邀请他参与团购网的经营与管理。此后，这位学生像换了一个人似的，事事冲在最前面，展现出强大的组织和管理能力。毕业一年，这位学生就成立了自己的公司，目前拥有数十人的技术团队。直到现在，他还经常与刘强保持联系。2016 级学生罗仁逸，计算机专业基础知识扎实。在得知他对云计算和大数据非常感兴趣后，刘强争取到学校的大力支持，并找到他共同组建了云计算团队。2017 年，又建立了云计算与大数据技术实验室和软件开发实验室。刘强根据参与学生的兴趣爱好，建立了云计算设备维护组、软件开发组、前端设计组、技术前沿研究组等多个兴趣小组。只要有时间，就和学生待在实验室，开展软件开发、探讨和培训。之后，参与实验室组建项目的几位学生都顺利升入了本科继续深造；参与兴趣组的大部分同学，也早早确定了就业单位，从事软件开发、大数据分析等工作。罗仁逸在本科还未毕业时，就成立了自己

的公司，在全国各地拥有了自己的云机房和云计算产品，并带动一大批学生顺利就业。

据了解，刘强在负责学校计算机专科专业的几年时间，2015 届专科毕业生就业薪酬接近全国本科毕业生平均薪酬；学生毕业 3 年后，超 50% 的学生月薪达到 1 万元以上。2016 届和 2017 届专科毕业生平均薪酬甚至超过了全国硕士生毕业平均薪酬。

洞悉到信息技术变革对非计算机专业人才 IT 技能需求变化趋势，2015 年，刘强建立了专科学生"1+X"信息技术通识课程体系，大规模调整 IT 通识核心课，引入数据分析与挖掘、商业智能等选修课程，将学生信息技术应用能力提高到新的层面。依托学校长期进行的教学模式改革成果，刘强开始面向 3000 余名专科新生，采用慕课开展线上线下混合式教学改革，建立了学生组织与管理、教学过程规范管理、学生互助学习模式、学生考核与评价模式、教师绩效考核指标体系等，其改革成果在四川省计算机基础教育研究会、全国高等院校计算机基础教育研究会、全国高等院校独立院校基础教育研究会等不同层级会议进行分享，得到同行专家的高度认可。

精准扶贫，只为践行教育服务社会职责

2017 年底，在听闻学校有定点帮扶甘孜县来马阵地格村精准扶贫工作任务时，刘强第一个报了名。"小时候的贫困生活，给自己留下了难以磨灭的印象，在自己有能力的时候，希望能以驻村干部身份，到条件最艰苦的基层岗位，给老百姓做点实事。"刘强说："虽然语言不通，但做出来的事情，老百姓能看到实在的效益，提升老百姓对美好生活的向往，是作为大学老师的另一份成就。"

在学校结对帮扶党组织的支持下，刘强牵头为每户贫困户建立了 32 平方米的蔬菜大棚，为每户贫困户带来间接收入每年约 1500 元。在种植技术成熟、菜品选择更好的情况下，更将为贫困户带来直接和间接收入约 3000 元。该项目作为甘孜县的精准扶贫示范项目，向全县所有贫困户推广，得到四川日报、四川在线等主流媒体的宣传报道，并在四川省人民政府网转载。

在开展驻村帮扶工作的一年时间里，刘强说着老百姓听得懂的话，做着老百姓看得见的事，解决了老百姓最紧迫的忧，帮助了老百姓最急需的忙，赢得了村民的高度认可，得到了当地各级政府的高度评价，被扶贫战线领导肯定为"用情、用心、用力帮扶""真帮实扶"。2018 年，刘强也被甘孜县推荐为全县唯一的"四川最美驻村干部"候选人，在此基础上，学校也连续两年获得"四川省高校定点扶贫先进单位"。他提出的"树立脱贫致富典范，激发老百姓对美

好生活的向往，提升贫困户脱贫致富内在动力"的帮扶思路，得到了上级部门领导的认可和肯定。

后记

面临高等教育改革、转型转设发展等重大机遇，刘强提出了"用3年时间打造以大数据为支撑、精细化过程管理来提高教学有效性、创造质量控制的核心竞争力"目标，通过关注学生的核心利益来实现教师的核心价值，对此，我们满怀期待。

分析财经报告是一场创造价值的浪漫冒险

——会计学院教师张琴

张琴教授，兰州财经大学会计学硕士，美国管理会计师、房地产估价师、土地估价师。中国注册会计师非执业会员，房地产估价师执业会员，自 2007 年 9 月在西南财经大学天府学院开始从事教学工作，主要承担《Financial Accounting》《Intermediate Accounting》《成本会计》《审计学》《上市公司财务报表分析》《CPA 会计》《CPA 财务管理》等课程的教学任务。教学课程获批省级课程思政示范课程、省级一流课程。另外，她还负责审计学专业人才培养方案的制定、修订以及课程建设等工作。

2021 年 4 月，会计学院张琴教授带领团队成员李爱勤、王晓获得首届四川省高校教师教学创新大赛正高组第二名，并同时获得该赛教学活动创新奖。

创新教学，细致育人

采访前在搜集张老师的相关资料时，看到她在会计与管理等方面的丰富经历，再联想到她在本次比赛所获得的成果，我们不禁会认为这位老师应当是个做事细致、要求严格的师长。但实际上，与她谈话，好像是同已经认识了多年的长辈一般，十分亲切。她言语温柔，富有智慧，谈到深处，偶有一些幽默的话语露出，不经意地展示出属于她的风趣。

在她的口中，对于管理的研究是一场浪漫旅程，《财经报告分析》并非只是冰冷的数字，而是一座架立在核算类会计与管理类会计之间的桥梁，是一种对数据背后故事及其所传达的温度和情怀的探索。

张琴老师说，《财务报表分析》这门课程确实具有难度，但她希望在课堂上，能让孩子们明白学习这门课程就是一场极具挑战性和实践性的冒险，待冒险成功，他们所做出的报表、所分析的数据都是可以创造价值的。

坚定意志，迎接挑战

而关于本次比赛的经历，在初赛阶段，张琴老师觉得并没有什么压力。因为初赛只是准备资料和现场录课，就和平时上课一样认真准备即可。张琴老师指出，新兴的独立学院相比制度成熟的公立学院来说，在课程建设上刚起步不久，还存在很大的发展进步空间。因此，在初赛课程录制结束后，张琴老师开玩笑地对团队伙伴说道："这次比赛已经画上句号了，我们也要继续努力哦。"在得知自己的名次竟然进入了前十时，张琴老师说她其实并没有感到喜悦，反而是感到了一丝压力。这意味着，接下来的路将无比艰难了。

对他们而言，走到决赛是意外之喜，代表着教育专家们对整个团队和天府学院教学质量的肯定。因此她也并没有由此丧气，因为她知道她代表的不再是个人的荣誉，而是团体的荣誉，既然得到了机会，就要以最好的面貌全力以赴。在准备复赛的一周内，她顶着巨大的压力和团队的伙伴们一起，几乎日夜不休地将理论凝练成语言制作成 PPT，有时几乎是几小时才能做成一页。

困境逆转，实现挑战

比赛的日子终于到来，她与团队伙伴在比赛现场对 PPT 进行调试，从头到尾试了三次，每一次都非常顺利。但谁也没想到在正式比赛时，问题却出现了。当张琴老师将 PPT 翻到第一页时，PPT 就出现了错误，并且无法再继续播放。但直播已经开始且无法中断，她知道这一刻不能慌张，于是凭借着多年的教育经验和前期充分的准备，她当机立断决定放弃 PPT，根据脑中牢记的 PPT 思路，将整场汇报完整地展示了出来。在汇报完成后，主评人问起 PPT 的事时，她才将 PPT 出现故障的真相说了出来。

持续前进，未来可期

通过这次的比赛，张琴老师觉得获奖对她和她的团队来说其实是对天府学院多年教学与教学改革的认可，也是鼓舞他们继续前进的动力。她希望可以有更多的人才加入其中，一起推动经管类课程创新的发展。

而对于相关专业的学生们来讲，张琴老师认为，时代的发展或许给这个专业带来了一定的挑战，但这对于学生们实际是一把双刃剑，只要学好这门专业，它能带给我们的价值其实是可期的。并且这个专业本身是有趣的，它能给我们带来知识以外的更多的东西。

最后，张琴老师希望各位学子无论是在生活中，还是在学习上遇到困境时，都能保持初心，砥砺前行。她想对所有天府学子说："自爱，使你们端庄；自尊，使你们高雅；自立，使你们自由；自强，使你们奋发；自信，使你们坚强；而这些将是你们在未来道路中遥遥领先的关键。"

相信，是最好的执行

——现代服务管理学院毕业生黎连荣

2020 年 6 月，我们即将毕业了，大家都知道这一年会很难，但没想到，除了每届毕业生都会经历的难以外，我们还碰上了新冠疫情。

本该 4 年的大学生活，可能缺乏了现场答辩的一些庄严感，可能缺乏了毕业典礼的一些仪式感。然而，最重要的是，可能我们还没有拿到心仪的 offer。

关于就业，我写过"梦想西区——就业创业"的稿子，开过讲座"我们凭什么走进世界 500 强"。希望我的一点点经验，能够对需要的伙伴们有一点点帮助。

摆正心态，相信自己

如果，你从内心相信自己，你会不自觉地落实心中所想，做任何事情，都占主导。相比还未就业的伙伴，我感觉自己很幸运，在疫情防控期间，还能再次拿到百度的校招 offer，选到自己喜欢并擅长的岗位，和值得一起奋斗的人在一起，做好当下，畅想未来。

现在拥有的一切，是结果。而过程，是我在 3—4 月，开始投简历和面试，我想去的是创业型公司，选一个有发展潜力的行业，知识付费或在线教育，我喜欢创业型公司那种奋斗的感觉，也想在公司发挥更重要的作用，但我担心遇不到一个值得一起奋斗的 CEO。

也不是说，我投递了简历都有面试机会，也并非，我都面试成功了。简历投递，石沉大海；笔试提交，面试通知遥遥无期；一轮面过，二轮烟消云散。我们都曾经历过同样的拒绝和痛苦，但我没有停下来观望，有问题，就找解决办法。

比如，从写好简历开始，你知道简历应该包含几大模块吗？你知道 STAR 原则吗？你准备了面试作品吗？

比如，从一字一句练习每一轮面试开始，包含你的语气、语速、表情管理、着装等等。

我想，也许你没有这样做过，你已经潜意识暗示自己做不到。

加之，一两次挫败，你感觉自己已跌入谷底，不愿意说话，不愿意见人，更无心投简历面试。

我也一样经历过这些，但我很快摆脱了这样的状态。

第一，我从不会质疑自己，我选择了的，就是对的，我做了的，都是对的；第二，我能幸运地遇到一个能给我自信的人。

能力是基础，运气是关键

当我们没有足够好运的时候，就争分夺秒储备自己的能力。

2019年5月，我拿到百度客户经理的 offer，实习4个月，离职了。两个原因，第一，学校学业未完成；第二，我不想被500强磨灭掉我独有的创新力和思考力。

回到学校，边结课，准备期末考试，边了解各个行业的发展，确定了大致发展方向后，对应储备自己的能力。确定发展方向，对应届生来说，太难了，不了解现有的企业和行业，更无法预估它的发展趋势。

我的考虑是综合公司、行业、岗位、城市来考虑未来大致要走的方向。

进入新的领域，大家都是门外汉，我们需要找一个行业内的人，作为导师，无论是花钱做职前培训，还是利用自己的人脉资源，我们都需要一个专业的领路人，避免自己跌跌撞撞，长期找不到前进的方向。

经历小半年的疫情，兜兜转转，我又回百度了，成为根正苗红的 baiduer，做着专业对口的工作。

作为百度 B2B 业务部市场运营经理，负责华南及全国部分地区11家服务商与代理商的管理与指导工作。

很多时候，我觉得自己配不上这个岗位，跟我同一岗位的新人，本科985，研究生、海归，还有就是从联想跳槽过来的。

我现在唯一能做的，就是让自己的工作能力，和大家保持在同一水平线，不至于拖后腿。但从这20多天的工作结果来看，我貌似走在了大家前面，我能创造出新的工作模式，能够为结果负责。

即使是在不擅长的领域，我也至少能拿出做事情的态度。

想象很骨感，行动很丰满

我来自四川凉山，自小在农村长大，拼尽全力，才勉强考上西南财经大学天府学院，我很满足。大学4年，我从未停歇努力，我拥有的资源和个人资质都很差，但我不认为，我的人生就该这样。这4年，我做过的事情，做出的成绩，我都理不清楚。

教育经历，大二开始，我就参加了未来大学联盟，到武汉、广州、深圳、西安、苏州、上海、成都、北京，完成了3年5校8地的游学，这8个地方，不仅仅是读书，更重要的是实习。

实习经历，从高考后的第二天，我就开始了人生的第一次实习，俗称暑假工，无数次的实习，纵览小到家具店导购，大到世界500强的市场经理，横跨企业与政府，在政府办做过秘书，代表民营企业家参加过政协会议，现在回望，成功并非一蹴而就。

项目经历，大学期间，我最有成就感的事情，就是自己做出了两个创业项目，参加四川省大学生创业计划书大赛、湖北省大学生实战营销大赛、"互联网+"创新创业大赛，均取得不错成绩，我现在拥有的很多能力，都来源于比赛期间点点滴滴的积累与沉淀。

我们做了很多事情，虽然当时不能享受它的成果，但到某一天，它一定会成为你站上制高点的基石。

所以，放手去做，即使摔得再惨烈，也是我们若干年后可以讲的好故事。

相信光，你就是光

——现代服务管理学院毕业生林镇涛

我叫林镇涛，是西南财经大学天府学院 2015 届市场营销毕业生。现任成都扶君企业服务集团有限公司董事长兼 CEO、成都代理记账行业协会理事、中国前 100 企业培训卓越管理者、亚欧高级营销策划师。

"不要让大学成为你人生的巅峰，要在大学践行你选择的路，这里有良师也有益友，拿起来才是你自己的。"

"时间很快，决断要快"——我的大学故事

从小我就是个比较坐不住的孩子，因为高中对学习不太感兴趣，第一次高考就失利了。从那之后，我开始问自己："别人都能考上，我为什么不行"，得到答案的我，选择复读一年。第二年我做到了突破，最终来到天府学院，填报志愿的时候，根据自身的喜好，选择了市场营销专业。

喜欢双节棍的我，提前来学校寻找我在学校论坛结识的第一个大学朋友（也是我未来扶君集团的合伙人），在军训期间我们集体引领百人新生，受校方支持，组织了人生的第一场双节棍表演秀，最终不辱使命，在全校几千新生面前引爆全场，最终我们俩在校方的允许下，成立了"双节棍社团"。

在学校里，我总是在学习课程之余参加一些社团活动，"干什么都比窝在寝室打游戏好"，除了自身社团的一系列活动，同时也参加其他社团及其他学校的活动，丰富自己的阅历和社会经验。学校的狩猎场理念让我明白，所有事情犹豫就会败北的道理，犹豫不决的时候，只错过了最佳的机会，我吃过这样的苦，一犹豫，就给了自己无数的理由退缩，最后时间不够选择了，就没得选了。

"活学活用，不断践行"——我的工作

我工作的地方，名字叫扶君，刚开始有创业想法的时候，只觉得是好玩。几个朋友在一起做同一件事情，窝在居民楼里开始办公式住宿，天天泡面都觉

得浑身充满干劲。从最初的营销策划开始营业，常常为了一个策划案通宵，第二天照旧起来工作。后来转行财税，从完全陌生的领域开始做起，内心无数次想退缩，但是，不能退啊，退了就有无数的理由继续退了。

身边入职的小伙伴越来越多，肩上的责任越来越大，身体里面一直有一个声音告诉我，不退。作为一个管理者，每天都要鼓励和激励团队小伙伴——继续！

熬过了第一年，团队越来越大，那个时候第一次扩大规模入驻办公楼，要拿出接近一年的营收，当时觉得是一次豪赌，但股东们给了我很大的信心，最后我们赌赢了，扶君集团第一子公司"凌云财税"活下来了。

到现在为止，8家子公司，300多号人，扶君上马，送君一程。来扶君的每一个人，扶君都会尽可能地满足他。因为我觉得他们好起来了，扶君集团一定不会差。对客户也是如此，服务周到——你刚注册，我免费辅导，你遇上瓶颈，我提供资源，客户最后都成了朋友。

"崇文尚武，敏思践行"的校训对我的思维和行动影响很大，因学习新鲜事物而兴奋不止，因方案践行而废寝忘食，只为了能更好地服务手上的客户去竭尽全力。而蒲校长提出的"狩猎场"理论，让市场营销专业的我敏感地意识到，自己应该怎么利用大学的时间去获取自己需要武装的知识。

"三主精神"在扶君集团发展的过程中悄然而生，创业的过程中，扶君人先为客户着想，以他为主，考虑方案合理性和实用性；二做自己公司的主人，为自己公司创造价值，是每一个扶君人不变的追求；三做自己的主人，努力是自己做过最有价值的投资，学到就要做到。

扶君人创业七载，我从一开始的孤身一人到现在的300多人团队，让每一个努力的扶君人都拥有自己的一番事业，是我一直追求的事情。未来的扶君，"成都出发"，面向西南做好川内的大本营，进可攻，退可守，"一线开花"，遍布全国一线城市及新一线城市。像蒲公英一样散落，播种，然后生根发芽，脚下的路再远，也会到尽头。

"愿尽头的风景，如你所愿"——给学弟学妹的话

学校的知识储备、学习的内容、校训及理念，记住了不一定理解了，等你理解了、践行了，你会发现越来越有味道，而且受用一生。大学期间学的是后面持续学习的方式方法，培养自己内在的属性，内蕴自己的能量，在毕业后的那一刻，绽放光芒。一两年的时间不算短，三四年的时间也不算长，能坚持下来，十年才是起步，我相信，你们会比我更加亮眼。

越优秀，选择就越多。

别犹豫，再多的选择你也只能选一个。

别放弃，走走看，沿途诱惑多，你也只能选一个。

别停下，选哪个，内心会告诉你。

不到最后的最后，不退。

扎根农村的优秀青年干部

——现代服务管理学院毕业生罗亮

我叫罗亮，是西南财经大学天府学院2012届毕业生，目前在四川省宣汉县渡口土家族乡人民政府担任党委委员、纪委书记。

学校毕业以后，我就投入农村基层工作中了。选择回到农村基层工作，主要有两方面的原因：一方面，我自己就是从农村出来的孩子，我对乡村有着很深的感情，那里的山、水和淳朴的老百姓让我倍感亲切；但更重要的一方面是天府学院对我的教育。大学期间，我的一位专业课老师在课堂上说过这样一番话："年轻人，不能只把眼光局限于未来的工作能够挣多少钱，更重要的是你的工作能不能够带给别人幸福与快乐，承担了多少社会责任，是否能够实现人生价值，这些才应该是你们更多需要考虑的东西。"

这一句话让我至今记忆深刻，也是为什么我能坚定地选择回到农村留在基层的原因。我想踩着泥土，顶着蓝天，行走在山水间，穿行在乡村里，为父老乡亲服务好，把农村建设好，使人人都能过上好日子。

很庆幸，我在天府学院学习到了很多关于农村管理和产业发展方面的知识，这些知识储备让我现在能够科学地开展工作，少走了很多弯路。大学期间，学校非常重视的计算机操作技能课程也让我受益匪浅，那些知识，让我现在在处理日常文件工作的时候，工作效率提高了很多。

我的工作所在地——宣汉县渡口土家族乡是宣汉的北部山区，这里雨水充沛，气候温和，自然风光非常美，但当地的老百姓却很贫穷。要让老百姓过上好日子，光靠种地也是肯定不行的，所以，县委县政府在产业转型上下了大功夫，借助精准脱贫，搞文旅扶贫，开发旅游资源，经过北部山区全体干部的努力和老百姓的支持，建成了现在的巴山大峡谷，老百姓房子变漂亮了，收入也增加了，人居环境也变好了。

很多人以为作为基层干部，我们的工作可能只需要在办公室里就能完成，其实我和我的同事们为了落实好党和政府的政策，是要进村入户去落实的。所以，我们很多时候都在下村开展工作，比如，检查督促各项工作在各村（社区）、各单位是否开展到位，老百姓会不会对我们的政策存在疑惑，还有哪些工作存在死角等等。在这里说一个题外话，就是关于和群众打交道。其实群众最讨厌的就是干部打官腔，所以我和同事们都总结了一些实用的群众工作方法，比如先聊家常再聊工作，聊一些与他们息息相关的政策，聊一聊现在的生活与以前的生活相比有哪些变化。有时候，就算是严肃的问题也要委婉地、耐心地跟他们沟通。人心齐了，工作就好做了，大家才会一条心，才能集中力量办大事。

在这里，我也要向母校汇报一下，今年 2 月，我所在的中共渡口土家族乡委员会，因为出色地完成了脱贫攻坚工作任务，被中共中央、国务院授予"全国脱贫攻坚先进集体"。这个荣誉是全体党员干部带领百姓通过艰苦奋斗获得的，我能够成为这个集体的一员，感到无比骄傲，我没有忘记学校对我"不忘使命，勇于担当"的教育，更想对我大学时期的辅导员吴敏老师说："吴姐姐，学生没有给你丢脸哦。"

工作已快 10 年，我也组建了自己的家庭，成为丈夫和父亲。工作地离家 90 多千米的客观情况，让我无法抽身去照顾家庭，但是作为一名共产党员，作为农村基层的一名干部，我深知自己身上的责任。在这里，我要感谢我的妻子和父母，正是有了你们的理解与支持，才让我在工作上能够更加义无反顾。

在这里，我还有一些话想送给学弟学妹：在这个时代，每个年轻人都应该努力，当你遇到困难的时候，想放弃的时候，想想你读了那么多书，为这个社会和国家承担了多少责任？为家庭承担多少责任？想清楚想明白了这些，你就知道坚持、努力和奋斗才应该是你最好的选择。

最后，我还想感谢学校，感谢学校过去对我的教育和培养。未来，我还将铭记恩师们的教诲，并且希望自己能够做出更多让百姓受惠、让乡村变得更美好的工作。欢迎老师们、同学们来巴山大峡谷旅游观光！

生活，就是求知

——现代服务管理学院毕业生肖易航

我是肖易航，西南财经大学天府学院 2016 届物流管理专业毕业生，目前在成都理工大学能源学院攻读石油与天然气工程博士学位。

我的大学

当我踏入天府学院校门的时候，也开启了我改变人生的大学生活。当时对学习无欲无求的我，浑浑噩噩地度过了大一、大二，而那时的我，总想要做一些别人没有做过的事，因此我毅然申请休学去环国旅游（当然是中国），一年的旅行生活让我结识了不少朋友，领略到了中国大地的美丽，人们常说"行万里路，读万卷书"，而我不奢求行万里路，只求读万卷书，我还是会继续回到学校，继续我的学习生活。一年的旅行经历洗礼了我，这是一个不知不觉的过程，这一年让我懂得，"在人生中，唯一一件付出就有回报的事就是学习"，虽然这一感悟看似与旅行无关，但是，却真实存在。复学之后，我脱离了曾经的朋友圈，脱离了曾经的习惯，慢慢地，我也脱离了自己，人在不断"脱离"的过程中，往往也会塑造另一个自己。结束环国旅行的第二年，我顺利考取了研究生，跨度较大的工学专业使我一度失去信心，在失落时，是《当我跑步时谈些什么》带我走出阴霾，我开始跑步，像村上先生那样跑步，一圈、两圈、一千米、五千米、十千米、直到二十千米，"只要坚持，没有办不到的"，随后的几年中，每年一次的马拉松比赛便是我的年度计划之一，在赛道上，我时常看到有老人以及残疾人奔跑在赛道上，谁不是在努力地拼搏呢？

回想大学生活，母校的"一个头脑，两个工具"以及"雅典式课堂"对我的能力与思维培养起到了至关重要的作用。工欲善其事，必先利其器，英语和计算机是现代社会武装大脑的核心工具。我在天府学院学习期间，最大的感悟就是学校设置了多门由国外教师主讲的专业课程，这使得我在后期的学习中受益匪浅，在读研、读博期间，我可以大量阅读国外英文文献，并且在国际会议上与国外学者进行交流,这都要感谢母校对英语的重视。母校应该是国内较早实行"雅典式"教学模式的高校,这种教学模式最大的特点就是,学生在老师的引导下,以团队协作的方式进行讨论,并当众对研究内容进行 PPT 汇报,我认为,该教学模式可以锻炼学生的交流能力、团队协作能力、演讲能力,这三项能力也是当今企业极其看重的。

我的科研

进入硕士学习阶段初期,面对一无所知的专业,我无从下手。入学之后,我开始旁听相关专业课程,参加学术报告,大量阅读文献,并参与科研项目,逐渐走入了这个全新的专业。也许努力会给人更好的运气与机遇,在研二上学期,我终于找到了自己感兴趣的研究方向,它和跑步一样令我着迷,当我发表第一篇学术论文的时候,心情与我跑完马拉松时一样——"只要坚持,没有办不到的"。凭借着对专业的浓厚兴趣与努力,我的硕士毕业论文被评选为学校优秀毕业论文。因为对研究方向的执着,也为了能在该领域做出一些力所能及的贡献,我决定攻读博士学位,拿到录取通知书时的心情,远没有当年考取硕士研究生时的激动,或许是一次考试成功不足以让人兴奋,或许是隐隐约约感觉到自己未来的路会更加坎坷。我时常想起我的爷爷,从小在爷爷身边长大的我,耳濡目染地受到了一名人民教师的影响,"成为一名老师"的理想便自然而然地植入心中,爷爷手中的粉笔、背后的黑板、面前的学生,这些都是我想要今后陪伴自己左右的场景,这些也都是我今后想要为之奋斗的目标。

如今,我的博士生活已过去一半,我已发表国内外学术论文 16 篇、授权中国发明专利 7 项、获国家博士研究生奖学金 2 次、获科技竞赛奖 7 次、获省级学业奖学金 5 次,并担任能源学院 2019 级博士班班长,《中国表面工程》审稿人以及中国力学学会会员。我想,我没有让父母、家人、老师、同学失望,科研的道路还很长,我会持之以恒,始终以"为天地立心、为生民立命、为往圣继绝学、为万世开太平"为座右铭。再过几个月,我即将前往澳大利亚埃迪斯科文大学学习,研究二氧化碳地下封存,希望为祖国的科研事业、碳中和事业,献出自己的绵薄之力。

我的寄语

感谢母校以及老师对我的培养,在未来的学习工作中,我会铭记老师们的教导。同时,有一段感悟与学弟学妹共勉:"如果人的一生可以辉煌一次,那么就让这一次辉煌我的一生!"何为辉煌?何为成功?几年之后的我似乎明白,辉煌、成功等一系列金光闪闪的词汇并不是代表你走了多少路、读了多少书及你拿到了多么高的学位，也不代表你做出了多么引人瞩目的成就，而它代表的是人在努力道路上的付出、在奔跑道路上的自我超越、在漫漫旅途中那执着的梦想，正如毛姆所说的"满地都是六便士，他却抬头看见了月亮"。

希望各位努力拼搏，莫问收获，但求耕耘，学习与人生的道路很长，保持热情、不断挑战就是人这一生最大的辉煌！

目标坚定，保持热爱

——会计学院毕业生张继中

什么是目标？是辛弃疾的"了却君王天下事，赢得生前身后名"，还是范仲淹的"先天下之忧而忧，后天下之乐而乐"，抑或是周恩来的"为中华之崛起而读书"？其实，目标无论大小，首先要树立它，然后能一步一步实现才更重要。实现的过程可能曲折且充满阻滞，但只要念念不忘，就必有回响！

我叫张继中，是西南财经大学天府学院会计学院 2013 届财务管理专业毕业生，现已取得中国注册会计师资格（CPA）以及准保荐人资格。目前担任四川华信（集团）会计师事务所（特殊普通合伙）审计九部合伙人、共青团省委社会中介机构指导委员会委员、共青团四川省注册会计师行业委员会副书记、四川省注册会计师协会岗位能手评审委员、西南财经大学天府学院会计学院教学指导委员会委员。

选择西财天府，是因为当年了解到学校的财经类学科办得很有特色，我个人当时的职业发展方向也是在财经领域，所以做出这样的高考志愿选择是非常合适的。我记忆中的天府是一个给人以希望与鼓励的地方，读书的时候，悬挂在第一教学楼和学校学术报告厅外面的蒲校长寄语"权拿三本做起点，誓把一流当目标"一直激励着我，那个时候我就知道考入西财天府只是起点，努力成就自己才是长远目标。

入校以后，我在学业上的想法很简单，就是将来要考注册会计师，以后只想以中国会计行业最高等级的执业资格证书去从事相关的工作，后来我也终于做到了。所以做任何事，只要目标明确，只要保持一颗纯粹之心，就可以不被任何困难干扰，因为所有的困难在目标面前都不值一提，也最容易用时间和毅力打败，当你克服万难实现既定目标时，其实最令人回味的就是自己奋斗的过程。

很多学弟学妹觉得要考到注册会计师资格，好像是一件很难甚至都不敢想的事情。诚然，要取得中国会计行业的最高等级执业资格证书确实不是一蹴而就的，实现这个目标过程的设计和坚持是非常重要的。举个例子：如果你的目标是成为一名证券市场的签字注册会计师，首先你需要打基础，从初级会计师考试开始，逐步考注册会计师，然后进入一家证券类的事务所工作；如果你想到证券公司投行上班，首先需要考证券从业资格，其次考研，读研期间考 CPA 或者法律职业资格，如果不想考研，那就要用同样的时间考完 CPA 并在大型事务所埋头苦干 4~5 年，跳槽至证券公司。凡事确定目标，根据目标制定自己的五年规划。只要坚定了目标，就没有什么是不可实现的。大学不是终点，恰恰是你未来人生几十年的起点，从内心深处出发，选择一条适合自己的路，一条路走到黑，终究会有收获。考证没有捷径，想好了就干，坚持比热情更靠谱。

很多人可能觉得财务会计类工作很枯燥，在这里，我想纠正一下。很多时候不是工作枯燥无味，而是你对工作不热爱，任何工作，只要你喜欢干，都是千姿百态，妙趣横生。在选择工作时，我个人的建议应当从 3 个方面来考量：从内心出发你喜不喜欢干，从实力出发你能不能干，从利益出发值不值得你干。于我而言，最看重的就是喜不喜欢干，因为只要干着自己喜欢的事情，就一定能认真做好每一项工作。社会职场从来都不复杂，复杂的是自己内心的不坚定带来的种种不确定。选择一份自己喜欢的工作，坚持到最后，都会成功。

2021 年，应会计学院的邀请，我担任了会计学院教育指导委员会的委员，也时常到学校讲实务课程。课堂上，我常跟既是学生又是学弟学妹的同学讲，得益于学校的"雅典式教学"模式，让学生不仅能够有所学，还能表达和展示所学，所以大家在交流沟通方面的综合能力很强，这也成为现在很多用人单位选择天府毕业生的重要原因。既然大家已经掌握了这个社会无论什么工作和岗位都需要的沟通能力，那么剩下的就只需要在个人的职业规划上多思考和多努力了，有了过硬的专业知识和良好的个人素养，大家在未来工作中的前途将不可限量。

最后，再送一句话给大家：给自己定个目标吧！努力地去实践，未来你一定会收获意想不到的惊喜！

真正的学习是从工作开始的

——采访会计学院毕业生罗骁

校园经历回顾

1. 记者：能否请您对大学生活作一个大致的介绍呢，具体可以谈一下当时的学习情况、社会工作、社团工作、参与的各类竞赛和获得的奖项等。

罗骁：2014 年加入了芳华苑党支部，担任纪检部委员，在 2014—2015 学年获得了以下竞赛荣誉和奖项：全国大学生 ERP（企业模拟经营）沙盘大赛三等奖、四川省大学生财务决策大赛三等奖、绵阳市三好学生、国家励志奖学金、校级甲等奖学金（专业前 5%）、优秀学生干部；2014—2015 学年也顺利拿到了会计从业资格证和 500+的英语四级证书，全科成绩均在 90 分及以上。

2016 年加入会计研究所科研助理团队，担任负责人职务，同期带领团队举办了会计技能大赛、ERP 沙盘大赛、会计讲座等比赛活动，在 2016—2017 学年获得了以下荣誉：四川省优秀毕业生（全校 1%）、四川省大学生综合素质 A 级证书（全校 1%）、优秀大学生、国家励志奖学金、优秀学生干部、校级甲等奖学金（专业前 5%）、第九届全国特奥会优秀志愿者；2016—2017 学年考取初级会计师、英语六级 500+证书、英语口语证书、研究生考研英语成绩 75+；2017 年完成辅修专业（第二专业）——计算机信息管理的学业，获取会计和计算机的双学位。

2. 记者：大学期间对您未来成长和人生经历比较重要的事情是什么？

罗骁：一句话概述，一个人可以走得很快，一群人才可以走得更远。大学期间对我后期工作过程中最大的影响就是带团队、和团队共同完成各个项目，不管是在前期的党支部，还是后期的会计研究所助理团队，因为组织认识了很多不同片区的伙伴，并且在达成共同目标的道路上大家各司其职。研究所团队初期建设 7 人，但是 7 人同心协力完成了很多大团队才能完成的项目，7 人胜在分工明确，各自做好自己的责任田，最大化发挥了团队每个人的优势，避开以及包容个人的不足。和团队的相处之道，将是每个人工作会遇到的问题，尽可能发现他人的闪光点，学习他人的优点。

职业经验感悟

1. 记者：您的第一份工作是什么？请您介绍一下您的工作经历，在这个过程中您的事业或者工作有没有发生过巨大的变动或者转折？

罗骁：我就职于中国电信股份有限公司资阳分公司，现担任安岳区域的一名电信支局长，我的工作经历从零起步，经历国企6个月的试用期后，2018年7月至2018年10月，担任中国电信资阳分公司销渠部的运营支撑；2018年11月至2019年10月，担任中国电信资阳分公司销渠部农村支局总监（成为全省最年轻的农村支局总监）；2019年11月决定下沉一线，竞聘安岳区域电信支局长（成为当期资阳分公司最年轻的支局长）。

我的事业转折在市公司专业部门的运营支撑这个基础岗位的学习，主动向其他部门的同事请教学习，花最多的时间，学习更多的岗位知识，扩大自己的岗位广度，延展自己的岗位深度，使得自己岗位学习成扇状发展的趋势，从而迅速在同年龄的同事中成长起来。

2. 记者：走出校园、求职、进修到工作，您如何处理从校园过渡到社会人的状态，有什么体会和大家分享？

罗骁：一是转变角色，归零心态重新出发，真正的学习是从工作开始；二是器大者声必闳，志高者意必远，从最基层开始锻炼是人生必修的一堂课；三是既要有职业规划，更要做强自己，保持朝气、激情，学会在工作中找到乐趣以及成就感，多岗位锻炼成为复合型人才，提高自己的个人竞争力；四是打造好人生品牌，积极利用公司提供的学习平台和培训机会不断提升自己。

3. 记者：大学的知识体系和工作中的实践技能有什么联系和区别呢？

罗骁：联系是最重要的是大学知识体系中锻炼的逻辑思考能力和遇到问题的辩证思维，知识是严谨的，在工作中同样细节决定成败，也许一个数据、一张表格、一页PPT制作的严谨性和逻辑性就决定着某项工作的评价。

区别是大学的知识体系在于学习和搭建，而工作的实践技能在于灵活且接地气地去运用，如何将自己所学的东西运用于实践，需要自己去思考，需要自己和各部门同事去碰撞思维、沟通做法。

博士梦，从天府出发

——会计学院毕业生贾登

我叫贾登，是西南财经大学天府学院 2014 届本科毕业生，目前在四川农业大学农业经济管理专业攻读博士学位。

当初选择天府学院，是了解到天府学院非常重视学生英语应用能力的培养。我高考的英语成绩不太理想，就希望通过在天府的学习提升自己的英语水平。天府学院主要的专业课都采用双语教学，并且还有专业的外教进行口语教学。在这样的学习环境和语言氛围中，对学生英语水平的提升有很大的帮助。毕业那年我考取了西南财经大学的硕士研究生，英语成绩考得挺不错的。现在，我每天都要阅读大量的英文文献，也正在撰写投稿外刊的科研论文。巨大的进步离不开自己的努力，当然也离不开天府学院的培养。

还记得走进天府的第一天，校园里一句标语给我留下了深刻的印象——"高考的成绩在这里清零，美好的人生在这里起飞"。诚然，高考成绩已经成为过去式，大学是一个全新的开始，是充满了所有未知可能的新起点。在入学不久我便确立了继续深造的目标，并且为这个目标一直奋斗了十年。天府学院给学生提供了许多施展才华的舞台：让学生更多参与的"翻转课堂"改变了传统意义上学生获取知识的形式，重新建构学习流程，不仅使学生能更深入地理解专业知识，同时还通过学习小组培养了学生的团队合作能力；学校还有许多学生组织和活动可以让学生广泛参与，不仅丰富了学生的课余生活，还能全方位多渠道锻炼学生的实践能力。本科期间我也一直在学生组织中担任学生干部，曾参与组织和策划过包括"实践报告交流会"在内的多场大型学生活动，极大地锻炼了自己的组织协调能力。

除了课业和学生活动以外，我剩下的时间几乎都是在学校图书馆内度过的。我很享受在图书馆安静的学习时光，图书馆让自己坐下来、静下来、沉下来，发挥自己的主观能动性，梳理知识体系，把握知识的内在逻辑，享受学习的乐趣。前年我参观了学校新建的德阳校区，德阳校区图书馆真的很漂亮，学习环境和藏书量等各方面的条件比我求学时好很多。真的很羡慕现在的学弟学妹们，也希望学弟学妹们要合理利用好这些优势资源，学好知识本领提升自己。我特别感谢天府学院对我的培养，所以在研究生入学后，我有一次还特地回到母校，拿着研究生的学生证跟校门合了个影，给曾经在这里奋斗过的自己留个纪念。

　　在天府的回忆很多，恩师的谆谆教诲、精彩的课堂展示、忙碌的学生工作、中二的同窗友谊都还历历在目，但是要说印象最深的事应该是我被蒲果泉校长主动邀请合影。2012 年 11 月，我以学生志愿者的身份参加"西南财经大学天府学院建校 10 周年校庆"典礼活动，迎宾仪式快结束的时候，蒲校长主动叫住我，很亲切地对我说："小伙子，咱们一起合张影，今天你辛苦了！"当时觉得很惊讶也很激动，没想到校长这么尊重学生。在天府求学的那几年，老师们对我们学习、生活都关怀备至，确实做到了"以学生为本"，那几年我在天府学院的"用户体验"真的很棒。在此我也很想感谢我的辅导员袁紫月老师，她就像一位大姐姐一样关心、照顾和鼓励我，在很多个彷徨的瞬间给我指明了前行的方向。

　　生活不是一帆风顺的，求学的道路上也是艰难曲折的。硕士毕业那年我并没有如愿考上自己的目标院校，但是在奋斗的年纪不能选择安逸，于是我选择一边工作一边继续考博。白天要工作我就晚上学习，每天定好学习任务必须完成才能休息。虽然自己有非常清晰的目标，但备考过程中还是会有很多瞬间坚持不下去。每当这个时候，我耳边总是会响起肖奇老师曾对我说过的一句话：遇到困难不要抱怨，要想办法去克服它。这句话虽然很简单很直白，但却在很多个我想要放弃的时刻一直激励我继续前行。放弃不难，但坚持一定很酷。在此我也想送给正在准备考研的学弟学妹们几句话：星光不问赶路人，时光不负有心人；人生没有白走的路，每一步都算数。

　　心之所向，素履以往；生如逆旅，一苇以航。一代人有一代人的使命，一代人有一代人的担当。今年 4 月习近平总书记在清华大学师生座谈会上谈到当代青年"生逢盛世，肩负重任"，蒲果泉校长也曾要求天府学子"心怀祖国、放眼全球"，在求学道路上树立起为祖国为人民永久奋斗、赤诚奉献的坚定理想。我作为一名农业经济管理专业的博士研究生，更要牢记"兴农报国"的初心，勇担"强农报国"的使命，以"兴中华之农事"为己任，为祖国的"三农"工作和全面乡村振兴战略贡献一份自己微小的力量。

年入百万的创业之路

——会计学院毕业生朱雅婷

　　我叫朱雅婷，是天府学院 2015 届的毕业生，作为冷吃品牌谭八爷初创团队的核心创始人员，目前主要从事该品牌的全渠道销售统筹工作。

　　刚毕业的时候，我成功应聘上一份在民营上市企业的财务工作。好像所有人都觉得，一个女孩子，有一份稳定的工作，再找一个踏实的另一半，安安稳稳过日子就足够了。但是于我个人而言，总觉得每天三点一线的重复生活好像少了点什么，所以当时就利用业余时间加入了谭八爷这个自贡特色冷吃品牌的初创核心团队，开始了自己的创业道路。

　　选择创业，你可能以为我是一个特别外向的人。但是说出来你们可能不信，在上大学之前我是一个性格挺内向的女生，跟陌生人说话脸都会红。上了大学，也意识到我这样的性格还真需要改改。

　　于是我积极竞选班级团支书一职，做好了同学和学校之间沟通的桥梁，有幸成为优秀党员。

　　于是我加入了学院健美操队，代表母校外出参加比赛，有幸得到绵阳市集体舞第一名。

　　于是我参加了暑期三下乡，丰富了见识，磨炼了意志，得到当地政府的肯定和表扬，也有幸在成果展示会上摘得桂冠。

　　我也非常荣幸地获得了国家奖学金、四川省优秀毕业生的荣誉。

　　这么多的于是，这么多的有幸，这一切真的要感激我的母校给予我这样多的平台去展示和突破自己。

　　我自问不是一个考试成绩最顶尖的学生，我能获得那么多的荣誉也是因为学校在评价考核学生的时候不是只唯成绩论，我们有没有参加社会实践，有没有参加有益的文娱活动，有没有在书本以外学到更多的知识……这些都是学校衡量和考核学生发展的重要内容，在这种环境下度过了大学 4 年，我各方面的能力都得到了提高，自信和见识也是在那个时候逐渐培养起来的。

　　自信有了，接下来就是创业的方法了。在这里，不得不提的是学校对我们进行的创新创业教育。大四那年的创新创业课，学校会帮助我们去了解国家针对大学生的创业优惠政策，帮我们对接创业平台，甚至还会教授我们创业过程中的一些技巧和方法，我到现在还记得老师告诉我们，做销售工作，不能单单地做好产品就等客户上门，要找准产品的市场定位，了解顾客的消费心理，并且根据企业的不同发展阶段调整营销手段……通过把这些知识和在实际经营过程中总结的经验相结合，在后来的工作中，我和团队也慢慢摸索出一套适合品牌发展的营销方案。

　　回想起创业之初的那些经历：摆地摊发传单宣传产品，手工记录顾客下单，晚上记账，半夜还要对销售团队进行辅导，那段时间真的很忙，但是我觉得非常充实，我坚信，这就是我一直找寻的有意义的事。

　　目前，公司的年销售额已经突破一个亿，也实现了单纯线上营销到全渠道的拓展。我和伙伴们的下一个目标就是在实现销售收入稳步增长的同时，也能将品牌形象牢牢地传递给消费者。其实这些都不是我大学的专业所学，但是学校的教育却总是教会我不断突破自己、挑战自己，运气就是机会碰巧遇上你的努力，我相信未来的路一定会更精彩。

　　明年就是母校20岁的生日了，回首过往，我相信学校的20年一定是风雨兼程，也一定是青春如歌。展望未来，母校的年华流转中更加会是生机勃勃、春意盎然。祝福天府，唯愿母校学子满天下，一代更比一代强。

把优秀当作一种习惯

——会计学院毕业生高婧瑶

我叫高婧瑶，是西南财经大学天府学院 2012 届本科财务管理专业优秀毕业生，已获得注册会计师执业证书（CPA）及中级会计师职称，目前在四川天勤会计师事务所担任部门主任，主要从事政府审计工作。

我的大学

首先，母校校风良好，给学生营造了舒适的学习、生活环境；其次，学校管理有度，对学生作弊行为坚决不容忍，在宿舍管理方面，对晚归、寝室卫生也不松懈；最后，学校教学有方，对学生的培养不仅仅局限于专业知识，更注重学生的综合能力，小组分工、课堂演讲等教学设计都给予学生充分锻炼展示自己的机会。

得益于此，我的大学生活丰富多彩，曾担任学院学研会副秘书长，参与组织党校学习、策划纪念"12.9"系列活动开幕式晚会及 2010 届迎新晚会等十多次大小型活动；并获得 2 次甲等奖学金、4 次乙等奖学金；除此之外，还荣获五四红旗先进个人、先进个人、杰出个人、三好学生、优秀共青团干部等多个荣誉称号。

大学求学期间，我遇到过很多困难，促进了自己的成长；遇到过很多可爱的人，收获了难忘的感情；同时也遇到了亦师亦友的学研会指导老师——张玲，玲姐给予了我很多工作上的支持和鼓励，这也为我日后的职业生涯奠定了坚实的基础。

我的工作

我现担任四川天勤会计师事务所部门主任，主要从事政府审计工作，擅长绩效评价，2012 年至今参与四川省财政厅、成都市财政局以及区县财政局等涵盖预算管理全过程的绩效评价工作。2017 年通过中级会计师和注册会计师全科考试，2018年4月拿到注册会计师执业证书。2020年9月获得四川省注册会计师行业2020年青年岗位能手表彰。

当初选择四川天勤会计师事务所，也是因缘巧合。当时一位校友在天勤推荐我去实习，也就是从实习开始，一待就是10年。建议学弟学妹们求职时不要心急，想清楚自己想要的是什么、喜欢什么样的工作环境、适合什么样的工作方式。我觉得热爱一份事业比其他什么都重要，只有热爱，才会拿出积极认真的工作态度去做事。当然专业素养也是必不可少的，趁着年轻，能多考证就考证，给自己制定小目标，一个个去努力实现吧。可能有人会说，选择比努力重要，但机会也是留给有准备的人，30岁以前不努力，可能以后想努力都没有机会了。学弟学妹们珍惜寒暑假吧，工作以后加班就是常态，自由支配的时间太少，寒暑假是逆风翻盘的最佳机会。

我的生活

生活方面，我每天对着电脑工作几个小时，常年来肩颈和腰背劳损严重，工作之余我习惯去健身房锻炼，一次次挑战自己身体的极限。我享受运动流汗的感觉，同时运动也是一种缓解压力的方式。闲暇时，我还喜欢看看书，练练书法，看看话剧。每个人生活都不易，希望学弟学妹们能够找到自己想要的生活方式，在浮躁的社会里坚持初心、热爱生活。

母校寄语

大学、工作和生活中遇到的这些人那些事，构成了我自己，让我成为今天的我，努力贯彻把优秀当作一种习惯的我。希望学弟学妹们可以在西南财经大学天府学院度过开心、难忘的大学生活，找到一份好的工作，找到自己的人生目标。希望母校越办越好，桃李满天下。

被爱包围，让我总是心向阳光

——会计学院毕业生牛钰

最近，西财天府 2015 级会计与审计专业的校友牛钰成了大家关注的焦点。她在上海时装周上的走秀视频冲上微博热搜，相继被多家媒体报道转载。

在 2008 年汶川地震中，牛钰失去了自己的右腿。身体的残缺并没有让牛钰被命运击垮，正如她所说："我从小被爱包围着长大，所以我始终心向着阳光。"

初见牛钰，她和大家想象中的一样，自信、阳光，也有着和她年龄相符的可爱，手里握着一个水杯，时不时摘掉杯子上玩偶的帽子，露出吸管，再喝两口，笑着说："这个帽子是最可爱的地方了。"

每次聊到在西财天府的大学时光我都非常欣喜

在西财天府时的大学生活，对牛钰的成长来说，扮演了很重要的角色。在这里她感受到了来自老师和同学们的善意。

她至今还记得，刚来西财天府时因为假肢在雨里进水，自己崩溃大哭时陪在她身边帮助她的老师；也记得自己生病时在医院里照顾她到深夜的同学。

让她最欣喜的是，在西财天府上学时，她找到了自己热爱并得以持续的爱好，也在这里真正做到了与自己和解。

西财天府一贯以来都鼓励同学们积极开展社团活动，在学校的支持下，牛钰和好朋友把之前已经"消失"了的摄影社重新建了起来，在大学里有了展示自己爱好的舞台，也得以让牛钰把对摄影的热爱坚持到了现在。

摄影，是牛钰在大学时突然喜欢起来的一件事情。"我有一个好朋友，她当时特别喜欢当模特，但是没有多少人愿意拍她，可我就是觉得她很好看啊，我告诉她别人不拍你，我拍你！"

牛钰说到做到，那天晚上，她开始上网浏览国内外摄影师的作品，没想到一下子就完全被吸引住了，一直看到凌晨 2 点。从那时起，牛钰喜欢上了摄影。

"我喜欢美好的东西，可能是经历了太多黑暗的东西，我发现我太喜欢美好的东西了。"牛钰认为摄影师是一份美好的职业，拥有着发现美的眼睛。

喜欢上摄影的牛钰需要一个相机。她想到西财天府给同学们提供了勤工助学的机会，于是牛钰选择了去图书馆，这样能边看书边赚买相机的钱。

牛钰买了一个单反，报了摄影网课，利用课余时间学习摄影。那个时候上课、摄影、勤工助学就是牛钰生活的全部。"我非常快乐，我没有觉得累，我觉得那时候我享受在其中，为自己的梦想买单是一件特别厉害的事儿。"这是牛钰对大学最深刻的感受。

刚来西财天府时，牛钰总是在假肢上包着海绵，所以除了辅导员和室友很少有人知道她的特别之处，但 2018 年的那个生日，牛钰彻底释怀了。

2018 年 5 月 12 日，这天是汶川地震十周年，也是牛钰的 21 岁生日，第二天，她送给自己一份特别的生日礼物——参加汶川半程马拉松。

过去的 10 年牛钰都没有真真正正地取下过海绵，现在她想站在跑道上完成自己的蜕变，她想知道自己到底能跑多远，也想知道自己能不能脱下海绵，完全接受一个新的自己。

事实证明，她做到了，以每 500 米为一个目标，牛钰完成了自己的第一次马拉松挑战。

走过终点的那一刻，听到现场所有人对她的加油呐喊，牛钰突然明白了爸爸对她说的那句话："你想要好好生活，不是努力地把自己当作正常人，而是去接受自己原本的样子。"

原来自己可以做最真实的自己。从此，牛钰取掉了海绵，大大方方地走入了人群。"我觉得成为自己比成为任何人都要酷。"这是牛钰在与自己的和解中领悟到的人生哲理。

"以前我也会想凭什么"

说到刚刚去过的时装周，牛钰用了"打破"这个词来形容这次特别的经历。

当初在接到邀请时，牛钰也犹豫过，邀请她的是一个运动品牌，她不知道像她这样有些特别的模特能不能和"运动"搭上关系。最终打动她、也让她豁然开朗的是品牌方告诉她的那句话——运动最重要的是运动精神。

的确，牛钰觉得自己要去打破一些传统观念，她希望未来有更多像她一样的男孩女孩走在秀场上，站在人群中间闪闪发光。

现在的牛钰积极阳光，给很多人的生活带去了向上的力量。但这背后所经历过的挣扎和付出过的努力，只有她能体会。

2008 年的那场天灾，让当时只有 11 岁的牛钰被废墟掩埋了整整三天三夜。

"我那时候已经不知道这里是梦还是现实了，脑子里一直是错乱的，我根本不知道我啥时候到的医院，我也根本不知道我啥时候又躺在走廊上面了，每一个东西都好像是断片的，突然出现在你梦里，突然消失的那种感觉。"

牛钰并不避讳回忆起那段艰难的时光，"那段时间我总是在一些小事上崩溃，说起来很奇怪，比如说中午去吃饭的时候，大家都跑得很快，我跑不起来，我会崩溃。我会想我也才 11 岁啊，我跟其他女孩没区别，凭什么老天就一定要选择我去经历这个事。"

除了心理上的崩溃，牛钰也经历了身体上的煎熬。假肢装上的第一个月，牛钰吃了不少苦。

假肢是硬的，穿上假肢就相当于有一个硬的东西一直在蹭自己的腿，它首先会把腿磨出脓包和血泡，接着发烂，然后开始长疤，长了疤才能长茧，起茧了倒是不疼了，但等待"长茧"是一个痛苦且漫长的过程。

现在，牛钰已经能和她的假肢友好"相处"了。她喜欢给它贴上好看的贴纸，"我觉得假肢也是腿，我的左腿有抹身体乳的权利，我的右腿就能贴好看的贴纸。"牛钰秉承着"两碗水端平"的理念对待自己的两条腿。

"我总想做点什么回报这个社会"

"想给更多人带来希望""想为这个社会做点什么"是驱使牛钰不断向前的动力。"我爸经常跟我说你的命是国家给的，因为如果不是国家强大的话，不可能第一时间有救援队过来，我也不可能马上得到最好的医疗救助。"牛钰说，就是因为知道自己有多么幸运，所以总想做点什么事情去回报这个社会。

汶川马拉松让牛钰上了热搜，那天晚上她看完了自己微博的上千条私信，发现这个社会需要帮助的人原来比她想象的还要多。辗转反侧无法入眠的她立马跟闺蜜说了自己的想法，她要做一个短视频账号。

她刚好也能把在西财天府时学到的摄影技能展示出来。

"截至 2020 年，中国持证的残疾人有 8500 万，还没有算不持证的，但是为什么我们在大街上却很少看到残疾人呢？因为只要一走出去，我们就万众瞩目，大家都会盯着我，去议论去讨论，我觉得如果我内心不足够强大的话，自己都扛不住，就那种感觉。"牛钰决定站出来，让更多人看到，她虽然有些特别，但每天依然生活得很快乐，甚至能体会到更多角度的生活。

目前，牛钰的短视频平台粉丝数量即将突破 90 万，但牛钰从来没有期待过要达到什么效果。她始终认为自己在做一件普普通通的事情，带着对这个国家、对这个社会的一点感恩之心。

　　哪怕只能感染到一个人，牛钰就觉得这是一件有意义的事情，就如同她给自己取的笔名——"春游"，听起来就觉得充满了希望。

　　牛钰说自己会把短视频做下去，至于做到什么时候那是未来的事情。"谁也没办法预测下一秒会发生什么，所以我觉得在不知道未来是什么样的情况下，把握好当下才是最重要的。"

　　说罢，牛钰把手中的杯子放下，重新为玩偶戴上了小帽子。

实践是提升自己能力的最佳途径

——智能科技学院毕业生罗勇

我叫罗勇，是西南财经大学天府学院 2010 届信息管理与信息系统专业毕业生，目前在华为技术有限公司任咨询总监，主要负责华为在中国地区的标杆企业客户拓展与数字化咨询规划设计工作，10 余年服务过 15 个以上的世界/国内 500 强企业。

进入天府学院，其实当时也没有考虑太多，还记得高考填报志愿那天，与好兄弟（黄向荣）一起商量，"你报我就报"，结果我们两人双双报了天府学院，后续证明我们当时的选择是正确的。

"实践是提升自己能力的最佳途径"，由于平时对 IT、游戏、网络比较感兴趣，大二那年我选择了信息管理与信息系统专业，这也决定了我后来的工作方向和人生轨迹，在这里也特别感谢杨大友老师及各位专业课老师，让我从实践中真正学习和掌握了信息化的专业知识与学习方法。还记得，读书时最喜欢去的地方就是学校的 Oracle 实验室，在那里和志同道合的同学一起聊技术，一起谈理想，让梦想在键盘上飞舞，那里成了我们最常待的地方。在大三有幸加入了创新班，看到班级的每一位同学都在为自己的未来努力拼搏，自己的人生目标更加明确。为了进一步提升自己的能力，在努力学习的同时不放弃每一次校外实习的机会。大三下学期的校外全职实习仿佛还在昨日，这次实习不仅丰富了我的项目实践经历，而且对我毕业时的择业与就业产生了重要的影响。

2010 年毕业后加入上海汉得信息技术有限公司及 IBM 中国，任技术顾问，主要负责数据仓库设计与大数据分析等工作。在此期间结交了对自己影响很大的客户、领导和同事，也在服务客户的数字化项目建设过程中实现了自身的价值。

后来进一步对自己的职业发展进行规划，意识到平台与长期发展会更加重要，于是 2012 年加入德勤管理咨询（上海）有限公司，快速从咨询顾问成长为咨询副总监，主要负责公司在大中华区的数字化项目相关工作，以及工作内容为市场拓展、团队发展、人才管理等。在这里完成了 IT 到业务、业务到管理的不断提升和转变，获得了客户的信任与赞扬，当然也历经了数不清的出差与加班。回想起来，这么多年已经出差乘坐航班 625 次，去过 35 个城市，平均每年住酒店 200 多天，每天醒来可能要回想一下自己在哪个城市，唯一的一次出国，还是公司组织开会。

后来在自身的民族情结及行业发展的大背景下，2020 年加入华为技术有限公司，旨在把数字世界带入每个人、每个家庭、每个组织，构建万物互联的智能世界。华为是一家伟大的公司，期望能为公司的发展出一份力。

对于个人经验而言，从以下三个方面可以供未来的学弟学妹参考：一是职业生涯需要规划，每一步都要制定自己的目标，全力去达成；二是要勇于实践，乐于分享，不断提升自身专业水平与影响力；三是学历不代表一切，通过自己后期的努力，仍然可以获得与其他优等生一样的平台与发展。

工作 11 年，由于工作的性质，陪伴家人的时间较少，长期出差在外，工作和生活的确很难平衡。但我也在用心持续经营着我的家庭，如今也是两个孩子的父亲，感谢父母、妻子对家庭的支持与付出。也祝愿学弟学妹们都能事业有成、家庭幸福。

大学四年，是我人生中最宝贵的回忆，在这里有敬业奉献的老师、团结互助的同学以及共同战斗的室友（唐主席、曾书记、张某人），感谢学校的教育与培养，愿天府学院越来越好。期待未来常回校看看！

凤凰涅槃，从天府专科到伯明翰硕士

——国际教育学院毕业生马林

我叫马林，是西南财经大学天府学院 2017 届国际专本硕连读班的毕业生。天府学院 3 年的国内阶段学习完成后，我进入到英国考文垂大学就读本科最后一年，后又顺利地进入了世界排名第 87 位的英国伯明翰大学攻读硕士学位，并于 2019 年从伯明翰大学硕士研究生毕业回国发展，目前就职于中国工商银行德阳分行，主要从事的工作是国际贸易结售汇以及对公业务。

实话讲，当年的高考，我发挥得不好，考虑到如果只有一个专科学历未来就业会面临很大的竞争压力，而选择西财天府是了解到学校有对专科生提供海外本科和硕士连读的机会，所以在家人的鼓励下就选择了学校的专本硕连读国际班。现在想来真是很幸运能有这么个机会去改变我一生的轨迹，因为我明白我现在得到的所有机会都是基于我通过学历向别人证明了我的专业能力以及学习能力。

在国际班学习的时候，老师们对我们都非常用心：在这里，每一个个体都得到了充分的尊重，老师们会结合每个学生的个体情况为我们进行学业以及就业规划，会真切地以学生的利益为出发点。我仍然记得，我刚开始选择出国留学这条路时的茫然无措以及不自信，是天府学院的老师不断为我加油鼓劲，让我坚持下去。周阳老师和杜冰老师更是亦师亦友，不断地鼓励我，帮助我明晰未来的发展方向。

2017 年 9 月，我正式进入英国考文垂大学开始本科阶段的学习，入学之后发现国外大学的教学模式和我在天府国际班体验的几乎是一样的。所以无论是本科阶段，还是后面进入到伯明翰大学读研，我都没有感觉到太多来自学习的压力，最终得以顺利完成了海外学业。

回望我的高中，我毕业于四川省内非常著名的一所学校，班级绝大多数同学高考时都考上了国内 985、211 院校。所以，我当年的高考成绩无情地摧毁了我的信心，父母也开始质疑我的能力。在以部分学科分数论学习结果的传统教育氛围中，我不是优秀的学生，但是通过天府三年的学习，我不仅得到了学历提升的机会，更重要的是通过这段经历让我重拾了自信。现在当我与毕业于清华、北大、复旦、浙大的高中同学聚会的时候，我都会"不谦虚"地告诉他们，我毕业于英国伯明翰大学，著名的英国首相张伯伦、我国地质学家李四光都是我的校友！

2019年我从伯明翰大学毕业后顺利进入工商银行德阳分行工作。和很多应届毕业生一样，进入银行以后我要通过"坐柜"了解银行的基础业务运作。柜台工作三个月以后，在同事和领导的帮助下，再加上自己的努力，我被调任到现在的岗位从事国际贸易结售汇以及对公业务。不了解银行系统工作的人可能觉得这只是正常的工作调动，但是业内人都知道，一个应届生要从"坐柜"到转入后台系统工作实在不是一件容易的事情。这个过程如此地短，我要感激手把手教我的师傅，更要感激领导的信任，谢谢他们给了我机会。工作上我要学习的东西还有很多，所以现在的我除了要踏踏实实做好本职工作以外，在空余时间我还需要进行各种业务知识的学习，考各类执业证书。我希望通过自己的努力回报单位的栽培，更希望通过这些努力能更出色地完成未来的工作。

离开天府已经4年了，通过多种渠道了解到学校办学越来越好：我当初所就读的天府学院国际部已经升级成了国际教育学院，学校最近也被美国商学院认证委员会认证成为四川省内唯一一家会员……学校的这些发展让我感觉到作为一个天府人的骄傲，每每回想起我在天府的那三年时光，何其幸运，何其荣光……

最后，要提前向母校道贺。明年就是学校建校20周年纪念，衷心地祝愿母校愈来愈好，桃李满天下。愿学弟学妹们都学有所成，前程似锦！

破釜沉舟，全力以赴

——智能金融学院毕业生罗晓曼

近日，学校 2016 级 42 班本科金融学专业学生罗晓曼于 9 月 16 日在银海丝绸·2019 中国"丝绸女神杯"模特大赛总决赛中获最佳人气奖。11 月 18 日，校新闻宣传中心天府记者团对"丝绸女神杯"最佳人气奖获得者罗晓曼进行了线上采访。

心态是命运的主人

在采访中，罗晓曼分享自己的比赛经验，心态放好不要太过紧张，把每一场比赛都当作最后一场来对待，是自己能进入决赛并获得最佳人气奖的主要原因。她用自己的切身体会告诉我们调整好自己的心态是获得成功的一个重要条件。

爱好是钻研的热情

罗晓曼谈到，保持良好身材是模特必备的素质，她选择的是健康的塑身方式，一日三餐按时吃，坚持跑步、卷腹、塑形。走秀方面，通过不断学习模仿，加之对音乐的敏感度，根据音乐和场景匹对相应的台风和气场。

目标是前行的动力

设立详细计划制定高目标，尽自己所能去接近并实现它，会让一个人更接近成功。在"丝绸女神杯"期间，罗晓曼树立了夺冠的目标，结果虽与冠军擦肩而过，但只要努力过便问心无愧。罗晓曼也用实际行动证明了树立一个高目标会为自己提供动力。

权衡是处事的态度

学业是主要发展路线，闲暇时间发展兴趣爱好。罗晓曼谈到，平时自己的主要任务是上课、修学分、完成作业等，一有机会就带领部门去参加模特走秀大赛，在时间安排上做到学业和爱好两不误。将来进入工作，她也打算从事学业对口的工作，空余时间也会投入兴趣去参加模特走秀大赛。

正如史蒂夫·乔布斯所说："把生活中的每一天，都当作生命中的最后一天。"每个人都有自己的人生比赛，将每一次比赛当作最后一次，在努力和细心中不断完善自我、成长自我、成就自我。在无畏充实的青春中拼命开拓！

将热爱照进现实

——智能金融学院毕业生毛艳翎

大家好，我是西南财经大学天府学院 2010 届本科金融学专业毕业生毛艳翎。

在毕业后的第 11 个年头，我再次踏入校园，如今，我正在四川大学艺术学院美术学专业攻读硕士学位。

很难想象我从天府学院毕业已经 11 年了，时间过得太快了。作为天府学院 06 级的一员，我绝对算不上优秀毕业生，充其量算是一位不走寻常路的学姐吧。

于我而言，天府学院既是母校，也是我人生的第一个工作单位。对天府学院，我有太多种情感，如果把这些都汇成一句话，那就是由衷感谢吧。

天府学院的"第一堂课"

作为天府学院的第一届学生，不知道有多少同学还记得大一时，我们满怀憧憬地坐在园艺山上的学术报告厅，蒲院长很平淡地分享了一句话："Freedom is not free。"

这就是我们大学的第一课。15 年来，有无数个瞬间，我都会突然想起这一句话，学业也好，职场也好，我人生的每一个选择都受到了"大学第一堂课"的影响。

在天府学院学习的四年，无论是学习过程中的小组项目还是课余时间里丰富的学生活动，学校都给了非常大的空间让我去寻找适合自己的学习内容以及合作方式。

与不同的人沟通、表达自己的想法，并不是一件容易的事情。谢谢天府，让我在进入社会前就习惯了"头脑风暴"和"团队协作"。在这个过程中，潜移默化的勇气累积和逻辑训练，让我在进入社会后能更高效地工作。

天府学院让我更好地做自己

作为金融学专业的学生，毕业后我选择了留校当辅导员，后来去了外企从事人力资源培训的工作，而未来我希望能好好做个"艺术青年"。

这样看起来，我的职业生涯跟金融学完全不沾边，似乎并不是理想中的规划。但我一直觉得自己很幸运，从事的工作都是自己喜欢的，是天府学院让我能更好地做自己。

感谢母校，让我在毕业之初能留校成为一名辅导员。那一年，在我从学生转变为老师的过程中，老师们给了我很多帮助。

晚上11点之后的天府，不知道多少同学见过，但我相信每一位老师都仔仔细细地打量过。当我真正离开象牙塔走向社会时，老师们也给了我满满的祝福。

在我离开校园后的第一份工作中，我是全公司年龄最小的成员。后来我问过老板，是什么原因让她选择了我这个没有社会工作经验、跨专业还没有名校背景的员工？她的答案里，我看到了天府培养的"习惯"——细致准备，自信表达。

在第二份工作中，我是唯一一个符合公司职业期待的员工——有会计证又拥有培训经验的HR，这当中，天府依然功不可没。

做好自己就是最好的职业规划

我认为，在每一个机会到来前，做好自己就是最好的职业规划。

回想起来，当初如果不是学生时代认真参加各类学生活动，我可能也不会有机会留校。如果不留校，我也没有机会再次理清自己的想法，去从事人力资源工作，考取相应证书。而且，如果不是天府学院在教学中一直强调的英语应用能力，我也没有办法应对后来工作中的英文面试和工作邮件。

这些都使得我在职场中顺利通过了500强企业内部培训师认证；拥有了超200场大型培训经验；全国大型活动组织、主持经验。这些都是我进入职场的有力"武器"。

2017年，我从外企辞职，决定给自己更多的时间去学习和画画，做另一件自己也很感兴趣的事情。在我已经有了稳定工作的情况下做出这个选择，也许对很多人来说都是非常冒险的改变。

但每一个决定都有利弊，对人生来讲，适合或许更重要。

没有什么是不可能的

从金融学的 HR 到"艺术青年",看似天马行空,又似乎是水到渠成。我从小学习画画,工作之后又再次找回了这个爱好。

敦煌之行,让我开始对佛教壁画感兴趣,在自我创作之余,也希望能有机会深入学习这门艺术。既然找到了这个兴趣,那么还有什么比重回校园继续学习更吸引我的呢?

很幸运,通过两年的努力,我现在有机会能再次回到校园深造。从天府学院金融学到四川大学美术学,这次不仅是跨了专业,还跨了年龄。

对于这段旅程,我既向往,也好奇。

至此,我并不是某一个领域的精英,更谈不上优秀毕业生。只能说,我可能胆子比较大,敢做一些特别的选择,也算是为学弟学妹们尝试了一种可能,也许人生可以按照自己的想法走,热爱,也能照进现实。

学弟学妹们,是天府造就了走出校门那一刻的我们,而后便是我们成就自己,为天府争光。

机会总是留给有准备的人

——智能金融学院毕业生陈昊天

陈昊天是学校智能金融学院国际私人银行专业方向 2017 届毕业生，西财天府葡萄酒俱乐部联合创始人兼主席，曾担任西财天府学院成都校区（东区）学生会文艺部副部长，目前在瑞士日内瓦学习深造，于今年六月获得 ITC 实习机会。

实习申请过程

获得 ITC 实习机会，对于陈昊天来说既是偶然，也是必然。两年前，经由专业方向推荐，陈昊天来到私人银行发源地瑞士日内瓦进行深造学习。在与来自 55 个国家的同学进行文化碰撞中，陈昊天因摄影特长，时常会把拍摄照片和视频分享到社交软件。日内瓦校方发现其图片的专业性，特聘请他作为学校摄影师，并免除其第二年的学费及住宿费，继续进行专业学习。

因为"三八国际劳动妇女节"，ITC 到日内瓦校方进行公益视频征集，陈昊天因为自身的代表性和专业性，赢得了 ITC 青睐；借由 ITC 向他发出实习邀请，在提交了个人履历后，于今年六月正式获得 ITC 实习机会。

大学生活带来的影响

在谈到自己的大学生活时，他表示，天府学院独特的"雅典式教学"对他在日内瓦的交换学习起到了很大的帮助。国外的课堂氛围和国内有所不同，学生喜欢辩证的思维方式，并且课堂氛围会相对活跃，小组合作作业也会较多。

加入国际私人银行专业方向，则是陈昊天三年天府学院学习生活的转折点。通过项目学习，不仅仅获得了专业知识上的积累、英语水平的全面提高，而且接触到很多行业顶尖的专业人士，为自己的职业生涯成长找到了目标和榜样。

另外，陈昊天作为西财天府葡萄酒俱乐部的创始成员之一，不仅对葡萄酒品鉴的相关知识了如指掌，也让他成了一个极具责任心、自律能力强的人，而这些对他在日内瓦的学习生活助力颇多。

学习与实践的权衡

关于专业知识学习和实践两者之间的权衡问题，他表示，在知识完善的前提下，实践比知识更重要。只有通过不断地实践，才会真正理解知识点的由来。就像专业学习过程中的案例分析，要求在分析过程中加深对知识的理解。但分析多个案例后的理解，往往也没有一次真正实践后的理解来得透彻。

送给学弟学妹们的话

选择和努力一样重要。一旦选择了就不要后悔。

在采访的过程中，陈昊天表示，首先，虽然高考的成绩不太尽如人意，但要学会积极接受，并在后续做更大的努力去探索不一样的精彩人生；其次，做选择时要走一步看两步想三步，做好当前的事，计划今后的事，考虑未来的事。选择葡萄酒品鉴课程如是，选择加入国际私人银行专业方向如是，选择到日内瓦学习深造也如是。而现在，陈昊天面对 ITC 实习机遇以及后续发展，正是需要他进一步思考的又一人生课题。

同时，一定要培养自己的爱好。

他表示，能够获得 ITC 实习邀约的重要原因之一就是因为自己的摄影爱好。他希望每位学弟学妹都能够培养自己的爱好，爱好不仅能带来乐趣，为生命增添光彩，还有可能会成为人生的敲门砖。

最后，他希望每位学弟学妹都能成为一个有礼貌并且善良的人。

瑞士日内瓦是一个多元文化的国际化城市，在日内瓦的学习生活经历教会了他要尊重不同文化，礼貌待人，拥有一颗感恩的心，这样才会成为一个拥有更好未来的人。

数学全班唯一一个交白卷的人，如何坚持金融梦

——智能金融学院毕业生刘爽

我是刘爽，西南财经大学天府学院国际教育学院 2008 届财务专业毕业生。于 2012 年获得了英国西英格兰大学本科学历，2013 年获得英国基尔大学硕士学位。学成归国后，曾任职于中国银行，目前在成都某区属国有企业担任副部长职务。主要负责投融资及建设方面的工作。

我的大学——不念过去，不畏将来

当初我的高考成绩并不理想，在父母的支持和鼓励下，选择了国际教育学院国际班，以期望获得一个更高的学历。在国际教育学院学习期间，我发现大学的学习和高中完全不一样，之前的我对于学习本身没有太大兴趣，进入专业课学习后，慢慢找到了学习的兴趣点。自己也清晰地认识到，大学学习是未来工作的一个铺垫，逐渐让自己在学习上找到了乐趣。

三年的国内学习，我的成绩并不拔尖，但还是顺利进入到了英国西英格兰大学本科学习，本科学习完成后，基于自身对于金融专业的兴趣，我选择了继续读研，最终被英国基尔大学金融与管理专业硕士专业录取。

在硕士学习过程中，我印象最深刻的是在一次数学考试中我交了白卷，而我是全班唯一一个交白卷的人，因为我确实一道题都不会。这件事情对我的打击很大，为什么别人都会，就我不会呢？第一次对自己产生了质疑，为了啃下"数学"，课下我主动找其他同学进行沟通，才发现所有的症结在于高中数学基础太薄弱。最后用了一个月的时间，重新自学了高中数学，最终如愿以偿地通过了该门课程，顺利硕士毕业。

很多时候大家觉得我海归金融学硕士毕业，一定是一个学霸。回想自己的学习经历，从未拔尖，因为自己高中的基础薄弱，学习过程中，也会时常感到力不从心，但很感谢自己，能够一直坚持，不放弃，遇到问题及时解决，绝不妥协，而这段坚持的经历也一直不断激励着现在的我。

我的工作——坚持梦想，圆梦金融

回国后，我本着学以致用的心理，满怀憧憬地进入了中国银行工作，但发现所从事的是一些营销类工作后，经过深思熟虑，还是想从事与本专业相关的工作，所以在中国银行工作了一年半后选择进入了一家能源企业开始从事项目投资方向的工作，目前就职于成都市某区属国有企业担任副部长一职，主要负责公司对外的投资、融资以及项目（房建项目）落地后的工作。

我想对你说——坚定选择，终将上岸

关于专业

我的建议是专业选择一定和未来职业发展相匹配。进入大学时，一定要做好职业规划，基于个人的能力和兴趣确定未来到底想从事什么职业。在选专业上大家可以从两个方面考虑：第一是本身感兴趣，第二就是未来职业发展的前景。这样大家在学习过程中，才会有持续的学习动力。很多同学不知道自己喜欢什么，对什么感兴趣，我的建议是多尝试，校内的各种活动、组织等都能够帮助大家找到自己的兴趣点。

关于留学

为什么要留学这个问题，建议大家谨慎思考。很多时候大家留学就是觉得国外学习轻松，没有父母约束。如果基于这些考虑，我的建议是不要出国。留学对于我来说，我觉得有三个价值：第一是专业知识上的精进，获得名校的硕士文凭；第二是能够体验到不同国家的文化，开拓视野；第三是能够接触到不同文化背景下的朋友，让自己的思想更包容。而以上的价值，都为我找到一份适合自己的工作奠定了非常好的基础。

高考数学成绩不到 50 分，对于我大学选择会计，父母是不理解和不支持的。但是我知道我想从事这个工作，我很感兴趣，而且我也对自己充满信心，相信我能够顺利地完成学业。对于大学的专业和未来的发展，我希望大家既然选择了，那就一定要走到底。

很多同学说，我也不知道我的选择是否正确，我想说的是，这个世界上根本就没有正确的选择，我们只不过是努力奋斗，使当初的选择变得正确而已。

写在最后

最后祝愿各位学弟学妹，充实地度过每一天，不虚度光阴、不辜负美好年华；在该学习和积累的时间，认真对待每一次机会，无畏挑战、突破边界、人生无悔。愿每一个你都能够活成想成为的模样！

不断前行的心，成就藏在手机里的爱

——智能金融学院毕业生曹天骄

日前，学校 2016 级本科金融学 12 班的曹天骄获得了一份国家知识产权局颁发的专利证书，接受了多家媒体的采访。

笃行务实，实现防盗手机梦

据曹天骄介绍，他发明的这款防盗声控光感装置手机，是因为不忍看到丢失了手机的爷爷心痛的样子。有了想法，他便开始查资料，去修手机的店铺学技术，也时常请教相关的技术人员。他介绍道，这款光感装置只有在见光的环境下才会发出明显的警报声，而且这样的设计还可以应用在手机没电且找不到的情况。他设计的声控装置可以在人发出拍手或者吹口哨的指令时，利用手机的备用电源发出警报声。

奇思妙想，解救迷途中人

曹天骄表示，他目前正在设计一款防跳河跳楼智能救生装置，可以在轻生者跳河或跳楼时自动接住轻生者，同时对轻生者进行思想开导，避免其再次轻生。他说，万事开头都很难，他希望自己可以一直坚持下去。他将努力把创新与实践有机结合起来，并发明出更多对社会有益的产品回报社会。

竭尽所能，贡献一己之力

采访的最后，他还谈到了对中国制造业的想法和他的理想。他说道，中国目前在高铁和量子卫星的通信技术等方面已经走在了前沿，但芯片技术还有待提高。而他申请专利，也是想支持自己国家的民族企业，从而让更多的人获益。他的心愿就是，将自己的微薄力量贡献给国家，看着祖国的科技制造业越来越好。

附曹天骄的小诗《我的心愿》——

手机被盗，爷爷失魂落魄倍感心痛。智上心头，光控报警决不让小偷得逞。从我做起，中华儿女有智慧，中华民族有优良的传统。万众一心，中国制造必将迈上世界的巅峰。

普通人，亦有不凡的故事

——智能金融学院毕业生刘松明

创业？电商？他都很可以！

刘松明，2013届金融学专业毕业生。他是成都恒游同创科技有限公司总经理、成都发改委经济体制改革智库成员、有赞成都商盟秘书长。

读书期间，热爱学生工作的刘松明通过担任学生会外联部干事、书记助理等，参与到校园活动中来，为提高组织协调和沟通能力打下基础。在老师的指导和帮助下，他创办了阆中特产网、天府读书会和电商工作室等，为日后的创业积累经验。"还记得毕业那年，参加了一场主题为'我的旅游电子商务梦，论梦想的执行力'的励志演讲会。会上优秀校友的经验分享和交流对我毕业之后选择创业道路产生了至关重要的影响"，刘松明说，"学生时代的学习生活让我成长、成熟，从而坚定了创业的目标"。

母校"一个头脑、两个工具"以及"狩猎场"教育理念对刘松明的工作方法和态度影响很大，让他能够站在客户的角度，运用共情的原理，诚信运营。创业六年，刘松明也并非一帆风顺的。虽已毕业多年，在创业过程中遇到困难和疑惑时，他时常与自己老师、同学进行交流和探讨。现在的他内心强大，逐渐探索出"四个主动"（主动学习、实践、交流、成长）、"三种感觉"（归属感、成就感、幸福感）、"二面把手"（对内练内功、对外拓渠道）、"一直走心"（人性、人心、人情）的成功秘诀。

对于未来，刘松明表示，将继续专注于社交电商零售全案服务平台的发展，也希望能够尽己所能感恩母校，回馈社会培育，能够联合学院培养更多的学弟学妹，共同打造电商未来。

归来仍是天府人

——智能金融学院毕业生任涵均

我是任涵均，智能金融学院 2012 届本科金融学专业学生。2014 年于澳门科技大学完成金融硕士学业，目前正在澳门城市大学攻读金融学博士学位。

2017 年回到母校西南财经大学天府学院任教至今，担任智能金融学院专任教师。

天府学院开启了我实现理想的道路

13 年前的 9 月，带着对大学生活的憧憬，我来到绵阳，走进了天府学院，开启了让我难忘也受益匪浅的大学生活。

当年，我选择了热门学科"金银财宝、两电一草"中的金融专业，再加上我自己对财经类专业本身就有较大的兴趣，所以选择来到西南财经大学天府学院。于我而言，来到天府学院也是选择了一条能够实现自己理想的道路。

我至今还记得，开学典礼上，听完校长对学校教学理念和教学方式的阐述，我开始对大学生活有了全新的规划和期待，心中燃起了熊熊的希望之火。

现在回想起我的大学生活，它虽然已经过去了很久，但是那些点点滴滴仿佛就发生在昨天。

老师们的孜孜不倦，激情飞扬，都在潜移默化中影响着我的学习和工作。进入学校以后，我对自己未来的规划也越来越清晰，伴随着学校的"雅典式""狩猎场"以及"一个头脑、两个工具"教育理念的践行，我更加明确了自己的目标——积极向上，踏实学习，并且要在结束本科阶段的学习以后继续深造。

在对目标的坚持和自己的努力下，我做到了。本科毕业之后我去了澳门继续修读金融学硕士，现在我正在修读金融学博士。

学习依然是转换人生赛道的好机会

4 年前的 2 月，我又回到了天府学院，不过这一次我完成了身份的转变，从天府学院的毕业生变成了专任教师，实现了自己站上讲台、传道授业解惑的梦想。

从坐在讲台下聆听各位老师的谆谆教诲，变成站上讲台"滔滔不绝"地讲解。我希望并且非常愿意把自己的所见所闻、所感所悟都传授给学生们。

我们常说，人生并非一帆风顺，很多时候都是荆棘丛生，即使没有所谓的"荆棘"，也或多或少会走一些"弯路"。在我看来，面对生活中的困难，要想获得更好的成绩，达成更高的目标，我们需要做的就是不断地努力、不断地向上。

当前及其后的很长一段时间，学习依然是一个可以转换人生赛道的好机会，就像我经常在课堂上讲的一句话："读书在短时间内不一定能显现很大的收益，但是随着时间的推移，一定会带来意想不到的收获。"

学弟学妹，你们的人生才刚刚起步

我要告诉学弟学妹们，高考结束之后是一个全新的开始，这个时候你们的人生才刚刚起步，只要不放弃，只要肯努力，就不会来不及。

王国维对读书治学有三境界的解读，我也以此送给天府学子们，希望天府学子在逐梦路上都能明得此境，终尝本心。

"昨夜西风凋碧树。独上高楼，望尽天涯路。"此为第一境，你会面临读书治学入门时的茫茫无头绪，求索无门时的疑惑与痛苦。

"衣带渐宽终不悔，为伊消得人憔悴。"此为第二境，这时你已经拥有了叩门之后以苦作舟、以勤为径、上下求索的执着与忍耐。

"众里寻他千百度，蓦然回首，那人却在灯火阑珊处。"此为第三境，功夫到处，灵犀一点，参透真谛，你已经能体会到入门之后的喜悦与释然。

天府学院即将迎来她的二十岁生日，二十年不过时间长河之一瞬，但对于天府而言，却是她从稚嫩走向成熟的标志。我诚挚地祝福母校，希望母校培养出更多的新型实用型人才，成为西南乃至全国同类院校之翘楚。最后，仅以小词一曲献给我的母校，唯愿基业长青、人才长得、事业长虹。

江城子·贺天府廿年生日

二十年来夹风雪，历龙潭，入虎穴；前辈艰辛，学府立山岳。园艺山上照凤阙，疏流光，沥心血。

十万学子被彩碟，学有兹，成大业；吾侪受益，清气遍山野。涪江水中映皓月，数不尽，才不绝。

活跃在养老行业的少年

——康养护理学院毕业生康昊

康昊，康养护理学院 2015 届老年服务与管理专业毕业生，现任成都颐心源健康管理有限公司居家服务中心副院长。

"我国目前仍然处于社会主义初级阶段，未富先老、未备先老、高龄少子化等问题并存，当前养老制度的保障水平、服务能力、服务质量等与老年人的需求仍有较大差距，社会养老服务供需矛盾尤为突出。"

在填报高考志愿时，康昊就敏锐地发现了老龄事业的发展潜力，于是坚定地选择了天府学院的老年服务与管理专业。

刚进大学，康昊就给自己设定了一个目标——毕业后一定要在老龄事业领域继续深造，探索自己最感兴趣的领域。康昊也的确一直在朝着这个目标前进。

实习期间，康昊进入成都朗力养老任职站长，那是他第一次全程参与乡镇日间照料中心的建设，从装修到员工招聘，再到站点运营，康昊一直从头跟到尾。

毕业后，他选择留在朗力养老。任职期间，以适老化改造项目参与"天府益周"社会创新公益项目大赛，并作为代表参加路演获得优胜奖，被中央电视台、人民网、四川卫视等各级媒体报道。

同时，康昊也负责与民政局、各镇街的对接工作，承接了温江区 7 个日间照料中心、1 个社区养老点位、10 余个政府采购居家养老服务项目，进行统筹运营管理，亲身参与过数百名老人的上门服务工作。

6 年来，康昊的身影一直活跃在老龄事业的各个"舞台"。

康昊现任成都颐心源健康管理有限公司居家服务中心副院长，负责公司居家照护服务的统筹运营管理，包括团队组建、人员培训、薪酬体系制定、业务流程梳理、服务质量把控等工作。

27 岁的康昊依然行走在"老年服务"的道路上，活跃于老龄事业的前沿，从未停止，也不会停下自己的步伐。

时光荏苒，回首往事，无愧于心，无愧于母校的教育培养。

"谁言寸草心，报得三春晖"，每一位校友，无论身处何方，身居何位，都将永远难忘在母校的美好回忆。

无论在工作还是生活中，我们都要谨记母校的教诲，脚踏实地，怀抱初心，砥砺前行。

扎根基层，"医"路有你

——康养护理学院毕业生赵珉锐

不曾感受，就不知其艰辛；不曾面对，就不知其收获；不曾付出，就不知其温暖。因为你们的义无反顾，扎根基层建设，星星之火，足以燎原，志存高远、脚踏实地，不畏艰难险阻，勇担时代使命。

扎根基层·成就自我

赵珉锐是康养护理学院 2021 届护理专业的学生。在学校时，赵珉锐就踏实上进，获得过校级奖学金、优秀实习生和华西医院西藏成办医院优秀实习生等荣誉。

2020 年实习期间，赵珉锐参与了天府学院与阿坝州人民医院合作搭建实习基地的相关工作，为学院的发展添砖加瓦。

毕业择业时，赵珉锐下定决心要投身于祖国的基层建设。"哪里最困难，哪里需要我，就去哪里。"这是赵珉锐在面对工作时坚持的原则。

最终，赵珉锐通过努力成为一名"三支一扶"志愿者，他不断打磨自己、锻炼自己，始终坚持着自己的初心——扎根基层，成就自我。

播种爱心·传递温暖

赵珉锐总是希望能尽自己的绵薄之力，为这个社会多带来一丝温暖。在学校时，除了认真完成学业知识外，赵珉锐多次主动参加志愿者服务活动。

他认为，"志愿服务既是助人，亦是自助；既是乐人，亦是乐己"。在播种爱心、传递温暖的过程中，赵珉锐也在不断提高、完善和丰富自己，让被服务对象感受到社会关怀的同时，自己也获得了社会认同，收获了快乐。

赵珉锐的爱心举动是促进提升社会礼貌风气道路上的一小步，为促进社会和谐贡献了自己的一份力量。

积极抗疫·回报祖国

赵珉锐在"支医"基层工作一个月后，由于疫情防控的需要，他被组织安排到一线隔离酒店工作。在隔离酒店工作的 14 天里，作为抗疫一线的工作人员，赵珉锐每次工作结束，脱掉密不透风的防护服，双手都因为消毒水浸泡而发胀，脸上也布满了深深的口罩印。

但和家人说起这份义无反顾的选择时，他从未有过悔意，他认为这是作为一名医护工作人员的责任和使命，也是为回报祖国而贡献的一点点个人力量。

制定目标·刻苦学习

赵珉锐以自己的经验，从"过来人"的角度告诉学弟学妹们，进入大学要制定好目标，坚持刻苦学习，不能养成养尊处优的习惯，所有的付出都是有回报的，困难和辛苦才能使人成长。每个人都有潜在的能量，只是很容易被习惯掩埋、被时间打败、被惰性消磨。作为一名当代青年应该要有责任和担当，"生命不可能从虚假中开出灿烂的鲜花"。

赵珉锐也祝愿学弟学妹们用踏实的脚步，一步步走过大学里的时光，不负韶华，收获属于自己的辉煌。

人生要一步一步走得踏实

——建筑与工程学院毕业生周延

我是周延，建筑与工程学院 2012 届工程管理专业毕业生，现任金科地产集团股份有限公司川东北城市公司项目总经理。

2008 年高考结束后，我根据自己对未来的职业规划，在填写志愿时果断地选择了天府学院。事实证明，我的选择确实是正确的。大学四年，受益于学校科学的办学理念，让我顺利完成了从学生到职场人的转变，也为日后的工作奠定了良好的基础。

专业知识和人际交往都要学习

在学校要做好的第一件事情当然是学好专业知识。在学习中，牢固掌握基础知识和专业理论知识是第一步，然后要在日常生活中加强观察并积极实践，将理论知识和实践进行充分有效地结合，只有经过实践检验的专业知识才是你自己真正掌握的知识。

良好的人际关系也是优质资源，对一个人的发展起着重要的推动作用。我觉得在大学期间与老师和同学的沟通是同等重要的，与老师沟通是纵向管理，而跟同学和室友的相处是横向管理，只有横向和纵向同时发展的人才是一个完整的人。

在我看来，一个人的成就，三分来自他自身的专业能力和技术水平，七分来自他的性格和情商。所以在大学期间，各位学弟学妹一定要向老师虚心请教，与同学和谐相处。

兴趣培养和能力提升同样重要

我最大的爱好是弹吉他，大学的时候，我组建过乐队，也参加过几次表演。回想起来，这个兴趣爱好也让我的大学生活变得更加有趣和充实。

另外，在学校担任学生干部的经历也让我的能力得到了极大的提升。还记得刚进大学那会儿，我申请加入了学生会，经过一段时间的成长以后在组织部担任了副部长，同时兼任班级的班长。学生干部的工作让我在为同学们服务的同时，也有机会组织策划一些活动，在一次次的锻炼中我的工作能力和综合素养都得到了很大提升。

大学是一个小社会，看中的是同学们的学习能力，而到了真正的职场，在要求我们有良好学习能力的同时，对个人的组织策划能力和应变能力也有着很高的要求。

所以我认为在大学期间不能只是读"死书"，要多利用学校提供的平台全方位地锻炼自己的能力，这些能力将是自己未来在职场上拔得头筹的"法宝"。

"求职就业要一步步走踏实"

大四上学期我开始实习，2012年正式毕业以后进入了成都本地的一个房企，在这个房企待了近7年，把在大学里学习到的理论知识真真切切地运用到了实践中。在施工单位的这几年，我的工作能力得到了非常大的提升，也正是因为有了这段工作经历，我逐渐掌握了工作需要的各项技能。

我的第三份工作就是现在在任的金科地产集团股份有限公司川东北城市公司项目总经理，成为项目总经理就意味着需要对项目进行全盘管理，面面俱到的同时还要井井有条。能够胜任这份工作也与我前面的每一段工作经历有关，是之前的锻炼和坚持让我现在面对工作能更从容淡定。

我一直认为，人生一定要耐得住寂寞，一步一步地走踏实。

"希望大家不忘初心、终得所愿"

如果说要给学弟学妹提一些建议的话，首先，希望大家能够珍惜在学校的每一天，把在学校的每一天都当成最后一天对待，打牢自己的专业基础，未来的成长和成功离不开这些最基础的东西。其次，希望大家要有长远的目光，不要只顾眼前的利益，把自己的格局打开，在大学里面锻炼好自己的心态，良好的心理素质在工作中是非常受益的。

如果学弟学妹们未来想要从事建筑相关的职业，我建议你们有机会可以去大的施工企业实践，这样的企业往往和开发商有着良好的合作基础，并且有着完善的管理模式，在这样的企业里能积累很多宝贵的实践经验，也能帮助大家在就业时做出更好的选择。当然，如果条件允许，也鼓励大家自主创业，进行一些劳务分包的工作。但无论大家作何选择，作为学长我希望大家可以坚持，不忘初心、终得所愿。

最后，祝愿母校的教育事业蒸蒸日上，桃李满天下！

点亮城市的"灯光魔法师"

——艺术设计学院毕业生曹丹

我是曹丹，艺术设计学院 2011 届环境艺术专业毕业生，现任职于四川省建筑设计研究院。曾参与成都金融双子塔、夜游锦江、铁像寺水街、宽窄巷子、九寨沟重建等照明亮化"网红"项目设计。

大学，就是要大胆去闯

我对画画的热爱是从小开始的，当年高考填报志愿，我和画室的朋友都选择了西财天府，有些遗憾的是朋友最终没能和我一样被西财天府录取，但我们都各自在不同的学校继续为梦想努力着。

进入大学，面对全新的环境和人际关系，我意识到应该试着去突破自己的舒适圈。上大学以前，我的性格是比较腼腆怕生的，所以在大学期间，我有意地让自己变得更加外向、开朗一些。在专业学习上，我告诉自己一定要拿到学业奖学金，学到过硬的专业技能，这样才不枉费自己的大学时光。

回想起在天府学院的大学时光，其中对我影响最深的应该是市场营销课程，这门课是外教授课，教材也是全英文的，这对当时的我来说是一个不小的挑战，但也正是这个契机让我明白了英文的重要性，养成了不断提升自己英文水平的习惯。

在学习的同时，我也抓住一切机会锻炼自己的实践能力。从大二起，我开始利用课余时间兼职，在肯德基做小时工，每天和许多不同的人打交道的工作经历让我的应变能力和抗压能力有了飞速的提升。

大三，我进入了一家设计公司做实习生，一开始被安排做一些辅助的设计项目，后来因为工作能力得到认可，开始独立承担一些商业项目，这段经历也让我对以后的职业道路有了更清晰的规划。在我看来，大学生活就是要放手去实践，去闯，不要怕。

工作，就是要不断让自己成长

在有了更加明确的职业规划以后，一毕业我就开始尝试向各大设计公司投递简历，高度国际也恰巧正在整合自己的成都团队，当时的我特别向往能去到那里。后来，我"如愿以偿"，很幸运地加入了高度国际。

我至今还记得面试时，我被 HR 叫到一旁，叮嘱我如果进入公司一定要注意自己的形象管理，也是在那个时候我才真正开始意识到学校和职场的区别，开始适应这种身份的转变。第一份工作对我职业道路影响也颇深，它教会了我如何处理和甄别人际关系、了解市场的生存法则、形成良好的工作素养等，也为我日后创立自己的家装公司"紫香柯"打下了坚实的基础。

目前我供职于四川省建筑设计研究院，负责照明亮化板块的项目经营工作。我所在的部门参与的项目很多，包括大家口中的"网红"项目，比如成都金融双子塔、夜游锦江、铁像寺水街、宽窄巷子等。工作以来，我最大的感受还是活到老学到老，任何事情都要抱着谦虚的态度边做边学。

对于现在正在天府学院学习的学弟学妹们，我希望大家可以保持谦虚的心态，不断学习成长，学到自己的手里才是最有用的，不管在什么样的环境下，都要不断地塑造更好的自己。

最后，喜闻西财天府即将迎来自己的 20 岁生日，我想对母校说："希望母校越来越好，祝愿所有师生平安喜乐，期待母校的下个、下下个、无数个 20 周年！"

千万级饰品品牌创始人

——艺术设计学院毕业生叶建华

我是叶建华，2012 届视觉传达设计专业毕业生，2016 年创立首饰设计品牌"ZIVGREY"，现为 ZIVGREY 品牌联合创始人及公司主理人。该品牌现已在成渝地区中高端商圈开设了 9 家门店，年销售额超千万，成了学院培养的"艺术设计+财经管理"复合型人才代表。

我从小就喜欢画画，也对艺术设计的相关工作非常感兴趣，所以当时选择了视觉传达设计专业。

2008 年天府刚刚创办了视觉传达设计专业，那年，恰逢我入学。和新专业一起成长的我，在当时没有刻意纠结于未来能做什么，而是认真地把握眼前的每一次专业课，因为每一堂课于我而言都是一次全新的探索，可以这样说，大学四年对我来说是十分充实的，因为我把大部分时间都花在了专业学习上。

当年第一届视觉传达设计专业一共只有 6 个人，放到现在来说很难想象。但正是因为这样的"迷你班级"，所以我和每位任课老师的感情都很深。要说印象最深的老师，那一定是封雪老师。她是出了名的严厉，我们所有人都怕她，但又都喜欢上她的课。在她的课堂上，可以了解到很多处于潮流前沿的设计和艺术创作。回望我的大学生活，如果说有什么遗憾，那就是我觉得自己还不够"疯狂"和"勇敢"。

我的第一份实习工作是在品牌营销咨询专业机构——阿佩克斯奥美完成的。对我来说，在阿佩克斯奥美的三个月实习期里，每一天压力都很大，这大概也是每个设计师需要经历的。还记得当时进公司的第一个项目就是给知名企业新希望集团设计牛奶包装和相关物料，这对于刚毕业的我来说是不小的挑战。还记得当时是美术指导手把手教我怎么做设计，当第一款牛奶包装上架到成都各大商场超市的时候，还是蛮开心的，而这三个月的实习经历让我的整体设计能力迅速提升。

在结束阿佩的实习后我还去过几个优秀的设计工作室，包括殷九龙设计工作室等。要说在这些设计室实习的体会，那就是商业方案自由创作的空间没有想象的那么大。其实在大学的时候，我自己已经有了十分明确的喜好和强烈的审美认知，不谦虚地说甚至是已经构建出有个人特色的设计风格。所以当我还不能接纳更多元化的审美设计时，我只能选择放弃平面设计，逃离痛苦和压抑的每一天。从学弟学妹和老师心目中的优秀学生，到步入社会后经历的种种，那种心理落差真的很大。

后来我也开始尝试和大学同学一起做古着市集，慢慢接触到了女性服装的一些穿搭。在一次市集上又偶遇到了大学时期最欣赏的封雪老师，这次的重逢，有了后来我们一起成立有居服装工作室。而就这样，一颗创业的种子当时就在我心里慢慢萌芽。当时我做的事虽然和大学专业并不直接相关，但曾经的所有经历，包括大学的专业学习、审美的培养、从事过的每一份工作所收获的点点滴滴，才能成就现在的我。每一次经历、失败、遇到的人和事，让我变得更强大、成熟，而成长和蜕变也是人生最愉悦的旅程。

在后来接触服装设计的过程中，我也接触到配饰，包括首饰，包、鞋的设计与销售。饰品产业相对服装产业体量小，并且投入成本相对较低，加之我自己也很喜欢，所以选择了饰品行业进行创业。

2016年与在市集上认识的合作搭档，如今在奥克斯广场开出了ZIVGREY第一家门店。一开始，我充满了担心与焦虑，因为总是会怕业绩不好。但是通过半年时间的调试与摸索，一切都顺利起来。现在回想起来其实最大的困难无非还是面对未知时需要独自思考和探索的勇气。但恰恰也是这种"自我思考"是最能让自己成长的，因为唯有思想的觉悟才会有行动的改变。对于ZIVGREY的VI和店铺设计我都亲身参与，因为我希望ZIVGREY不只是销售商业产品，更要做出自己的审美表达与传播，同时，又能平衡好商业产品的卖点。美而实用的商品，总会受人欢迎。做商业，平衡是关键，也是难点。市场也证明了我的判断，将目标客户定位于"喜欢美好饰品的25岁到45岁都市独立女性"的ZIVGREY，从第一个10万，到第一个100万再到第一个1000万，从成都的1家店到进驻成都和重庆的9家高端商业体，甚至能在这些商业体里和施华洛世奇等世界大牌掰手腕，我觉得我实现了自己学习艺术和创立品牌的初衷。

最后，跟学弟妹啰唆两句吧。大家一定要多实践，不要害怕失败，多自我思索、反思。成长往往是生活经历中自我观察思考后内心的觉醒，也是蜕变最好的动力。不要害怕迷茫，这是大部分人都会经历的。不断尝试，寻找到最适合自己的工作，做自己喜欢的事情。

环境在变，但初心和决心不变

——艺术设计学院毕业生马凝儿

马凝儿，西南财经大学天府学院2016届环境艺术设计专业毕业生，2019年获四川大学艺术学硕士学位。现就职于泸州职业技术学院，任数字创意学院团总支书记，兼任泸州经纬文化传媒有限公司副总经理。

选择，进取

大学来到了西南财经大学天府学院，从此开启了马凝儿充实而美好的大学生活。出于自己的兴趣，她选择了环境艺术设计专业。大学四年，承蒙良师益友的鼓励和支持，在生活和学习中，他们彼此相互陪伴、并肩同行。

在专业学习中，马凝儿尽可能地让自己掌握扎实的理论知识，同时培养较强的实践能力、拓展专业所需的眼界与审美，让自己能突破每一次项目设计带来的困难，连续三年保持专业成绩第一，斩获数个省级技能竞赛奖项。也正是因为对专业的执着和知识的积累，才能够让马凝儿在本科毕业后，能顺利升学到四川大学艺术设计专业攻读硕士学位。

研究生期间，马凝儿有幸跟随导师参与到成都杜甫草堂改造、宜宾龙头山景区规划及彭山新桥村精品休闲农业乡村旅游规划等设计项目中。在项目实践的过程中，全面提升了"环艺人"应具备的职业综合素养。

七年求学生涯，辗转两个城市、三个校区，马凝儿说："身边的环境在变，但我最初的选择不变、进取的决心不变。"

探索，成就

2019年7月，马凝儿来到泸州职业技术学院，担任环境艺术设计专业专任教师、学校招生就业处工作人员；2020年1月起，兼任泸州经纬文化传媒有限公司副总经理，负责公司日常管理与项目运营；2020年4月至今，任数字创意学院团总支书记。

在学校，马凝儿主要教授《建筑装饰制图与识图》《计算机辅助设计——Auto CAD》《室内设计基础》《商业空间项目设计》等专业核心课程，带领学生参加各类技能类、素质类竞赛取得优异成绩。同时，她仍然不忘专注于科研、教改，在2021年四川省高校教师教学能力大赛中，首次作为团队负责人，带领团队荣获三等奖。

马凝儿还创立了"非遗市集·传承万家"志愿服务队，一年内开展了品牌志愿服务活动40余次，她希望从社会实践活动中积极推进学生成长成材。

作为公司管理者和项目负责人，马凝儿致力于打造真正的产教融合校企，积极引导和吸纳师生参与产业实战项目，以产促教；在校内外开展了若干个有经济效益、教学价值的项目，如泸州市非物质文化遗产基地设计、成渝双城经济圈川南公共实训基地文化建设、酒城文化创意美食街文化建设等。

"在工作中，每一个岗位都需要不断地探索和创新，多重角色的扮演虽给了我很大的压力，但我始终保持着教书育人的初心、担负起培养人才的己任，在教育教学的过程中成就自己，成就学生。"无论身边的环境怎样改变，无论身份怎样改变，马凝儿始终坚持着自己的初心。

期许，祝福

希望学弟学妹们秉承坚定不移、始终如一的信念，谦而不卑、自信从容的心态，不畏艰辛、永不言弃的刚毅，在大学生活中不断努力，取得优异成绩。同时，祝福母校日新月异、桃李芬芳！